KB134381

인물로 본 고고학사

Archaeology

국립중앙도서관 출판시도서목록(CIP)

인물로 본 고고학사 / 지은이: 최몽룡, 최성락, 추연식, 박양진,
김승옥. - 개정판. - 파주 : 한울, 2007
    p. ; cm. - (한울아카데미 ; 914)

색인수록
ISBN 978-89-460-3654-3 93900(양장)
ISBN 978-89-460-3655-0 93900(학생판)

902.5-KDC4
930.1-DDC21   CIP2007000247

개정판

인물로 본 고고학사
Archaeology

최몽룡 최성락 엮음

한울
아카데미

이제 우리 손으로 외국의 고고학사를 쓸 수 있게 되었다. 일본의 경우 고고학사가 수록된 『세계고고학대계(世界考古學大系)』(平凡社, 1962) 와 『세계고고학사전(世界考古學事典)』(平凡社, 1979)을 비롯한 고고학사 관련 서적들이 여러 권 출간되었고, 중국의 경우에도 양젠화(楊建華)에 의해 『외국고고학사(外國考古學史)』(吉林大學出版部, 1995)가 나온 바 있다. 우리나라의 경우 최몽룡의 『고고학에의 접근』(신서원, 1990)이란 책이 발간되었으나, 이 책은 고고학 관련 명저의 해설서로서 본격적인 고고학사는 아니었다. 그런데 최근 들어서 구미 각국에서 유학하고 돌아온 고고학도들의 수가 증가함에 따라 고고학사의 집필이 가능하게 되었다. 필자 중에 박양진은 하버드 대학에서, 김승옥은 미시간 대학에서, 그리고 추연식은 영국 케임브리지 대학에서 수학했다. 또 엮은이 중의 한 사람인 최성락 교수는 서울대학교에서 학위를 받은 뒤 미국 오레곤 대학에 2년간 객원교수로 머물면서 그곳에서 평가받는 유명 고고학자들의 업적을 소상히 파악하고 돌아왔다. 그래서 이들과 함께 세계 고고학사의 흐름에 길이 남을 하인리히 슐리만, 고든 차일드 등을 비롯한 13명의 학자들을 선택해 그들의 생애와 업적 그리고 후세의 평가 등에 대해서 자세히 기술해 보고자 했다.

오늘날 한국의 고고학은 구제발굴과 이에 따른 보고서의 발간에만 신경을 쓰고 있다. 그러나 이제는 이러한 작업보다는 고고학이 무엇이며 과거 문화의 복원과 설명에 어떠한 기능과 역할을 할 수 있는지를 진지하게 검토하는 작업이 선행되어야 할 시기가 왔다. 다시 말해 우리의 고고학도 이제는 우물 안 개구리 같은 성격을 벗어나서 폭넓은 학사와 이론적인 흐름을 알고 그러한 바탕 위에 한국고고학의 위상과 앞으로의 방향을 설정해야 한다. 그래야만 한국고고학이 학문으로서 원래의 목적에 충실하고 굳건한 바탕을 형성할 수 있는 것이다. 이 점이 이 책, 『인물로 본 고고학사』를 발간하게 된 가장 중요한 이유가 될 것이다.

이 책의 초판이 나온 지도 거의 10년이 되었기에 미흡한 부분을 보충하고, 잘못된 부분은 수정하여 개정판을 내놓게 되었다. 개정판 발간을 위해 애쓰신 필자들과 어려운 여건에도 불구하고 이 책을 맡아준 도서출판 한울의 김종수 사장께 깊은 감사를 드린다.

2007년 1월
필자들을 대표하여 최몽룡 씀

제2부 고고학의 성장

Contents

제3부 신고고학의 등장과 논쟁

Contents

제4부 후기과정고고학의 등장과 최근의 연구동향

ARCHAEOLOGY

제 **1** 부

고고학의 시초와 성립

제1장_ 고고학사의 개요

| 최몽룡 · 최성락 |

고고학(考古學)이라는 말은 영어 'Archaeology'의 번역어이다. 이는 'Archaeos(과거, 古)'와 'Logos(논리, 학문)'라는 말의 합성어로 문자 그대로 옛것을 생각하는 학문이다. 한편 '고고(考古)'라는 단어는 중국에서 송대(宋代, 960~1280) 이후에 사용되고 있으나, 학문으로서의 고고학은 서양에서 도입된 것이다. 19세기 중엽 학문으로 처음 자리 잡은 고고학은 '과거 인류가 남긴 물질적인 자료를 연구하는 학문'을 의미했으나, 오늘날의 고고학은 '과거 인류가 남긴 물질적인 자료(고고학적 자료)를 통해 당시의 문화, 즉 행위, 사회적 조직, 이념 등을 복원하고, 그들의 문화가 어떻게 그리고 왜 변화되었는가를 연구하는 학문'으로 정의되고 있다. 이러한 고고학이 서양에서 형성되고 오늘날까지 발전되는 과정을 다음과 같이 몇 단계로 나누어 살펴보고자 한다.

1. 고고학의 시초(18세기 후반까지)
2. 고고학의 성립(18세기 말에서 19세기 중엽까지)
3. 고고학의 성장(19세기 말에서 1960년까지)
4. 신고고학의 등장과 논쟁(1960년 이후부터 1980년대 전반까지)
5. 후기과정고고학의 등장과 최근의 연구동향(1980년대 중엽 이후)

1. 고고학의 시초

옛것에 관한 관심은 동·서양을 막론하고 아주 이른 시기부터 있어 왔다. 몇 가지 사례를 들자면 신바빌로니아 제국의 마지막 왕인 나보니 두스(Nabonidus, B.C. 556~538)는 고대 신전의 발굴 및 왕립박물관 건립 등 고대 바빌로니아 문화에 관심을 기울였다. 또 고대 그리스의 역사학 자인 헤로도투스(Herodotus, B.C. 484~425)나 투키디데스(Thucydides, B.C. 460~400)는 각기 다른 민족의 고대 유물과 유적에 관심을 가졌고 이를 역사서술에 이용했다.

기원후 313년, 기독교가 공인되고 이후 성경에 기초한 세계관이 서 양문화를 지배하게 되면서 주춤했던 고고학에 대한 관심은 14세기 이 탈리아에서 시작된 르네상스와 더불어 다시 싹트기 시작했다. 유럽에 서 르네상스와 더불어 일어난 호고주의(好古主義, dilettantism)는 유럽 전 역으로 확산되어 귀중한 골동품의 수집에 박차를 가했다. 당시 골동품 수집에 관심이 많은 사람들을 딜레탕트(dilettante)라 불렀는데 여기서 딜레탕티슴(dilettantism)이란 말이 나왔다.

15세기에 접어들면서 지리상의 발견과 함께 유럽인들의 시야가 점차 넓어지고, 많은 여행자가 생기자 유럽 밖의 고대유물의 수집뿐만 아니 라 문화에 대한 관심도 많아졌다. 또한 이들은 기념비적 유적 — 거석유 적(巨石遺蹟) 또는 고분들 — 에 많은 관심을 가졌다. 이러한 연구를 상당 한 수준으로 끌어올린 대표적인 학자로 영국의 스턱클리(W. Stuckeley, 1687~1755)를 꼽을 수 있다. 그는 실제로 많은 지방을 답사하여 거석유 적과 고분의 분포에 대한 자세한 도면을 작성했으며, 이러한 유적들에 대해서 대략적인 상대(相對) 혹은 절대편년(絶對編年)을 시도했다.

이 시기 동안에는 폼페이, 헤르쿨라네움 등 적지 않은 발굴이 이루어 졌지만 그 목적이 주로 고대 예술품의 획득에 있었기 때문에 발굴은 거의 도굴의 수준에 가까웠다. 또한 고대의 유적들은 주로 성경에 의거해서 해석되었고 이에 의해 인류의 역사는 B.C. 4000년경에 시작되었다고 믿었기 때문에 인류의 유구한 역사를 밝힌다는 점에서는 큰 진전을 보지 못했다.

이러한 골동품을 수집하는 단계를 학문적 차원에서 한 단계 올려놓은 결정적인 역할을 한 사람은 독일인 빙켈만(J. J. Winckelmann, 1717~1768)이었다. 그는 당시의 무질서한 고물(古物) 애호 및 수집에서 벗어나 실물을 근거로 역사적인 관점에서 유물을 정리했는데, 이것이 바로 고전고고학(古典考古學)의 시작이다. 그는 이러한 학술적 업적으로 '고고학의 아버지'라고 일컬어진다.

2. 고고학의 성립

18세기 후반에서 19세기 중엽까지는 유럽에서 고고학이 학문적으로 성립되는 시기이다. 이러한 과정에는 몇 가지 중요한 요인들이 있었다.

첫째, 지질학에서 유입된 층위 개념이다. 지질학자 허턴(J. Hutton, 1726~1797)이 중요한 층서학(層序學)의 원리를 제공했는데 이것이 '동일과정설(uniformitarianism)'이다. 동일과정설이란 현재의 지각을 구성하도록 작용하고 있는 지질학적 과정과 자연법칙이 전(全) 지질학적 시간을 통해 규칙적인 방식과 동일한 강도로 작용해 왔다는 주장이다. 허턴의 주장은 라이엘(C. Lyell, 1797~1875)에 의해 재차 제기되었고, 이것이 고고학에서 층위 개념으로 확립되는 계기가 되었다. 즉 라이엘의 『지질학의 원리(Principles of Geology)』에서 지질학의 기본원칙인 하층이 상층보다 시간적으로 앞선다는 '누중(累重)의 법칙'이 발표되었다. 허턴과 라이엘의 연구는 이전의 퀴비에(G. Cuvier) 등이 대홍수 같은 대격변이 지구에 주기적으로 엄습하여 기존 생명체나 무기물들을 휩쓸어가며, 이 같은 결과로 퇴적된 것이 지층이라고 설명하는 격변설(catastrophism)을 극복하여 지질의 변천과정, 지구의 구조와 층위, 그리고 절멸화석 등에 대한 합리적인 설명을 가능하게 했으며 이로써 지질학이라는 학문의 기초를 제공해 주었는데 이것이 또한 고고학 연구의 기초로도 공헌하게 된 셈이다.

둘째, 톰센(C. J. Thomsen, 1788~1865)의 삼시대법이 확립된 것이다. 삼시대법에 대한 개념은 이미 18세기에 여러 학자들에 의해 주장되었으나 이를 처음으로 유물의 분류에 적용한 사람은 19세기 초 톰센이다. 그 후 그의 제자인 워소(J. J. A. Worsaae, 1821~1885)가 유적 발굴을 통해 이를 증명함으로써 삼시대법은 1840년경에 완성되었다. 삼시대법은 덴마크를 중심으로 한 스칸디나비아에서 널리 수용되었고, 나아가 20세기 전반까지 전 세계 고고학에 영향을 주었으며, 편년의 설정과 문화단계를 구명하는 데 중추적인 역할을 했다. 이러한 삼시대법은 1865년 러복(Lubbock)에 의해 약간 수정되어 석기시대를 구석기시대와 신석기시대로 나누었다. 1866년 웨스트럽(Westropp)에 의해 중석기시대의 개념이 제시된 이후에 다섯 시대가 되었으나 20세기 전반까지 사용되는 시대구분은 삼시대법이 근간을 이루었다(제2장 참조).

셋째, 구석기 유적들의 발견이다. 19세기 이전에도 돌도끼를 인간의 무기로 보는 견해가 있었으나 별로 주목받지 못했다. 19세기에 들어서자 여러 지역에서 석기와 인골 그리고 절멸동물이 함께 발견되었다. 특히 1832년 프랑스의 페르테(de Perthes)는 아베빌(Abbeville) 유적을 조사하면서 인간의 역사가 홍적세까지 올라갈 수 있다고 발표했다. 그 후 1850년에 리골레(Rigollet)가 생 아술(St. Ascheul) 유적을, 1858년에는 팰코너(Falconer)가 영국의 윈드밀 힐(Windmill Hill) 동굴 유적을 각각 조사했다. 이러한 조사를 통해 인간은 B.C. 4000년 이전에도 존재했음을 점차 인식하게 되었다. 이후 19세기 후반에는 프랑스인 라르테(Lartet), 모르티예(de Mortillet) 등에 의해 점차 세분화된 편년작업이 계속되었다.

넷째, 진화론의 등장이다. 다윈(C. Darwin, 1809~1882)은 1859년에 식물·동물을 비롯한 모든 유기체들의 기원과 발달에 관해 설명한 『종의 기원(The Origin of Species)』을 발표했고, 이것은 당시에 큰 파문을 일으켰다. 문제가 된 부분은 모든 생물이 궁극적으로 하나의 공동조상을 가졌으며 이것으로부터 진화해 왔다는 주장이다. 이것은 당시 성경의 유태-기독교적 견해와 정면으로 위배되는 위험한 발상이었다. 사실 다윈은 『종의 기원』에서 인간과 원숭이의 관계에 대해서는 직접 언급하지 않았으며, 그 문제는 1871년 『인간의 가계(The Descent of Man)』에서 비로소 다루었으나 그가 시사하는 바는 이미 명확했다. 진화론은 이전에 발견된 구석기 유물들을 설명하는 하나의 도구가 되었을 뿐만 아니라 형식학적 방법, 계기연대법 등 고고학적 방법과 초기 인류학자들의 이론 등 여러 분야에 영향을 주었다.

한편 19세기에는 유럽 열강의 식민지 진출이 본격적으로 시작되었고 각 강대국마다 문명발생지에서 수습한 귀중한 유물의 과다에 따라 국력을 비교하는 것이 유행처럼 일어나, 각 정복국가마다 유물수집에 열을 올리면서 강대국 중심의 유물 약탈시대가 열리게 되었다. 이러한 유물의 약탈은 지식인들의 지적 호기심을 자극했다. 예를 들면 나폴레옹이 이집트를 원정할 때 발견된 로제타 스톤(Rosetta Stone)을 샹폴리옹(J. F. Champollion)이 해독한 것을 계기로 이집트학 연구 붐이 일어나기도 했다.

영국 고고학회가 1843년에 창설되었고, 선사학(prehistory) 혹은 고고학(archaeology)이라는 단어도 널리 사용되었다. 이와 같이 19세기 중엽을 지나면서 유럽에서는 비로소 체계적인 근대고고학(近代考古學)이 성립하게 되었다.

3. 고고학의 성장

19세기 후반에서 20세기 초반에 걸쳐 고고학은 학문적으로 성장기에 접어든다. 이 시기에 속하는 대표적인 학자들의 업적을 살펴보면 다음과 같다.

먼저 발굴방법의 정립이다. 체계적인 고고학적 방법을 처음으로 활용한 슐리만(H. Schliemann, 1822~1890)은 호머의 서사시 『일리아드』와 『오디세이』의 배경인 트로이의 실재를 증명하고자 에게 해 일대를 발굴했다. 특히 히사리크(Hissarlik) 유적에서 여러 개의 연속된 층위를 확인함으로써 호머의 세계와 미케네 문명의 실재를 증명했다. 현재의 관점에서 보면 문제가 있으나 최초로 대규모의 발굴이 면밀한 계획에 의거해 이루어졌고, 층위적인 발굴과 함께 유물의 채집, 도면의 작성, 유적의 보존 등 발굴에 대한 방법론의 확립에 하나의 전기를 마련했다는 점이 그의 업적이다(제3장 참조).

뒤이어 영국의 고고학자 피트-리버스(Pitt-Rivers)와 페트리(W. M. Flin-ders Petrie, 1853~1942)는 역시 과거 유물의 수습 차원에서 이루어졌던 발굴에서 탈피하여 보다 과학적인 방법으로 발굴의 과학화를 이루었다. 특히 페트리는 이집트의 각지 유적 중 특히 선왕조시대의 분묘 유적들을 주로 발굴조사했는데, 이 과정에서 발굴의 기본원칙으로 ① 장래의 고고학자를 위한 발굴 유적의 보존, ② 발굴 시의 세심한 주의와 발굴된 모든 유물의 채집 및 기록, ③ 정확한 도면 작성, ④ 조속한 시일 내의 보고서 완간 등을 설정하고 몸소 실천했다.

다음은 고고학적 방법으로서의 형식학적 방법(typological method)과 계기연대법(sequence dating)의 등장이다. 형식학적 방법은 스웨덴의 고고학자 몬텔리우스(O. Montelius, 1843~1921)에 의해 정립되었다고 알려져 있다. 그러나 이 방법을 처음 주장한 것은 그의 동료인 힐데브란트

(Hildebrand)였고, 이를 체계적으로 정리·완성한 사람이 몬텔리우스였다. 몬텔리우스는 역시 북부 유럽의 청동기시대를 연구하면서 힐데브란트와 동일한 현상을 발견했는데, 1885년에 발표한 「청동기시대의 연대 결정에 대해」라는 논문에서 보다 명확하게 이 형식학적 방법을 사용했다. 그리고 그의 저서인 『고대문화의 제 문제: 연구법』(1903)에서 형식학적 방법의 이론을 완성했다. 형식학적 방법은 두 단계로 구성되어 있다. 즉 유물을 형식별로 늘어놓는 형식학적 배열(typological series) 단계와 이를 증명하는 단계이다. 이 방법은 1859년 다윈의 『종의 기원』이 간행된 이후 유행하기 시작한 진화론에 힌트를 얻어 완성한 것이다. 몬텔리우스는 인간에 의해 만들어진 유물도 가장 간단한 원형식(proto-type)에서 복잡한 형식으로 변화되는 현상이 있음을 발견하고 이것을 유물 정리에 대입하여 연구했다(제4장 참조).

페트리는 영국 태생으로서 1880년 이집트로 건너가 약 50년간 이집트고고학에 종사했다. 그는 이집트의 분묘 출토물을 정리·집성하는 과정에서 이집트와 그리스 유물을 교차연대를 이용해 편년함으로써 상대연대교차법에 입각한 비교고고학(比較考古學)을 시작했고, 유물의 과학적 분석의 기초를 닦았으며, 또한 계기연대법을 창안함으로써 근대고고학 발전에 기여했다. 즉 계기연대법은 페트리가 이집트의 선사시대 분묘를 편년하면서 창안한 것이다. 페트리의 편년방법은 거의 같은 시기에 사용된 몬텔리우스의 형식학적 방법에 비해 연속분포원리나 빈도변천원리가 포함되어 있어 한층 진전된 방법으로 평가되고 있다. 이러한 계기연대법은 신대륙으로 확산되어 순서배열법으로 발전되었다. 즉 미국 인류학의 아버지인 보아즈(F. Boas)가 처음 소개했고, 보다 발전된 방법을 엄격히 적용한 학자는 크로버(A. Kroeber)인데 그는 쥬니 인디언 유적 표면채집물을 이용한 빈도순서배열을 시도했다. 순서배열이라는 용어는 그의 동료 스피어(L. Spier)에 의해 정리되었다(제5장 참조).

19세기 후반 고고학이 학문적으로 자리를 잡아갈 무렵 역시 새로운 학문으로 등장한 인류학이 점차 발전하면서 그 이론이 고고학의 연구에 도움을 주게 되었다. 대표적인 인류학자로는 타일러(E. Tylor, 1832~1917)와 모건(L. H. Morgan, 1818~1881)을 들 수 있다. 타일러는 『미개문화(Primitive culture)』(1971)에서 인류문화사를 야만시대, 미개시대, 문명시대로 나누었고, 문화의 개념도 정의했다. 즉 "문화란 사회구성원에 의해 습득된 지식, 신앙, 예술, 법, 도덕, 관습 및 인간이 사회의 성원으로서 획득한 어떤 다른 능력이나 습관 등을 포함한 복합총체(複合總體)"라 보았다. 이것은 문화 개념에 대한 최초의 정의로 오랫동안 사용되었다. 그리고 모건은 그의 저서 『고대사회(Ancient Society)』(1877)에서 여러 민족지(民族誌) 조사를 통해 타일러의 인류문화사를 더욱 자세히 나누었다. 즉 야만시대와 미개시대를 각각 하급, 중급, 상급으로 세분하여 모두 7단계 발전설을 주장했다. 이들 주장의 이론적 근거는 당시에 유행했던 진화론을 바탕으로 한 것이었다.

진화론에 대항하여 19세기 말에 등장한 이론이 전파론(傳播論, diffusionism)이다. 즉 19세기 말 고고학적 자료가 점차 축적되고, 인류문화의 기원은 무엇인지, 누가 첫 농경인인지, 언제, 어디에서 금속문화가 시작되었는지 등 새로운 의문이 제기되자 전파론은 단선진화론에 대항하여 나타났다.

전파론은 문화의 변동을 주로 외부적인 영향인 전파에 기인하다고 보는 관점이다. '전파(diffusion)'란 문화요소들이 한 지역에서 발생하여 다른 지역으로 이주, 무역, 전쟁 및 그 밖의 접촉들에 의해 확산되어 가는 것을 말한다. 전파의 개념은 지리학에서 처음 시작되었는데 고고학에서는 1872년에 출판된 퍼거슨(J. Fergusson)의 저서에서 찾아볼 수 있다. 거석문화가 인디아의 고대문명으로부터 북부 아프리카와 유럽으로 확산되었다고 본 그의 견해는 전형적인 전파론에 해당된다. 일반적

으로 전파론자들은 인간의 원초적인 발견이 드물며 중요한 혁신(innova-
tion)이 인간의 역사에서 한 번만 나타난다고 보아, 직접적인 노출이나
중간 매체에 의한 교류를 통해 다른 쪽으로 전달된다고 본 것이다.

본격적인 전파론은 영국학파와 독일-오스트리아학파에 의해 각각 시
작되었다. 영국 맨체스터학파의 전파론은 리버스(W. H. R. Rivers), 스미
스(G. Elliot Smith) 그리고 페리(W. J. Perry) 등에 의해 주장되었다. 당시
페트리가 이집트에서 발견한 고고학적 유물에 의한 자극과 유럽에서
이집트 문화의 일반적인 영향을 언급한 스웨덴 고고학자인 몬텔리우스
의 영향을 받은 이들은 이집트의 유물이 전 세계로 심지어 중미(中美)까
지 파급해 나가면서 동시에 그들의 문화도 파급되었다고 주장했다. 독
일-오스트리아학파의 전파론은 전파의 중요성과 예측할 수 없는 점을
강조한 라첼(F. Ratzel)의 지리학적 전통과 연결된다. 그 뒤를 이어 그래
브너(F. Graebner)와 오스트리아의 신부인 슈미트(W. Schmidt) 등이 전파
론의 체계를 세웠다. 그들은 문화요소가 개별적으로 혹은 집단적으로
멀리 전파될 수 있다고 보았다. 즉 문화는 단일 지역에서 출발한다고
보는 영국학파와는 달리 몇 개의 문화복합체(culture complexes, culture
circles, kulturkreis)의 존재와 전파를 주장했다. 그러나 이 학파 역시 역사
적인 관련성에 대한 증거를 제시하지 못했다. 이 독일-오스트리아학파
의 문화권설은 영국 맨체스터학파보다는 그 영향력이 컸으나 역시 극
단적인 전파론으로 불렸다.

20세기에 접어들면서 전 세계적으로 발굴이 이루어지는 지역의 범위
가 점차 넓어졌다. 이 시기 유럽고고학의 수준을 한 단계 높인 학자로
는 차일드(V. G. Childe, 1892~1957)를 들 수 있다. 차일드는 오스트레일
리아 출생의 고고학자로 옥스퍼드 대학에서 수학했고, 에든버러 대학
과 런던 대학에서 교수로 있으면서 수많은 저술을 남겼다. 그는 고고학
적 자료를 통해 유럽의 문화를 해석하는 데 노력함으로써 문화가 고고

학의 연구대상이 되는 데 중요한 역할을 했다. 그는 "동일한 형식의 유물복합체(assemblages)가 여러 지역에서 나타날 때 이를 문화"라고 불렀다. 즉 특정한 고고학적 자료의 분포영역은 특정집단의 영토로 간주하고, 시기적인 분포영역의 변화양상을 이들 민족집단의 확산과 이동양상을 해석하는 근거로 삼았다. 그의 이론은 20세기 초반에 유행했던 전파론에 입각하여 문화복원을 시도한 것이다.

또한 차일드는 1935년 이래로 수차례 소련을 여행한 후 기존의 시각을 대신하여 마르크스의 이론에 보다 충실한 연구를 수행했으며, 사회진화에도 관심을 가지기 시작했다. 이 시기에 집필된 대표적인 저서로는 『인류가 만든 역사(*Man Makes Himself*)』(1936) 및 『역사에서 무슨 일이 일어났나(*What Happened in History*)』(1942)를 들 수 있다. 특히 『인류가 만든 역사』에서 그는 고고학적 자료를 방향성 있는 과정을 나타내주는 증거로 파악하고 있으며, 과학적 지식의 증가로 인해 인간은 자연을 보다 효과적으로 통제할 수 있는 동시에 새롭고 복잡한 정치사회적 체제로 이동할 수 있었다고 보았다(제6장 참조).

20세기 전반에는 차일드 이외에도 울리(L. Wolley, 1880~1960), 휠러(M. Wheeler, 1890~1976), 피겟(S. Piggott), 브레이드우드(R. J. Braidwood), 리키(L. Leakey, 1903~1972), 케니언(K. Kenyon, 1906~1978), 클라크(G. Clark, 1907~1995) 등 수많은 학자들이 세계 각지에서 중요한 유적을 발굴하면서 선사문화를 밝히는 데 기여했다. 이 시기에는 유럽고고학이나 미국고고학에서 고고학적 자료들을 분류하고, 편년하는 등 주로 문화요소의 전파와 이주에 관심을 가지고 당시의 문화복원에 주력했다. 이를 후대에 전통고고학(traditional archaeology), 혹은 문화역사적 고고학(cultural historical archaeology)이라 부른다.

1960년대 초 신고고학의 출현에 앞서서 1940년대 말부터 1950년대에 걸쳐 미국고고학에서 몇 가지의 중요한 진전이 있었다.

첫째, 테일러(W. W. Taylor)의 『고고학연구(A Study of Archaeology)』(1948)
의 발표이다. 그는 기존의 전통고고학을 비판하고 전통고고학의 단순
한 기술묘사를 거부하면서, 고고학 자료를 설명하는 데 있어서 모든
요소가 고려되어야 한다고 주장했다. 일부에서는 빈포드(L. Binford)의
신고고학이 테일러의 주장과 유사하기 때문에 실질적으로 신고고학은
테일러에서 시작되었다고 보는 학자도 있다.

둘째, 고고학에 자연과학적인 방법이 유입되기 시작한다. 이 중에 가
장 대표적인 것이 리비(W. F. Libby, 1908~1980)의 방사성탄소연대측정
법이다. 이 방법은 1934년에 그로스(Grosse)가 우주선(宇宙線, cosmic rays)
의 존재를 확인하고, 1947년에 앤더슨(Anderson)과 리비 등이 자연방사
성탄소(natural C^{14})가 대기권 내에 존재하고 있다는 사실을 밝혀냄으로
써 시작되었다. 이것을 토대로 하여 1949년 리비와 그의 동료들에 의해
방사성탄소연대측정법이 발표되었다. 이후 전 세계적으로 많은 방사성
연구소가 설치되어 C^{14}연대측정법에 대한 연구가 활발하게 계속되었는
데, 1950~60년대에 와서는 측정방법의 개선을 통해 측정효율을 높였
으며, 1960~70년대에는 수륜연대측정법(dendrochronology)의 발달에 따
른 나이테의 연대와 방사성탄소연대(radiocarbon date)를 비교하여 그 오
차를 수정하는 일련의 연구가 계속되었다.

C^{14}연대측정법이 발견되어 고대 유적으로부터 많은 방사성탄소연대
가 알려진 결과, 고고학의 편년에 커다란 영향을 미치면서 세계 각지의
고고학 편년을 바꿔놓기도 했으며, 더 이상 전파론적 문화해석을 불가
능하게 했다. 또한 방사성탄소연대측정법은 고고학에 있어서 절대연대
측정법과 과학적 분석법의 사용을 시작하게 된 계기가 되었다고 볼 수
있다. 즉 방사성탄소연대측정법에 이어 포타시움-아르곤(K/Ar)측정법,
가열발광(thermoluminiscence)측정법, 휘선 트랙(fission track)측정법 등 수
많은 절대연대측정법이 연구되었고, 고고학에 사용되는 통계적 분석의

효시가 되기도 했다. 방사성탄소연대 그 자체가 통계적인 의미를 가진 것으로 이것은 고고학자들로 하여금 통계학에 관심을 가지게 하는 데 일조했다(제7장 참조).

셋째, 다양한 고고학적 연구방법론이다. 대표적인 예가 윌리(G. Willey)의 취락지 연구이다. 페루에 있는 비루 계곡(Viru Valley)의 연구는 단일 유적의 조사로부터 일정한 지역 전체를 조사함으로써 그 지역의 문화를 복원할 수 있다는 데 의미를 두고 있다. 윌리는 취락 유형이 인간집단과 자연환경과의 관계를 보여주는 증거로 보았고, 고대사회의 체계적 연구에 잠재력을 지니고 있음을 주장했다. 이러한 연구는 문화변동의 원인을 주민의 이주나 전파로 파악하기보다는 사회 내적 발전요소를 강조한 것이다. 윌리의 연구로 말미암아 취락고고학(settlement archaeology)이라는 고고학의 새로운 연구 분야가 성립되었다(제8장 참조).

다른 하나는 고고학에서의 통계적 방법의 이용이다. 이것은 1917년 스피어(L. Spier)가 쥬니 프에풀로 유적에서 수집된 비층위적인 자료도 통계적으로 편년적 서열이 결정될 수 있음을 보여준 것이 시초가 되었고, 크로버(Kroeber)는 1940년에 각 유적에서 출토된 유물의 분류가 통계적인 기법을 이용해 가능함을 제시했다. 스폴딩(Albert C. Spaulding)은 x^2(콰이)-검정을 이용해 유물의 속성들 간의 결집상태를 추구하여 형식 분류가 가능하다고 주장했고 또한 고고학에서 통계적인 분석이 중요함을 강조했다. 그리고 앞서 언급했듯이 방사성탄소연대는 고고학자들로 하여금 통계학의 개념을 알게 하는 데 중요한 역할을 했다. 결국 통계적인 방법은 신고고학자들이 즐겨 사용하는 분석법으로서 고고학이 과학적 고고학이 되는 데 일정한 부분을 담당했다고 볼 수 있다.

넷째, 신진화론의 등장이다. 미국에서는 1950년대 보아즈학파에 대항하여 새로운 문화이론인 신진화론이 주장된다. 신진화론은 1940년대 미국 인류학자들에 의해 시작되었다. 그 대표적인 학자가 스튜어드(J.

H. Steward)와 화이트(L. A. White) 등이다. 스튜어드는 특정사회의 문화
사에 나타난 변동의 순서에 관심을 가졌다. 그는 일반진화론자들이 무
시한 환경의 변수를 크게 강조하고 있는데 이는 마빈 해리스의 문화생
태학의 관점과 상통되는 것이다. 한편 화이트의 이론은 개별문화들보
다는 인류문화 전반의 진화과정에 관심을 두기 때문에 분석의 범위가
훨씬 넓다. 이 이론은 문화유물론에도 영향을 미쳤다. 스튜어드는 진화
론을 크게 단선진화론, 보편진화론, 다선진화론으로 분류하는데 그는
자신의 이론을 다선진화, 19세기의 진화론을 단선진화, 화이트의 입장
을 보편진화로 보았다. 이러한 두 사람의 쟁점은 그들의 제자이자 동료
인 서비스(E. Service)와 살린스(M. Sahlins) 등을 중심으로 두 가지 종류의
진화를 인정함으로써 두 가지의 견해가 조합되었는데 이것이 특수진화
와 일반진화이다. 특수진화는 특정사회들의 문화사에 나타난 변동의
순서에 관심을 두고 환경의 변수를 크게 강조하며, 특정의 환경에 위치
하고 있는 한 사회의 변동과 적응양식에 관심을 둔다. 이러한 관점은
다양한 환경에 적응한 결과로 특정의 문화들이 진화해 나가는 메커니
즘을 밝힐 수 있는 이점을 지니고 있는데 스튜어드가 이런 입장을 취하
고 있다. 일반진화는 개별문화들보다는 인류문화 전반의 진화과정에
관심을 두기 때문에 분석의 범위가 훨씬 크다. 차일드와 화이트가 이런
입장을 취하고 있다.

　신진화론은 1960년대 당시 고고학자들에게 영향을 끼쳐 신고고학이
등장하는 데 도움을 주었고, 신진화론자인 서비스와 프리드(M. Fried)
등은 사회발전단계설을 제시하여 고대문화의 발전과정을 연구하는 데
기여했다. 특히 서비스는 사회의 발전과정을 무리(band) → 부족(tribe) →
족장(chiefdom) → 국가(state) 등으로 설정했다. 그의 학설은 서비스 자신
에 의해 여러 차례의 수정과 보완이 이루어졌고, 다른 학자들에 의해
비판이 있었음에도 불구하고 고고학적 자료의 해석에 실용적인 장점

때문에 고대사회의 사회조직을 연구하는 데 중요한 해석적 틀로 고고
학에서 지속적으로 사용되고 있다(제9장 참조).

한편 스튜어드는 생태학적 개념이 인류학에 도입된 이론으로 문화와
환경 간의 상호작용을 중요시하는 문화생태학(cultural ecology)을 제창했
다. 생태학이 생물 유기체와 그 서식 환경과의 상호관계를 다루듯이
문화생태학은 문화의 다양한 항목과 환경요인들과의 상호관계에 주목
한다. 즉 문화생태학에서는 문화도 생물의 종과 마찬가지로 환경에 대
한 적응과정의 산물이며 적응가치의 증대를 통해 진화한다고 보았다.

4. 신고고학의 등장과 논쟁

1950년대의 연구는 1960년대 신고고학(New Archaeology)이 등장할
수 있는 환경을 조성했다. 이러한 고고학적 배경 위에 빈포드(L. R. Bin-
ford, 1930~)는 1960년대 초에 전통고고학을 비판하면서 새로운 성격의
고고학을 제창했고, 영국에서도 클라크(D. L. Clarke, 1937~1976)에 의해
새로운 연구방법론이 모색되었다. 이러한 모색은 미국의 경우 플래너
리(K. Flannery)에 의해 더욱 구체적으로 발전되었다.

빈포드는 당시까지 문화편년의 수립과 과거 생활상의 재구성에만 치
중하는 전통고고학을 공격하면서 고고학적 자료가 인간행위의 소산인
이상 거기에는 비물질적 행위도 반영되어 있으므로 고고학은 당연히
정신세계를 비롯하여 당시 사회의 총체를 밝히고 인간행위와 문화의
진화과정의 법칙을 밝히는 것을 목표로 해야 한다고 주장했다. 이러한
목적을 달성하기 위해 문화란 사회성원들 모두가 똑같이 나누는 것이
라기보다는 그들이 상이한 양식으로 참여하여 이루는, 인간의 적응을
가능하게 해주는 비육체적 수단이라는 신진화론의 관점을 수용했다.

동시에 문화 그 자체는 물질문화를 포함한 여러 개의 아체계(亞體系)가 서로 긴밀한 관계를 이루며 유지되는 하나의 체계로 파악할 수 있기 때문에, 변형이 심한 고고학적 자료이지만 인간들이 생존을 위한 적응의 방식으로 채택한 비물질적 제 측면이 반영되어 있다는 체계이론 (system theory)을 채택하고 있다. 또한 빈포드를 비롯한 신고고학자들은 자신들이 설정한 목표에 도달하기 위해 헴펠(Carl Hempel) 등 과학철학자들의 영향을 받아 연역적 가설검증법(hypothetico-deductive method)을 방법론의 도구로 채용하고 있다. 이것은 특정한 문제와 관계된 가설을 미리 세워 이를 고고학적 자료에 연역적으로 적용하여 자료의 의미를 해석하는 방법이다. 그밖에 많은 새로운 과학적인 방법이 채택되는데 특히 고고학적 자료의 분석에 통계적 방법이 이용되었고, 컴퓨터의 발달과 더불어 그 활용이 증대되었다(제10장 참조).

구대륙에서 신고고학을 주도한 학자는 클라크였다. 그는 1960년대 이전의 고고학을 이론과 방법론이 존재하지 않는 경험적 분야로 간주하고 새로운 이론과 방법론의 개발만이 고고학을 독자적인 학문으로 발전시킬 수 있다고 주장했다. 대부분의 초창기 신고고학자들이 체계이론의 소개와 고고학적 적용가능성을 제시했다고 할 수 있으나 체계이론을 본격적으로 논의한 학자는 클라크라 할 수 있다. 또한 빈포드를 중심으로 한 미국의 신고고학자와는 달리 클라크는 영국 케임브리지 대학에서 형성되기 시작한 신지리학의 접근방법을 적극 활용하여 체계이론을 본격적으로 논의한 매우 독창적인 이론가라 할 수 있다. 또한 클라크는 주관과 직관에 의해 자료를 기술하는 당시 고고학의 방법론적 한계를 비판하고 고고학 자료를 객관적으로 분석하는 방법론 개발에 많은 심혈을 기울였다. 이를 위해 그는 당시 많은 발전을 이룬 컴퓨터와 통계학의 방법들을 동원하여 자료를 객관화·계량화하는 이른바 '분석고고학(analytical archaeology)'을 정립시킨다. 고고학사적으로 볼 때 클라크의 이러한 새로운 이론과 방법론은 고고학이 유적·유물의 기술적 편년이나 형식분류에서 탈피하여 과거 인간행위의 동인(動因)과 변천과정에 대한 체계적 이해로 전환할 수 있는 발판을 마련해 준 가히 혁명적인 시도라 할 수 있다(제11장 참조).

앞서 언급한 빈포드와 클라크가 주로 이론과 방법론적인 면에서 신고고학을 주도했다면, 플래너리는 활발한 고고학적 조사와 발굴을 통한 이론과 방법론의 제시로 유명하다. 그는 근동 지방과 중남미 지역에서 1960년대와 1970년대 초반 왕성한 지표조사와 발굴을 수행하면서 문화진화론과 체계이론에 근거하여 농경기원과 복합사회의 형성과 발전 문제에 대한 논문들을 발표했다. 그는 신고고학 초창기부터 현장에서 뛰지 않는 고고학자란 생각할 수 없으며, 고고학적 이론은 자료를 창출하고 새로운 자료는 새로운 이론의 수립을 가능하게 한다는 이론, 방법론, 자료의 체계적인 결합을 강조했다. 플래너리는 문화진화론과 체계이론에 근거하여 근동 지방과 멕시코에서의 농경의 기원을 설명해왔다. 멕시코 오아하카 계곡에서의 그의 고고학적 조사는 과거 문명발달사에 관한 세계에서 가장 성공적인 프로젝트 중의 하나였다고 할 수 있다. 40여 년에 걸친 이 지역에서의 그의 발굴조사와 분석은 농경의 기원에서부터 농경 취락사회의 발달, 족장사회와 국가의 발흥까지의 문화발달과정을 체계적으로 설명하고 있다(제12장 참조).

그러나 1970년대 중반 이후 신고고학도 많은 비판을 받았다. 즉 문화변동과정에 대한 설명에 있어서 개인의 이념의 기능과 역할을 간과했으며 오로지 한 사회 내부의 변천과정에 치우친 나머지 인접 문화와의 접촉이나 교역에 의한 영향을 주시하지 않았다는 점이다. 또한 신고고학에서 응용되었던 연역적 가설검증법은 문화의 총체적인 고찰을 불가능하게 하는 매우 좁은 시각의 결론만을 유도하는 방법론적 구조를 갖고 있다는 점이다. 그런데 이러한 논의과정에서 신고고학자들의 주장

을 액면 그대로 따르는 사람은 없지만 고고학에 대한 다양한 해석이
제시되었고 고고학의 학문적인 발전이 이루어졌다고 볼 수 있다. 1980
년대 초반 신고고학에 대항하는 후기과정고고학이 등장하는 시기를 전
후하여 신고고학이라는 명칭도 과정고고학(processual archaeology) 또는
기능과정고고학(functional processual archaeology)이라고 불리기 시작했다.

5. 후기과정고고학의 등장과 최근의 연구동향

1980년대에 접어들면서 과정고고학에 대한 비판과 더불어 다양한 방
향으로 연구가 진행되기 시작했다. 특히 후기과정고고학(post-processual
archaeology)은 1980년대 초반 과정고고학에 대항하여 영국의 호더(I.
Hodder, 1948~) 등에 의해 제창된 새로운 개념의 고고학이다. 호더는
고고학이 결코 역사학이나 인류학의 한 분야가 아니라 방법과 이론을
갖춘 독립적인 학문임을 강조하고 있다. 또한 그는 과정고고학에서 주장
되는 범문화적 법칙은 존재하지 않는다고 말하면서, 그 대신에 지역적·
시대적으로 독특한 맥락을 강조한다. 따라서 후기과정고고학에서는 지
역적·시대적인 맥락 및 특성과 그 속에서 활동하는 개개인들의 규범
등에 대한 끊임없는 재해석을 강조한다. 후기과정고고학은 기왕의 이분
법을 무너뜨리고 개인과 규범, 과정과 구조, 유물론과 관념론, 그리고
객관과 주관 사이의 관계를 연구한다고 하면서 과정고고학과 다르게
어떤 통일된 방법론이 아닌 다양한 방법론들을 제기한 것이기 때문에
후기(post)라는 명칭을 사용한다고 호더는 말하고 있다.

과정고고학이 고고학의 관심영역을 축소시키고, 고고학의 폭을 좁혀
온 데 비해 후기과정고고학은 과정고고학의 한계를 극복하고자 노력했
다. 후기과정고고학에서는 구조·과정 속에서 활동하는 개개인을 강조

한다는 점에서 체계를 중시하는 과정고고학과 구분된다. 후기과정고고
학은 물질문화와 사회와의 관계와 학문상의 인식론적 문제, 추론의 문
제 등에 관심을 갖는다. 특히 호더는 물질문화 속에 살아 움직이는 상
징성을 중시하는 상징주의, 맥락주의, 민족고고학의 입장에서 다루었
고, 그의 제자인 생스(M. Shanks) 등은 물질문화와 현재 사회와의 관계
등을 많이 다루었다(제13장 참조).

후기과정고고학과 관련을 맺고 있는 최근의 연구경향은 다음과 같다.
먼저 비판이론(Critical Theory)은 독일의 프랑크프루트학파에 의해 제기
된 이론으로 사실이란 세상과 이론에 대해 상대적인 의미를 가진다는
것이다. 신고고학에서 중시하는 실증주의(positivism)를 비판하고 물질문
화의 상대적인 의미를 강조하는 이론이다. 또 어떤 사실도 연구자의
세계관에 의해 그 의미가 결정된다고 보아 고고학적 자료에 대한 한
사람의 견해는 다른 사람의 것만큼 동등하게 존중되어야 한다는 것이다.

이러한 상대주의적 관점, 맥락주의적 관점은 사회적 성고고학(gender
archaeology)에서도 표출되고 있다. 사회적 성고고학은 종래의 고고학이
성의 구분에 대한 인식이 없이 연구되었던 점을 비판하면서, 사회적
성과 관련된 새로운 자료의 수집뿐만 아니라 남성과 여성의 사회적 역
할에 대해 이해하는 데 필요한 개념과 방법론의 개발 등을 목적으로
하고 있다. 최근 여성 고고학자의 수적인 증가로 인해 사회적 성고고학
은 하나의 새로운 연구 분야로 발전하고 있다.

마르크스주의고고학(Marxist archaeology)은 계급 간의 갈등을 강조하
는 이론으로 문화유물론(cultural materialism)에 비하면 마르크스의 이론
을 철저히 따르는 경우이다. 신마르크스주의(Neo-Marxism)는 1960~70
년대 프랑스 인류학자들에 의해 주창되었다. 1930년대에 차일드는 유
사한 개념에서 신석기혁명과 도시혁명의 개념을 설정한 바 있다. 그의
고전적 마르크스주의에 근거한 견해는 1970년대 중반 길만(A. Gilman)

과 프리드만(J. Friedman) 등에 의해 발전되었고, 1980년대에 들어와서
는 로우랜즈(Rowlands)와 후기과정고고학자인 섄스와 틸리(Tilley) 등도
신마르크스주의적 시각을 활용했다. 고전적 마르크스주의는 이념적 상
부구조(사회의 지식과 신념의 모든 체계)가 생산적인 하부구조(경제적 기초)
에 의해 결정된다고 보는 데 비해, 신마르크스주의는 상부구조와 하부
구조가 상호작용을 한다고 본다.

   이러한 후기과정고고학과 관련된 연구경향과 달리 기존의 과정고고
학의 연구시각을 계승하면서 포괄적인 인간의 인지(cognition)를 연구하
려는 인지고고학(cognitive archaeology)이 등장한다. 즉 1970년대에 접어
들면서 과정고고학이 이념을 간과했다는 관점은 비판의 대상이 되었다.
일부 과정고고학자들이 문화변동과정에서 이념요소의 중요성을 강조
하기도 했다. 특히 플래너리는 신고고학의 틀 속에서 줄기차게 이념문
제를 연구해 왔다. 그러나 대부분의 당시 고고학자들은 문화생태학과
유물론에서 벗어나지 못했다. 1980년대에 들어와 과정고고학자들은 기
존의 이론 틀 내에서 이념문제를 좀더 적극적으로 이해하려고 했는데
이것은 유럽 중심의 정치경제학파(political economy school)의 영향을 받
은 것이다. 특히 렌프루(C. Renfrew)는 이러한 고고학을 인지과정고고학
(cognitive-processual archaeology)이라 불렀는데 과정고고학의 단점을 극복
하고, 후기과정고고학의 장점을 수용하면서 고고학 연구사조의 통합을
시도하려는 의도에서 제창했다. 이는 최근 서양고고학에서 새로운 연
구경향을 이루기도 한다(제14장 참조).

   이상과 같이 현재의 서양고고학은 신고고학에서 출발한 과정고고학,
이에 대항하는 후기과정고고학, 신마르크스주의고고학, 사회적 성 고
고학, 그리고 후기과정고고학에 대항하는 인지과정고고학 등 다양한
고고학의 연구 사조들이 공존하고 있으며 과거 문화를 바르게 해석하
기 위한 시도가 새로운 이론에 의해 끊임없이 이루어지고 있다.

추천문헌

최몽룡. 1990. 『고고학에의 접근』. 신서원.

『世界考古學大系 16』. 1962. 平凡社.

『世界考古學事典 下』. 1979. 平凡社.

梁建華. 1995. 『外國考古學史』. 吉林大學出版部.

Daniel, Glyn. 1968. *The Origins and Growth of Archaeology*. 김정배 옮김. 1992.
　　『고고학발달사』. 신서원.

_____(ed.). 1981a. *A Short History of Archaeology*. London: Thames and Hudson.

_____. 1981b. *Towards a History of Archaeology*. London: Thames and Hudson.

Klindt-Jensen, Ole. 1975. *A History of Scandinavian Archaeology*. London: Thames
　　and Hudson.

Renfrew, A. C. and P. Bahn. 1991. *Archaeology: Theories, Methods and Practice*.
　　London: Thames and Hudson.

Trigger, B. G. 1989. *A History of Archaeological Thought*. Cambridge: Cambridge
　　University Press.

Willey, G. R. and J. A. Sabloff. 1993. *A History of American Archaeology* (3rd
　　ed.). New York: Freeman.

제2장_ 톰센과 삼시대법

| 최성락 |

1. 머리말

삼시대법(Three Age System)은 19세기 전반 유럽에서 고고학이 학문적인 기반을 잡아갈 때 덴마크를 중심으로 한 스칸디나비아에서 시작되었다. 삼시대법에 대한 개념은 이미 18세기부터 여러 학자들에 의해 주장되었으나, 이를 처음으로 유물의 분류에 적용한 사람은 톰센(C. J. Thomsen, 1788~1865)이고, 유적의 발굴을 통해 증명한 이는 그의 제자인 워소(J. J. A. Worsaae, 1821~1885)이다.

삼시대법은 곧바로 전 유럽과 다른 지역으로 파급되었으며, 특히 고고학을 연구하는 데 있어서 편년(編年) 설정과 문화단계를 구명(究明)하는 데 결정적인 기준이 되었다. 현재 삼시대법은 유럽이나 미주 지역에서는 사용되지 않고 있으나, 일부 지역에서는 아직도 유효하게 사용되기도 한다. 이러한 점 때문에 삼시대법은 후대 학자들에 의해 고고학에서의 중요한 방법으로 평가받고 있다.

이 장에서는 삼시대법의 내용과 그 영향을 알아보고, 한국고고학에서 사용되고 있는 삼시대법을 검토해 보고자 한다.

2. 삼시대법의 등장 배경과 내용

1) 삼시대법의 등장 배경

삼시대법은 스칸디나비아의 역사가와 고고학자들에 의해 시작되었다. 섬(P. F. Suhm)은 그의 『덴마크, 노르웨이, 홀슈타인(Holstein)의 역사』(1776)에서 이 지역에서는 연모와 무기들이 처음에는 돌[石]이었고, 다음은 동(銅), 그 다음은 철(鐵)이었다고 말하고 있다. 토라시우스(S. Thorlacius)는 「매장터에서 뇌신과 부싯망치 그리고 그와 관련된 초기의 무기 등 소위 싸움망치라 불리는 것들, 재물용 칼들과 청동쐐기들에 관하여」(1802)에서 줄곧 석기, 동기, 철기의 연속된 세 시기에 관해 언급했다. 이러한 개념은 시몬센(L. S. V. Simonsen)에 의해 1813~1816년에 걸쳐 출간된 『가장 오래된, 그리고 특정한 시대의 국사개관』이라는 책에서 정립되었다.

덴마크 코펜하겐 대학의 니에럽(R. Nyerup, 1759~1829) 교수는 1806년 국립고대유물박물관의 설립을 주장했다. 그는 다년간 개인적으로 고(古)유물을 수집해 오고 있었으나, 이를 분류하는 방법을 알지 못했다. 그 후 덴마크 정부는 국내 유물의 보존과 수집을 위한 왕립위원회(王立委員會)를 설립했다. 이 위원회에 맡겨진 임무는 덴마크의 고대 및 역사적 기념물의 보존, 덴마크 국립고대유물박물관의 구성, 그리고 일반인들에게 고대유물의 중요성과 가치를 인식시키는 일이었다. 니에럽이 이 위원회 최초의 간사였다.

코펜하겐에서 상인의 아들로 태어난 톰센은 어린 시절부터 동전을 비롯하여 온갖 종류의 골동품 수집에 관심을 가졌고, 점차 수집품이 모이자 이를 순서대로 정리하기 시작했다. 톰센은 1816년에 니에럽에 이어 왕립위원회의 간사가 되었고, 동시에 초대 국립박물관장으로 임명

톰센(C. J. Thomsen)

되어 죽을 때까지 근무했다. 톰센은 코펜하겐 대학 도서관의 작은 방에
여러 가지 골동품과 함께 섞여 있던 고고학적 자료를 돌·청동·철의 편
년적 순서로 배열했다. 1819년에 코펜하겐 박물관이 일반인들에게 공
개되었다. 몇 년 뒤에 크리스티안보그(Christiansborg)의 왕립 궁전에 있
는 방이 그에게 할당되어 덴마크의 귀중한 유물의 분류와 정리에 힘을
기울일 수 있었고, 드디어 석기시대, 청동기시대, 철기시대라는 삼시대
법을 창안했다.

　톰센은 코펜하겐 대학 법과대 학생의 도움을 받았는데 그가 바로 워
소이다. 그는 톰센에 이어 국립박물관장에 임명되었으며, 코펜하겐 대
학 교수가 되었다. 워소는 덴마크 최초의 고고학자로 평가받고 있다
(Daniel, 1968).

2) 삼시대법의 내용

톰센의 삼시대법은 1836년에 간행된 덴마크 국립박물관의 안내책자인 『북부 고대유물에의 안내(*Ledetraad til Nordisk Oldkyndighed: A Guide to Northern Antiquities*)』에 잘 나타나 있다. 그는 무기와 도구를 만드는 데 사용된 재료에 따라 돌, 청동 및 철의 순서로 구분하여 설명했다. 여기에 따르면 각 시대의 특징은 다음과 같다.

- **돌의 시대**(The Age of Stone): 무기와 도구가 돌, 나무, 뼈, 그밖에 다른 재료로 만들어졌고, 금속에 대해서는 거의 알려지지 않거나 전혀 알려지지 않았던 기간.
- **청동의 시대**(The Age of Bronze): 무기와 자르는 도구들이 구리나 청동으로 만들어졌고, 철이나 은에 대해서는 전혀 혹은 거의 알려지지 않았던 기간.
- **철의 시대**(The Age of Iron): 야만기의 세 번째이자 마지막 기간이며, 금속이 매우 잘 어울리는 무기와 도구들을 철로 만들었고, 이들을 제작하는 동안 점차 청동을 대체해 나가게 됨.

톰센의 제자인 워소는 층서적(層序的)인 발굴을 통해 이를 보완했다. 워소는 1843년 약관 22세에 『덴마크의 고대유물(*Danmarks Oldtid oplyst ved Oldsager og Gravhoje: The Primeval Antiquities of Denmark*)』이라는 저서를 출간했다. 여기에서 삼시대법을 유적 현장에서의 발굴을 통해 층위적으로 증명했다. 그리고 유물의 비교방법과 일반 대중이 고고학에 관심을 갖도록 하는 데 필요한 내용들을 정확하게 요약해 놓았다. 즉 1836년부터 1843년 사이에 선사시대를 석기시대, 청동기시대, 철기시대 등으로 나누는 삼시대법이 완성되었다(Daniel, 1981).

톰센은 워소를 가리켜 "하늘에서 폭풍을 일으키는 사람"이라고 말했다. 워소의 저서가 다윈(C. Darwin, 1809~1882)의 『종의 기원』보다 무려 15년이나 전에 출간되었다는 사실은 당시 스칸디나비아 고고학이 이미 상당 수준 성장해 있었음을 의미한다.

워소(J. J. A. Worsaae)

3. 삼시대법에 대한 평가와 그 영향

삼시대법은 덴마크를 중심으로 한 스칸디나비아에서 널리 수용되었다. 나아가 20세기 중반까지 전 세계의 고고학에 영향을 주었으며, 편년의 설정과 문화단계를 구명하는 데 중추적인 역할을 했다.

삼시대법은 지역에 따라 아직까지도 유효하게 사용되고 있으며, 선사문화를 시간적·공간적으로 이해하는 데 큰 도움을 주고 있는 것이 사실이다. 이러한 장점 때문에 데슐리트(J. Dechelette)가 삼시대법을 "선사학의 기초"라고 말했고, 마카리스터(R. A. S. Macalister)는 "근대고고학의 초석(礎石)"이라고 극찬했다.

이후 삼시대법은 프랑스에서 구석기에 대한 많은 연구가 이루어지면서 러복(J. Lubbock)에 의해 석기시대는 구석기시대와 신석기시대로 분리되어 4시대가 되었고, 웨스트럽(Westropp)에 의해 중석기시대의 개념이 제시된 연후에 5시대가 되었다. 따라서 20세기에 들어와 시대구분은 5시대가 되었으나, 기본적으로 삼시대법이 근간인 것이다. 5시대란 단지 석기시대가 세분되었을 뿐이다.

그러나 이러한 삼시대법은 단순한 도구의 재료와 기술상의 진전만을 의식한 것으로 계속적인 지지를 받지 못하게 되었다. 1924년 프류어(H. J. Fleure)는 우리가 삼시대법의 은혜를 입기는 했으나, 이 용어를 사용한 학자들이 예견한 것과 달리 선사문화는 이러한 분류법을 넘어서고 있다고 언급했다(Danial, 1968). 또한 차일드(V. G. Childe)는 이와 같은 시대구분을 떠나 식량채집자들, 신석기혁명, 도시혁명이라는 개념으로 선사문화를 설명했다. 영국의 브레이드우드(R. Braidwood)도 삼시대법을 사용하지 않았다. 그는 『선사시대 인간(Prehistoric Men)』에서 전통적으로 사용되어 오던 삼시대법을 버리고 문화와 문명이라는 관점에서 시간의 경과에 따른 기술적·경제적 성취의 단계에 관심을 집중시키고 있다. 그는 차일드가 제창한 신석기혁명의 원동력인 오아시스이론을 검증하기 위해 고고학상 처음으로 지질학자, 고생물학자들을 포함한 합동조사반을 편성하여 중동 지역의 고생태계를 규명했다. 그 결과 중동 지역에는 차일드의 주장과는 달리 사막과 오아시스가 형성될 기후의 변화가 없었다는 점을 증명했다. 그는 근동 지역의 신석기문화(농경문화)는 야생동물과 식물의 천연 서식처인 지역에서 발생했다고 설명했다(김정배, 1979; Daniel, 1981).

특히 20세기 중반 이후 방사성탄소연대측정법이 보편화되고 문화가 다양하게 설명되면서 도구 발전에 따른 시대구분은 더 이상 유럽의 선사문화를 설명할 수가 없게 되었다.

그런데 유럽의 고고학 개설서 격인 『유럽의 선사시대(The Prehistory of Europe)』에서는 구석기, 신석기, 청동기, 철기 시대 등으로 분류하고 있어 삼시대법이 비교적 늦게까지 고수되고 있었음을 볼 수 있다(Phillips, 1980). 그러나 이후에 나온 『선사시대의 유럽(Prehistoric Europe)』에서는 시대구분에 얽매이지 않고 문화의 변천에 따르는 시기구분을 제시하고 있다(Champion, 1987).

미국의 경우 삼시대법은 처음부터 수용되지 않았고 유럽과는 다르게

시대를 구분했다. 즉 윌리(G. R. Willey) 등은 미국의 선사문화를 석기 (lithic), 고기(archaic), 형성기(formative), 고전기(classic), 후기고전기(post classic) 단계 등으로 나누고 있다(Willey and Phillips, 1958). 이것은 미국이 지역적으로 워낙 넓어서 문화의 발전단계가 각기 다르고 획일적인 시 대구분의 의미가 적기 때문에 지역별로 다른 문화발전 단계가 제시되 고 있는 것이다(Willey and Sabloff, 1974).

중국에서의 시대구분은 구석기시대와 신석기시대에 뒤이어 상주시 대(商周時代), 진한시대(秦漢時代) 등 왕조(王朝)로 설명되고 있다(中國社 會科學院考古學硏究所, 1984). 이것은 일찍이 고대왕국이 등장했고, 역사 의 시작이 청동기시대까지 소급되기 때문이다. 한편 장광즈(張光直)는 중국의 선사문화를 구석기시대, 초기농경기, 신석기문화기, 문명의 시 작, 초기문명기 등으로 나누고 있는데, 이는 미국고고학의 시각에서 시 대구분을 한 것이다(Chang, 1986).

일본은 고고학이 형성되는 초기에 유럽의 고고학을 충실히 받아들였 는데, 선사시대를 구석기시대 혹은 선토기시대(先土器時代), 조몬시대 (繩文時代), 야요이시대(彌生時代), 고훈시대(古墳時代) 등으로 분류하고 있다(齋藤忠, 1982). 이와 같은 시대구분은 삼시대법을 일본에 맞게 적용 한 것으로 해석된다. 다만 차이점은 야요이시대가 청동기시대와 철기 시대를 포괄하고 있고, 고훈시대라는 새로운 시대를 설정한 점이다. 고 훈시대(A.D. 300~593)란 아직 국가가 발생되기 이전으로 고총고분(高塚 古墳)이 등장한 시기를 말하는데, 아스카시대(飛鳥時代)를 시점으로 역 사시대와 접목된다.

이상에서 살펴본 바와 같이 삼시대법은 유럽과 미국고고학계에서는 현재 사용되지 않으나, 고고학이 학문적으로 발전하는 데 중요한 역할 을 한 것으로 평가받고 있다(Rodden, 1981). 그밖의 지역에서는 삼시대 법이 여전히 사용되고 있는데, 이것은 고고학의 연구전통이 다르다는 점에서 그 원인을 찾아볼 수 있다.

고고학에 있어서 시대구분이란 커다란 문화적인 변화를 기준으로 구분하여 각 시대의 문화적인 특징을 잘 나타내기 위한 것이다. 최근 각 지역에서 사용하는 고고학의 시대명칭은 삼시대법에서 사용되었던 도구의 명칭에서 벗어나 그 시대를 대표하는 문화적인 혹은 사회적인 특징을 사용하고 있다. 이는 마치 고고학자가 유물을 분류할 때 여러 가지의 형식분류가 나올 수 있듯이 보는 관점에 따라 다양한 시대구분이 제시될 수 있다는 것을 보여준다.

4. 삼시대법과 한국고고학

1) 연구사

한국의 선사문화에 대한 시대구분은 일본학자들에 의해 처음 시도되어 석기시대, 금석병용기, 낙랑시대, 삼국시대 등으로 분류되었다(藤田亮策, 1948). 이것은 당시의 초보적인 유적조사를 기초로 한 것으로 한국 선사문화에 대한 일본학자의 입장을 보여주고 있다. 즉 한국문화의 정체성과 외래문화의 영향을 강조하는 시대구분이었다.

1945년 이후 우리나라 학자에 의해 한국고고학이 연구되면서 큰 발전이 있었다. 먼저 구석기시대의 확인이다. 1960년대에 들어서면서 북한 지역에서는 굴포리 유적, 남한 지역에서는 석장리 유적을 시작으로 점차 많은 구석기시대의 유적이 발굴되었고, 이를 통해 구석기시대의 문화가 확인되었다.

다음은 금석병용기가 부정되고, 청동기시대와 철기시대의 존재가 인정되었다. 청동기시대의 존재가 처음으로 확인된 곳은 북한 지역으로 수혈주거지, 지석묘 등의 유구와 무문토기, 마제석기 및 일부 청동기 등의 유물을 특징으로 하고 있다(도유호, 1961).

한편 남한 지역에서는 철기시대의 시대명칭에 대한 논의가 있었다. 김원용은 철기시대를 초기철기문화와 김해문화로 구분했다. 초기철기문화란 중국 전국시대(戰國時代)에 출현한 철기문화가 장성(長城) 외로 퍼져 북방계 청동기문화와 혼합하여 들어오게 되는데 이러한 2차 청동기 파급 혹은 1차 철기문화의 파급에 의해 이루어진 문화를 말하고, 김해문화란 북한 지역의 낙랑문화(樂浪文化)를 통해 한대문화(漢代文化)가 퍼지고 남한의 지석묘 사회에 북에서 내려온 철기문화가 침투하여 형성된 새로운 토착문화(철기문화)를 말하며, 그 대표적인 유적은 김해패총이고 대표적인 토기는 김해토기라고 했다(김원용, 1964).

그런데 김해문화라는 용어 사용에 대해 김해패총에는 패총 유적과 묘지 유적이 있어 서로 연대가 다르며 또한 발굴면적이 작기 때문에 다량의 유물이 발굴된 웅천패총을 표준 유적으로 보아 웅천기(熊川期)로 불러야 한다는 주장도 대두되었다(김정학, 1967). 이와 같은 논쟁이 있은 후 김해기와 웅천기를 대신하여 원삼국시대(原三國時代)라는 용어가 제시되었다. 즉 원삼국시대라는 것은 서력기원 전후부터 서기 300년경까지의 약 3세기를 말하고, 원사단계의 삼국시대라는 의미로 설명했다(김원용, 1973).

이러한 고고학적 연구 성과를 바탕으로 『한국고고학개설』(1판)에서는 한국고고학의 시대구분을 구석기시대, 신석기시대, 청동기시대, 초기철기시대, 원삼국시대, 삼국시대 묘제 등으로 했다(김원용, 1973). 반면 일본에서 출간된 『한국의 고고학(韓國の考古學)』에서는 구석기시대, 신석기시대, 청동기시대, 삼국시대 등으로 구분하고 있어 철기시대에 대한 시대구분이 빠져 있었다. 또한 『한국고고학개설』(2판)에서는 구석기시대, 신석기시대, 청동기시대, 원삼국시대, 삼국시대 등으로 구분되

었는데, 초기철기시대가 청동기시대 후기로 편입되었다(김원용, 1977).

이후『한국고고학개설』(3판)에서는 구석기시대, 신석기시대(B.C. 5000 ~1000), 청동기시대(B.C. 1000~300), 초기철기시대(B.C. 300~A.D. 1), 원삼국시대(A.D. 1~300), 삼국시대, 통일신라시대 등으로 분류했다(김원용, 1986). 여기에서는 초기철기시대와 통일신라시대가 추가되었고, 각 시대의 연대도 조정되었다. 이와 같은 시대구분은 현재까지 한국고고학에서 일반적으로 사용하고 있다.

삼시대법에서 벗어나자는 최초의 주장은 김정배에 의해 제기되었다. 그는 삼시대법의 문제점을 세밀히 검토하고 시대구분의 새로운 경향을 소개하면서 사회·경제적인 시대구분의 필요성을 역설하고 선사시대도 역사의 연장이라는 관점에서 시대구분에 역사성이 내재해야 한다고 주장했다(김정배, 1979). 그러나 구체적으로 한국고고학의 시대구분을 어떻게 설정해야 할지는 제시하지 못했다.

한국의 시대구분 변천을 자세히 규명해 본 니시타니(西谷正)는 세계사적인 합법칙성과 지역문화가 내포하는 특수성을 추구하는 측면에서 다른 시대구분을 제시했다. 즉 무문토기문화가 신석기적인 문화요소와 청동기적인 문화요소를 공유하고 있다는 데 착안하여 구석기시대, 즐목문토기시대, 무문토기시대, 원삼국시대, 삼국시대 등으로 분류했다(西谷正, 1982). 그러나 이것은 종래의 신석기시대와 청동기시대를 일본 고고학의 시대구분과 유사하게 즐목문토기시대, 무문토기시대로 바꾸어놓은 것으로 지금까지 한국고고학이 이룩한 연구 성과인 청동기시대의 존재가 무시되었고, 또한 구분의 법칙성도 배제하는 시대구분이 되었다. 다만 삼국시대 이후에 통일신라시대, 고려시대, 조선시대 등을 추가한 점은 한국고고학의 시간적인 대상의 범위를 넓혀준 것으로 평가된다.

한편 북한에서의 시대구분을 살펴보면,『조선원시고고학』에서는 신석기시대와 청동기시대만이 구분되어 있었다(도유호, 1960). 그 후 『조선고고학개요』에서는 크게 원시사회, 노예사회(고조선), 봉건사회(고구려 이후) 등으로 분류하고, 원시사회는 다시 구석기시대, 신석기시대(B.C. 5000~2000), 청동기시대(B.C. 2000~1000)로 세분하고 있다(과학·백과사전출판사, 1977). 이와 같은 시대구분은 결국 삼시대법에 사회주의 국가의 유물사관이 가미되어 이루어진 것이다. 남·북한의 선사시대 시기구분의 자세한 비교를 통해 시대의 개념, 연대 및 문화해석에 커다란 차이점이 있음을 지적한 임효재는 북한고고학이 주체사관에 입각하여 우리 문화의 독창성만을 강조한다고 보았다(임효재, 1993).

현재 사용하고 있는 시대구분 자체를 부정적으로 보는 견해도 있다. 먼저 노혁진은 삼시대법의 모순을 지적하고 새로운 시대구분의 필요성을 주장하면서 구석기문화기, 즐문토기문화기, 무문토기 — 요령청동문화기, 세형동검 — 문화기, 초기철기문화기, 삼국(三國)의 정립 등으로 분류했다(노혁진, 1987). 그는 시대구분에 두 가지 점을 전제하고 있다. 즉 즐문토기문화와 무문토기문화를 시기가 다른 별개의 문화로 보았고, 무문토기문화와 요령식 동검문화를 공존한 다른 계통의 문화로 파악하고 있다. 그러나 이 두 전제는 시대구분과 직접 관계가 적을 뿐더러 쉽게 받아들일 수 없는 설명이다. 또한 이 구분에서는 기존의 시대구분과 별다른 차이가 없다.

그는 다시 삼시대법의 모순을 비판하고, 구석기시대를 제외한 시대를 각각 즐문-수렵어로채집문화기(B.C. 5000~1500), 무문농경-요령청동문화기(B.C. 1500~600), 한국식 농경문화기(B.C. 600~300), 국가형성기(B.C. 300~A.D. 100), 삼국시대(A.D. 100~) 등으로 분류하고 있다(노혁진, 1994). 이 시대구분은 경제적인 측면과 문화발전단계의 개념을 포함시키려고 했으나, 앞서의 주장과 유사한 전제를 바탕으로 전개하고 있고 시대명칭도 부적절하다. 또한 절대연대의 근거도 제시되지 않고 있다.

넬슨(S. M. Nelson)은 한국의 고고학을 기술하면서 기존의 시대구분과는 다른 구분을 제시하고 있다. 즉 수렵채집인(forest foragers), 초기마을 (early village, B.C. 6000~2000), 거석·도작·청동기(megaliths, rice and bronze, B.C. 2000~500), 철기·교역·개발(iron, trade and exploitation, B.C. 400~A.D. 300) 및 삼국시대(A.D. 300~) 등으로 분류하고 있다(Nelson, 1993). 이와 같은 시대구분은 넬슨이 미국 고고학자로서 삼시대법에서 벗어나 새로운 시대구분을 시도한 것으로 생각된다. 다만 청동기문화에 대칭되는 '거석·도작·청동기' 단계에 신석기시대 말기의 문화를 포함시켜 연대를 너무 이르게 설정하고 있는 점이 문제점으로 지적된다.

2) 시대구분의 문제점

현재까지 통용되어 온 각 시대의 개념과 명칭에서 제기되는 논의는 다음과 같다. 먼저 신석기시대와 청동기시대의 개념문제이다. 신석기시대의 일반적인 특징으로는 토기의 등장, 마제석기의 사용 및 농경의 발생 등을 들 수 있다. 그러나 우리나라의 신석기시대 초기에 농경이 발생했는지에 대해서는 논란이 계속되고 있어(안승모, 1988) 그 개념상에서 다소 차이가 있다. 또한 청동기시대의 개념도 마찬가지이다. 무문토기문화 초기로부터 청동기의 존재를 인정할 수 없다는 견해(윤무병, 1975)가 있으며 실제로 무문토기 초기에 청동기의 사용은 극히 적다. 그러나 무문토기 초기의 유적인 평북 용천 신암리 유적과 황해도 봉산 신흥동 유적에서 청동칼과 청동단추가 나왔기 때문에 무문토기인들은 대체로 청동기를 사용한 집단으로 인식하는 견해(김정학 엮음, 1972)에 따라 한국의 청동기문화는 무문토기의 등장을 그 시작으로 잡고 있는 것이 일반적이다. 이상의 두 시대는 삼시대법이 오래 사용된 유럽의 시대개념과 약간의 차이가 있으나 국내학자들 사이의 견해는 대체로 일치하고 있다.

다음은 초기철기시대의 개념문제이다. 이 시대의 개념은 약간의 혼돈이 있었다. 처음에는 최초로 유입된 철기문화를 지칭하는 데 사용했다. 즉 김원용은 한반도에서는 철기의 유입과 이미 정착되어 있던 발달된 청동기문화가 잘 구분되지 않는다는 전제하에 초기철기문화에 후기 청동기문화를 포함하여 기원전 300년부터 서력기원 전후까지를 초기철기시대로 보았다(김원용, 1973). 이후 초기철기시대를 청동기시대 후기에 편입했고, 기원 전후로부터 300년까지의 원삼국문화를 초기철기문화로도 표기했다(김원용, 1977: 193). 그런데 일부에서는 이를 받아들여 초기철기시대를 철기가 유입되던 시기로부터 삼국시대의 고총고분이 발생하기 이전까지로 설정했다.

그 후 청동기 후기(철기 1기)를 초기철기시대로 하는 것이 더 합리적이라는 주장이 있자(최몽룡, 1984, 1987) 다시 초기철기시대를 설정하고 기원전의 철기문화로 정의되면서 철기의 생산, 청동기의 급증 등을 특징으로 기원전 300년에서 기원 전후까지로 비정하고 있다(김원용, 1986).

그러나 이와 같은 개념에도 모순이 있다. 먼저 초기철기시대의 개념 속에 청동기문화가 포함되어 있다. 즉 초기철기시대의 문화에 세형동검과 점토대토기 등을 포함하는 것은 가장 청동기적인 요소를 초기철기시대로 분류하는 잘못을 범하고 있는 것이다. 다음은 만약 초기철기시대의 시작을 본격적으로 철기가 사용되는 단계로 잡는다면 한반도 북부 지역에서는 이 개념이 어느 정도 적용될 수 있으나, 남부 지역에서는 이 개념을 적용하기 힘들다. 왜냐하면 청동기가 활발하게 사용되는 시기에는 철기의 존재가 극히 적고, 철기의 등장이 기원전 2세기경 이후에 이루어지고 있기 때문에 기원 전후까지를 한 시대로 설정하는 것은 무리가 있다. 그리고 초기철기시대라는 명칭의 문제이다. 이는 '철기시대 초기'에서 나온 말로서 시대의 명칭으로 부적당하다. 이러한 모순 때문에 초기철기시대를 철기시대로 부르자는 주장들이 일부 나오고 있는데, 지금까지 사용되어 온 초기철기시대의 잘못된 개념을 지적하면서 철기시대라는 시대구분이 더 합리적이라는 견해가 제기되기도 했다(최몽룡, 1993).

마지막으로 원삼국시대의 개념문제이다. 이 명칭은 1970년대 초에 생겨났다. 김원용은 원삼국시대라는 용어를 제기하면서 "종래 고고학에서 김해시대라고 불러왔고, 역사학에서의 삼한시대가 이에 해당되지만 원초삼국시대-원사시대의 삼국시대라 해서 원(proto)삼국시대라고 명명해 본 것이다. …… 이 시대의 실연대는 서력기원 직후 2세기 또는 2세기 반(A.D. 1~250)에 해당한다"고 정의했다(김원용, 1973). 그 후 하한연대를 기원후 300년까지로 연장했다(김원용, 1986).

이후 한국고고학에서는 현재까지 원삼국시대라는 용어가 일반적으로 사용되고 있다. 다만 원삼국시대를 대신하여 삼국시대 전기로 하자는 견해가 있었다. 즉 삼국시대의 기록을 받아들인다면 삼국은 삼한과 마찬가지로 초기철기시대의 토착세력을 바탕으로 등장했고, 그 후에 삼한 지역을 통일하여 삼국을 정립했으므로 삼국시대 전기로 부르자는 것이다(최몽룡, 1988, 1990).

그런데 최근 원삼국시대의 용어에 대한 문제점이 다음과 같이 지적되었다. 첫째, 이 용어는 기원후 1~3세기를 원사시대로 보는 데에서 출발했으나, 역사학계에서는 역사시대로 보는 것이 일반적이라고 지적했다. 둘째, 원삼국이란 개념이 고구려, 백제, 신라의 원사단계(proto-type)로 간주된다고 하나 실제는 고구려를 제외한 지역의 문화를 취급하고 있다는 점이다. 셋째, 원삼국시대를 대표하는 문화의 내용이 학자들 사이에 주장이 달라 불분명하다는 점이다. 즉 기원 전후로 문화가 변화되는 기준이 학자들 사이에 다르다고 지적하고 있다(이현혜, 1993).

첫째 문제에 대해서는 역사학계에서도 삼국시대 초기 기록에 대한 신빙성에 의문이 제기되고 있기 때문에 이를 자신 있게 역사로 인정하여 삼국시대로 편입하지 못한 채 삼한시대 혹은 부족국가연맹체시대로 구분하고 있다.

둘째 문제는 원삼국시대의 문화를 다루면서 실제로 취급되는 지역이 백제, 신라, 가야 지역이므로 이를 한반도 중남부로 한정하자는 의견(한병삼, 1989)도 제시되고 있어 이 용어의 모순점을 고고학계 내에서도 인정하고 있다.

셋째 문제는 고고학을 잘 이해하지 못한 데에서 나온 설명이다. 고고학적인 자료를 통한 연구는 그 연대의 추정이 학자들 사이에, 혹은 연구되는 시점에 따라 다를 수 있기 때문에 문화적인 변화가 어떠한 고정된 시점에서 반드시 이루어졌다고는 볼 수 없다. 오히려 원삼국시대라는 용어가 고고학의 시대구분에 부적절한 것은 연대(A.D. 1~300)를 고정시키고 있다는 점이다. 왜냐하면 이 시대구분은 고고학적 자료의 변화를 기준으로 하지 않았기 때문에 이 시대에 속하는 대표적인 유적이 불분명하여 그에 대한 논의가 계속되고 있는 실정이다(최성락, 1988).

이상 검토한 바와 같이 한국고고학의 시대구분 문제를 다루는 과정에서 다음과 같은 문제점이 지적된다.

첫째, 시대구분이 처음 시도되었던 당시에 삼시대법의 개념과 의미에 대한 철저한 연구가 없었다. 오히려 삼시대법이 비판되면서 검토가 이루어지고 있다. 또한 시대구분에 대한 최근의 연구경향은 당시 문화의 심층적인 연구결과를 바탕으로 이루어지는데 아직까지 한국고고학에서는 이러한 연구가 시도되지 않고 있다.

둘째, 특히 문제가 많은 것은 선사시대에서 역사시대로 전환하는 원사시대의 구분이다. 이 시대의 명칭을 어떻게 할 것인가 하는 많은 논의를 야기하고 있다. 즉 초기철기시대와 원삼국시대라는 시대구분은 각각 삼시대법의 개념에서 벗어난 것으로 그 개념의 문제점이 제기되었다. 또한 역사시대에 접어들면 고고학의 시대구분에 역사학의 시대구분을 어떻게 접목할 것인가 하는 문제이다.

셋째, 연구대상의 시간적 범위와 공간적인 범위문제이다. 시간적인 범위를 구석기시대로부터 어디까지 잡는가는 중요한 문제이다. 주로 삼국시대까지 연구되고 있으나, 그 후의 시기도 연구대상으로 삼아야 할 것이다. 또한 일부 시대구분이 일정한 지역에만 한정하고 있어 문제가 된다. 앞으로 한국고고학의 연구는 북한고고학과 같이 요동 지역을 포함할 수는 없어도 적어도 북한 지역을 포함하는 입장에서 이루어져야 할 것이다.

넷째, 각 시대의 연대문제를 제대로 정립하지 못하고 있다. 각 시대의 연대는 방사성탄소연대측정과 같은 어떤 근거에 기초하여 제시되어야 한다. 일부 제기된 연대 중에는 근거가 없거나 잘못 해석된 경우가 있다.

3) 시대구분의 방안

그러면 한국고고학에서는 현재와 같이 삼시대법을 따를 것인가 아니면 새로운 시대구분을 시도해야 할 것인가 하는 문제이다. 삼시대법은 분명히 낡은 이론임에 틀림없으며 한국고고학에 적합한 것도 결코 아니다. 그럼에도 아직까지 한국고고학에서 사용하고 있는 것은 한국고고학이 1980년대까지 형식학적 방법에서 벗어나지 못한 것과 다를 바 없다(최성락, 1984). 그러나 삼시대법을 사용하는 것이 일본의 잔재를 청산하지 못한 것으로 보는 것(노혁진, 1994)은 지나치다고 본다. 왜냐하면 금석병용기를 부정하고 청동기문화의 존재를 밝힌 것은 식민사관의 극복으로 해석되기 때문이다(최몽룡, 1993). 또한 시대구분만이 중요한 것은 아니며 더 중요한 것은 각 시대의 문화에 대한 심층적인 연구이고,

이를 새롭게 해석하는 시각의 계발이다. 즉 문화의 기원에 집착하거나 형식분류와 편년를 주로 연구하는 고고학의 분위기에서는 삼시대법 이외의 시대구분이 나올 수가 없다. 한국고고학이 더욱 발전하기 위해서는 고고학의 정의, 목적, 기본개념 등 다양한 분야의 논의와 연구가 이루어져야 하고, 진정한 의미에서의 문화복원을 이루기 위해서는 발굴방법의 개선과 함께 새로운 연구방법과 이론이 요구된다.

삼시대법에서 벗어나기 위해서는 고고학의 연구방향의 전환이 필요하다. 즉 삼시대법이 암시하는 기술적 형태의 계통론에서 벗어나 사회·경제적인 시대구분의 필요성이 일찍 강조되었으나(김정배, 1979), 아직까지 뚜렷하게 새로운 시대구분이 제시되지 못하고 있는 것은 그와 같은 관점에서의 연구가 이루어지지 않았기 때문이다. 일부 신진화론의 사회발전단계설을 적용하는 경우가 있으나, 아직은 각 문화단계가 체계적으로 연구되지 못하고 있다. 실제로 새로운 시대구분은 한국고고학을 새로운 시각을 가지고 체계적으로 연구할 때 제안될 수 있다. 그래서 새로운 시대구분이 제시되어 통용될 때까지 삼시대법에 기초를 둔 시대구분이 그대로 사용될 수밖에 없을 것이다.

한편 삼시대법을 사용하는 것은 그 자체가 문제이기보다는 한국고고학자들이 각 시대가 별개의 문화에 의해 형성된 것으로 인식하고 있는데 더 큰 문제가 있다. 이것은 지금까지 우리 학계가 문화의 기원에 대한 관심이 컸으며 각 시대 간의 문화변천에는 무관심했기 때문이다. 과거문화의 복원과 변천에 대한 연구는 문화의 기원을 밝히는 것보다 우선되어야 할 것으로 생각한다.

현재 우리나라에서 사용되는 시대구분은 앞서 지적한 것과 같이 삼시대법이 가지는 본래의 의미를 제대로 파악하지 못했다. 오히려 삼시대법을 정확히 알고 사용하는 것이 앞으로 고고학의 연구에 도움이 될 것이다. 따라서 현 시점에서 한국고고학의 시대구분을 구석기시대, 신

석기시대, 청동기시대, 철기시대, 삼국시대 등으로 분류하는 것이 타당
할 것으로 본다. 이와 같은 시대구분을 하게 되는 이유는 우선 고고학
에서 시대구분이 고고학적 자료에 의해 나누어져야 한다는 것과 불분
명한 역사적인 사실을 시대구분에 이용할 수는 없다는 것이다. 또한
각 시대구분이 한반도 전 지역을 포괄해야 할 것이고, 지역적으로 빠지
는 경우가 없어야 하기 때문이다.

　여기에서의 철기시대는 지금까지 사용되어 온 초기철기시대와 원삼
국시대를 대신하나 그 개념은 철기가 본격적으로 사용되는 단계를 의
미한다. 지금까지 세형동검문화의 시작을 초기철기문화로 잡고 있는
것은 분명히 그 개념을 잘못 정립한 것이다. 실제로 북한 지역에서는
세형동검단계의 중기(이청규의 분류에 의하면 5시기 중 3기)에 철기가 사
용되었으나, 남한 지역에서는 세형동검단계 후기(4기)에서 나타나고 있
어(이청규, 1982) 초기철기문화의 개념이 잘못되었음을 알 수 있고 지역
적인 차이가 있음도 인정해야 한다. 즉 이 시대의 경우에는 전 지역의
문화를 동일한 시점에서 구분할 것이 아니라 지역에 따라 문화적 변천
이 차이가 있기 때문에 일정한 문화적인 특성에 따라 시기를 구분해야
한다.

　또한 삼국시대의 시작은 문헌에서 언급하는 기원 전후를 말하는 것
이 아니라 고고학적 자료에 의해 고대국가의 성립(이송래, 1988)을 보여
주는 시기를 지칭한다. 예를 들면 왕권의 강화를 나타내는 것으로 고총
고분의 등장을 들 수 있는데, 이를 기준으로 삼국시대의 시작을 삼고
그 이전의 문화를 철기시대로 분류하자는 것이다.

　이 경우 고대사에서 고조선과 삼한의 문제가 남는다. 최근 고대사의
연구 성과에 의하면 고조선, 특히 위만조선의 경우 고대국가로 인정되
고 있다. 이를 북한고고학에서와 같이 받아들일 것인가 하는 문제이다.
그러나 고조선의 실제가 아직 불분명하여 고고학적으로 정의할 수가

없고, 북부 지역에 한정되기 때문에 이를 한반도 전체의 시대구분에 사용하기에는 시기상조라 생각된다. 단지 청동기시대와 철기시대의 역사적인 배경으로 설명될 수는 있을 것이다. 삼한문제도 마찬가지이다. 삼한에 대한 견해가 아직 고대사학계에서도 일치하고 있지 않으며 지역적으로 한정된 용어이기 때문에 고고학의 시대구분에 사용할 수 없다고 본다. 역시 철기시대의 역사적인 배경으로 설명될 수 있을 것이다. 고고학에서도 역사에 대한 인식이 필요한 것은 사실이고 또한 중요하다. 이것은 한국고고학의 경우 고고학적 자료를 해석할 때에는 우선적으로 고대사에 대한 인식이 필요하기 때문이다.

그리고 한국고고학 연구의 시간적인 범위를 삼국시대까지 다루는 것이 일반적이나 『한국고고학개설』(3판)에서와 같이 통일신라시대와 조선시대까지 포함하는 예도 있어(김원룡, 1986), 앞으로 한국고고학의 연구대상을 조선시대까지 확대시키는 것이 바람직할 것이다. 이 경우 통일신라시대 이후의 시대구분은 역사학의 시대구분을 따르면 될 것이다.

5. 맺음말

삼시대법은 19세기 전반에 톰센과 그의 제자 워소에 의해 시작되었으며 이는 20세기 초반까지 유럽 지역을 비롯하여 전 세계적으로 파급되었으나, 지금은 유럽이나 미주 지역에서 사용되지 않고 있다. 이것은 도구에 의한 시대구분이 더 이상 선사시대의 연구에 있어서 의미를 가지지 않기 때문이다. 그러나 고고학 연구의 전통이 다른 일부 지역에서는 삼시대법이 여전히 사용되고 있다.

한국에서는 삼시대법이 고고학의 시대구분에서 여전히 근간을 이루고 있음은 부정할 수 없다. 한국고고학이 아직도 삼시대법을 따르고 있다고 해서 큰 문제인 것은 아니다. 오히려 각 시대 간의 변천과정에 무관심한 것이 더 문제이다. 궁극적으로 삼시대법에서 벗어난 시대구분이 필요한 것은 사실이나 보다 더 중요한 것은 한국고고학이 새로운 시각에 의해 좀더 체계적으로 연구되어야 한다는 점이다. 그러한 연구가 진행되면 새로운 시대구분은 자연스럽게 이루어질 수 있을 것이다.

참고문헌

김원용. 1964. 「한국문화의 고고학적 연구」, 『한국문화사대계 1』. 고대민족
　　　문화연구소.
＿＿＿. 1973. 『한국고고학개설』(1판). 일지사.
＿＿＿. 1977. 『한국고고학개설』(2판). 일지사.
＿＿＿. 1986. 『한국고고학개설』(3판). 일지사.
김정배. 1979. 「한국고고학에 있어서 시대구분문제」, ≪한국학보≫, 14.
김정학. 1967. 「웅천패총연구」, ≪아세아연구≫, 10-4. 고려대학교 아세아연
　　　구소.
김정학 엮음. 1972. 『韓國の考古學』. 河出書房.
노혁진. 1987. 「시대구분에 대한 일견해」, 『삼불 김원용 교수 정년퇴임기념
　　　논총』(고고학 편).
＿＿＿. 1994. 「한국 선사문화 형성과정의 시대구분」, ≪한국상고사학보≫,
　　　15.
안승모. 1988. 「신석기시대」, ≪한국고고학보≫, 21.
윤무병. 1975. 「무문토기형식분류시고」, ≪진단학보≫, 39.
이송래. 1988. 「국가의 정의와 고고학적 판단기준」. 제2회 한국상고사학회
　　　발표요지.
이청규. 1982. 「세형동검의 형식분류 및 그 변천에 대하여」, ≪한국고고학
　　　보≫, 13.
이현혜. 1993. 「원삼국시대론의 검토」, ≪한국고대사논총≫, 5.
임효재. 1993. 「선사시대 남북한 시대구분의 비교」, ≪국사관논총≫, 50.
최몽룡. 1984. *A Study of the Yŏngsan River Valley Culture*. 동성사.
＿＿＿. 1987. 「고고학 시대구분에 대한 약간의 제언」, 『최영희 선생 회갑기념
　　　한국사학논총』.
＿＿＿. 1990. 「전남지방 삼국시대 전기의 고고학 연구현황」, ≪한국고고학
　　　보≫, 24.
＿＿＿. 1993. 「한국 철기시대의 시대구분」, ≪국사관논총≫, 50.
최성락. 1982. 「방사성탄소측정연대문제의 검토: 이론적 검토 및 그 활용방법
　　　에 대하여」, ≪한국고고학보≫, 13.
＿＿＿. 1989. 「한국고고학에 있어서 연대문제」, ≪한국고고학보≫, 23.

_____. 1995. 「한국고고학에 있어서 시대구분론」. 『아세아고문화』(석계 황용훈 교수 정년기념논총), 369~385쪽.

韓炳三. 1989. 「原三國時代: 嶺南地方の遺蹟を中心として」. 『韓國の考古學』, 講談社.

과학·백과사전출판사. 1977. 『조선고고학개요』.

도유호. 1961. 『조선원시고고학』.

藤田亮策. 1948. 「朝鮮の石器時代」. 『朝鮮考古學研究』.

西谷正. 1982. 「韓國考古學の時代區分について」. 『考古學論考』(小林行雄古稀記念論文集).

齋藤忠. 1982. 『日本考古學槪論』. 吉川弘文館.

中國社會科學院考古學研究所. 1984. 『新中國的考古發現和研究』. 文物出版社.

Chang, Kwang-chih. 1986. *The Archaeology of Ancient China* (4th ed.). New Haven: Yale University Press.

Champion, T. et al. 1987. *Prehistoric Europe*. Academic Press.

Daniel, G. 1968. *The Origins and Growth of Archaeology*. 김정배 옮김. 1974. 『고고학발달사』. 고려대학교출판부.

_____. 1981. *A short History of Archaeology*. London: Thames and Hudson.

Klindt-Jensen, Ole. 1975. *A History of Scandinavian Archaeology*. London: Thames and Hudson.

Nelson, S. M. 1993. *The Archaeology of Korea*. Cambridge: Cambridge University Press.

Phillips, P. 1980. *The Prehistory of Europe*. London: Allen Lane.

Rodden, J. 1981. "The Development of The Three Age System: Archaeology's First Paradigm." in G. Daniel(ed.). *Towards a History of Archaeology*. London: Thames and Hudson.

Willey, G. R. and P. Phillps. 1958. *Method and Theory in American Archaeology*. Chicago: University of Chicago Press.

Willey, G. R. and Jeremy A. Sabloff. 1974. *A History of American Archaeology*. New York: Freeman.

추천문헌

김정배. 1979. 「한국고고학에 있어서 시대구분문제」. ≪한국학보≫, 14.

최성락. 1995. 「한국고고학에 있어서 시대구분론」. 『아세아고문화』(석계 황용훈 교수 정년기념논총). 369~385쪽.

Klindt-Jensen, Ole. 1975. *A History of Scandinavian Archaeology*. London: Thames and Hudson.

ARCHAEOLOGY

제 **2** 부

고고학의 성장

제3장_ 슐리만과 트로이 발굴

| 최몽룡 |

하인리히 슐리만(Heinrich Schliemann, 1822~1890)에게는 '트로이의 발굴자', '그리스 고고학의 개척자', '현대고고학의 아버지' 등의 화려한 수식어들이 항상 뒤따르고 있다. 또한 '그리스 선사고고학의 창시자'로 불리는 슐리만은 그리스와 에게 해 문화들과 밀접한 관련을 맺어왔다. 그는 독일의 비스마르크(O. von. Bismarck) 수상, 영국의 정치가인 글래드스턴(W. E. Gladstone)과 교류했고, 독일 황제 빌헬름(Wilhelm) 1세로부터 감사의 서신을 받았으며, 베를린 명예시민으로 프로이센 왕국 2급 훈장을 받기도 했다. 또한 12개의 언어를 자유롭게 쓰고 말할 수 있었던 그는 독일 로스톡 대학으로부터 철학박사 학위를 받았다. 당시 전 세계의 사람들은 그의 일거수일투족에 주목했으며, 수많은 젊은이들은 슐리만의 이야기를 들으면서 자신들의 꿈을 키우기도 했다. 슐리만의 이야기는 언제 들어도 흥미로우며 진한 감동을 준다.

지금까지 열거한 내용들은 사람들이 슐리만에 대해서 일반적으로 잘 알고 있는 것들이다. 하지만 고고학자들과 전문가들은 이러한 후한 평가들과는 달리 '고고학자' 슐리만에 대해서 항상 관대하지만은 않았다. 슐리만이 생존할 때도 학자들은 그를 비전문가, 비전공자라고 비난했고, 그가 발표한 논문이나 그의 업적을 인정하려고 하지 않았다. 오늘날까지도 많은 고고학자들 가운데 심할 경우 슐리만이 발굴한 트로이의 존재 자체를 부정하는 사람들이 있으며, 적어도 그가 이룩한 업적을 평가절하하는 경우가 많다. 슐리만은 죽을 때까지 학문세계의 높은 벽을 넘어 전문가들에게 자신의 학설을 설득시키고 그들로부터 인정을 받으려고 끊임없이 노력했다.

인간적인 측면에서도 슐리만은 큰 점수를 얻지 못했다. 그는 무일푼에서 시작하여 상상을 초월하는 거대한 부를 축적하는 신화를 이룩했지만, 여기에는 주로 사기, 밀수, 전쟁물자의 수출 등에 의한 부의 축적이었다는 비난이 뒤따랐다. 슐리만은 평생 살아가면서 거짓말을 쉽게 했고, 진실을 자기 편의대로 조작했다는 비난을 받았다. 트로이 발굴의 중요한 단서가 되는 그의 일기와 서신들도 여러 곳에서 의심이 가는 내용들이 많이 보이는데, 이것들은 나중에 자신의 학설을 뒷받침하기 위해서 조작되었다는 설이 유력하다.

이렇듯 우리가 지금까지 많은 책들을 통해서 접한 슐리만의 모습, 혹은 우리가 그렇게 믿고 싶어하는 슐리만의 모습과 실제 그의 모습, 그리고 전문가들이 내리는 평가 사이에는 엄청난 차이가 난다. 슐리만이 이룩한 업적과 그가 고고학사에서 차지하고 있는 위치에 대해 객관적인 평가를 내리기 위해서는 무엇보다도 그의 생애를 둘러싼 '신화, 그리고 그 속의 진실'을 엄격하게 구분하여 지금까지 잘못 알려진 내용, 왜곡된 내용들을 제거할 필요가 있다. 뿐만 아니라 '고고학자' 슐리만을 이해하기 위해서는 '사업가' 슐리만 및 그의 이전 생활, 트로이를 발굴하게 된 계기에 대해서 정확히 살펴봐야만 한다.

따라서 여기서는 슐리만의 생애, 그리고 그가 이룩한 업적에 대한 정확한 이해를 주기 위해 당시 19세기 고고학의 경향 등을 비교적 자세히 살펴보고자 한다.

1. 19세기 중반 고고학의 경향

슐리만이 고고학사에서 차지하고 있는 위치를 이해하기 위해서는 우선 19세기 당시 고고학의 흐름에 대해서 이해할 필요가 있다. 이 시기에 와서 비로소 과학적인 고고학이 시작되었다고 할 수 있으며, 가장 큰 특징은 그 이전의 호고주의(好古主義, dilettantism)와 명확히 구별되는 선사시대의 체계적인 연구였다.

이전의 시기는 소위 '사색기(speculative phase)'라고 불리던 시기로 부유한 귀족계층이나 학자들은 옛날의 진귀한 물건들을 수집했으며, 호기심을 가지고 이러한 물건의 기원 및 출처 등에 대해서 나름대로의 연구를 했다. 이러한 활동으로부터 딜레탕트(dilettante: 고미술품을 애호하는 사람들)라는 말이 유래하여 오늘날 어설픈 애호가들을 일컫는 말로 남아 있다.

이들은 또한 기념비적 유적 — 거석유적(巨石遺蹟) 또는 고분들 — 에 많은 관심을 가졌다. 이러한 연구를 상당한 수준으로 끌어올린 대표적인 학자로는 영국의 스턱클리(W. Stuckely, 1687~1765)를 꼽을 수 있다. 그는 실제로 지방을 답사하여 거석유적과 고분의 분포에 대한 자세한 도면을 작성했으며, 이러한 유적들에 대해서 대략적인 상대(相對) 혹은 절대편년(絶對編年)을 시도했다(Renfrew and Bahn, 1981: 17~19).

이 시기 동안에는 적지 않은 발굴이 이루어졌지만(폼페이, 헤르쿨라네움 등), 그 목적이 주로 고대 예술품의 획득에 있었기 때문에 발굴은 거의 도굴의 수준에 가까웠다. 또한 고대의 유적들은 주로 성경에 의거해 해석되었고, 이에 의하면 인류의 역사는 B.C. 4000년경에 시작되었다고 믿었기 때문에 인류의 유구한 역사를 밝히는 점에서는 큰 진전을 보지 못했다.

근대적인 의미에서의 고고학은 19세기 중반에 시작되었는데, 이때에 와서 비로소 고고학이라는 학문이 정립되었다고 할 수 있다. 여기에는 당대의 사조(思潮)로서 계몽주의가 끼친 영향과 몇 가지 인접 학문분야의 연구 성과가 기여한 바 크다. 계몽주의 입장에서는 물질문화의 진화는 곧 사회적·도덕적 발전에 기여한다고 생각하고 있었다. 즉 산업혁명으로 부를 축적하고 정치적으로 큰 힘을 얻기 시작한 많은 중산층의 사람들은 이러한 진보가 인간에게 내재되어 있고, 그들이 바로 이러한 흐름에 직접 동참하고 있다는 낙관적인 믿음을 가지고 있었다(Trigger, 1989: 73~101). 이것이 인간의 과거를 자신 있게 되돌아보게 한 것이다.

고고학의 성립에 도움을 준 인접 학문을 보면 첫째로, 지질학에서는 허턴(J. Hutton, 1726~1797)이 중요한 '층서학(層序學)의 원리'를 제공했는데 이것이 동일과정설(uniformitarianism)이다. 동일과정설이란 현재의 지각을 구성하도록 작용하고 있는 지질학적 과정과 자연법칙이 전 지질학적 시간을 통해 규칙적인 방식과 동일한 강도로 작용해 왔다는 주장이다. 그러므로 과거의 지질학적 사건은 현재 관찰가능한 현상과 영력(營力)에 의해 설명된다. 그러나 물론 모든 변화가 균일한 속도로 일어난다는 뜻은 아니다. 그리고 층서의 신구서열을 매기는 것에서부터 도출된 층위 누중의 법칙은 고고학에서 과학적인 발굴을 가능하게 해 주었다.

허턴의 주장은 수많은 야외조사와 관찰 끝에 『지질학원리(*Principles of Geology*)』를 펴낸 라이엘(C. Lyell)에 와서 다시 부각되었는데, 여기에 그 유명한 "현재는 과거의 열쇠이다"라는 고전적 명제가 들어 있다. 이 명제로부터 오늘날 고고학의 근본개념인, 현재는 과거와 많은 부분에서 닮아 있다는 생각이 적용되었다. 이들의 주장이 나오기 전에 크게 유행했던 것은 퀴비에(G. Cuvier) 등이 주장한 격변설(catastrophism)이었는데, 그 주장의 골자는 대홍수 같은 대격변이 지구에 주기적으로 엄습하여 기존 생명체나 무기물들을 휩쓸어가며, 이 같은 결과로 퇴적된

것이 지층이라는 설명이다. 그러나 이 주
장으로는 절멸화석, 혹은 모르는 화석들이
나올 경우 설명이 불가능한 난점이 있었다.
허턴과 라이엘의 연구는 격변설을 극복하
여 지질의 변천과정, 지구의 구조와 층위,
그리고 절멸화석 등에 대한 합리적인 설명
을 가능하게 했으며, 이로써 지질학이라는
학문의 기초를 제공해 주었는데, 이것이
또한 고고학 연구의 기초로도 공헌하게 된
셈이다.

다윈(C. Darwin)

널리 알려진 다윈(C. Darwin, 1809~1882)의 진화론도 고고학에 큰 영
향을 끼쳤다. 그는 1859년에 동·식물을 비롯한 모든 유기체들의 기원
과 발달에 관해 설명한 『종의 기원(*The Origin of Species*)』을 발표했고, 이것
은 예상했던 대로 큰 파문을 일으켰다. 문제가 된 부분은 모든 생물은
궁극적으로 하나의 공동조상을 가졌으며 이것으로부터 진화해 온다는
주장을 사람에게 적용해 볼 경우 때문이었는데, 이것은 앞서 말한 성경
의 유태-기독교적 견해와 정면으로 위배되는 위험한 발상이었다. 다윈
은 『종의 기원』에서 인간과 원숭이의 관계에 대해서는 직접 언급하지
않았으며, 그 문제는 1871년 『인간의 가계(*The Descent of Man*)』에서 비로
소 다루었으나 그가 시사하는 바는 이미 명확했던 것이다.

진화론으로 다윈이 공헌한 바는 대략 세 가지가 있는데, 하나는 진화
가 일어나는 메커니즘을 밝힌 것이다. 생물이 변하고 있다는 사실은
다윈 이전부터 이미 널리 알려지고 있었으며, 부셰 드 페르테(J. Boucher
de Perthes, 1788~1868) 등은 1841년 무렵 인간이 제작했음에 틀림없는
도구들과 멸종된 동물화석이 공반(共伴)한다는 사실을 밝혀 인류의 역사
가 성경이 기록하고 있는 시기보다 훨씬 오래되었을 것이라고 주장했으

며, 지브롤터인(Gibraltar man, 1848년 발견), 네안데르탈인(Neanderthal man, 1856년 발견), 크로마뇽인(Cro-Magnon man, 1968년 발견) 등 각지에서 원숭이가 아니며 그렇다고 사람이라고도 할 수 없는 화석들이 발견되고 있던 중이었다. 다윈은 기존의 지식들과 함께 그가 새로이 관찰하고 발견한 화석학, 육종학 등에 관한 지식을 효과적으로 종합하여 진화에 대한 증거와 이론을 제공하게 된 것이다. 왜 진화가 일어나는가? 다윈은 자연선택(natural selection)이 진화의 직접요인이라고 했다. 자연선택은 돌연변이의 발견과 분자생물학의 발달 등으로 진화에 관한 종합이론(synthetic theory of evolution)이 체계화된 오늘날에도 여전히 가장 중요한 요인으로 꼽히고 있다.

두 번째는 진화론적 사고의 파급효과로서 이것이 인간의 의식에 일대 혁명을 일으켜 학문의 각 분야에 영향을 미치게 된 점이다. 즉 생물학적 유기체의 '변화와 발전'이라는 개념을 인간의 사회와 문화에까지 적용하게 된 점을 꼽을 수 있다(물론 사회학이나 인류학 부분에서의 진화론 적용이 꼭 생물학적 법칙처럼 적용되는 것은 아니었는데, 이에 대해서는 아래에서 다시 언급하려 한다). 그리고 이 주장을 고고학에 적용해서 '고고학적 유물들의 형태상의 진보'라는 개념을 고안해 냈는데, 이는 오늘날 형식학이 발전하는 단서를 제공해 주었다. 영국의 피트-리버스(A. H. L. Pitt-Rivers, 1827~1900)와 에반스(J. Evans), 그리고 나중에 이를 더 정교하게 발전시킨 스웨덴의 몬텔리우스(O. Montelius) 등이 형식학의 대표자들이다.

세 번째는 진화론과 민족지학(ethnography)의 결합이다. 이 당시 또 다른 중요한 연구 흐름 가운데 하나로 민족지학의 대두를 꼽을 수 있는데, 이것은 당시의 고고학으로는 알아내기 어려웠던 선대 원주민들의 생활양식 등을 이해하는 데 유용한 출발점이 되었다. 이들의 대표로는 영국의 인류학자 타일러(E. Tylor)와 미국의 모건(L. H. Morgan) 등이 있으며,

이들은 1870년대 무렵에 각각 중요한 저서들을 펴냈다. 특히 모건은 북미 인디언 이로쿼이(Iroquois)족에 대한 그의 관찰과 지식을 바탕으로 『고대사회(*Ancient Society*)』라는 책을 펴냈으며, 이들의 생활과 생업을 서술하는 가운데 유명한 그의 3단계 발전론을 주장했다. 그는 톰센의 삼시대법을 알고 있었으나 인간의 경제를 이해하는 데는 자기의 체계가 더 낫다고 생각하여, 인류문화가 단순한 것에서 복잡한 것으로, 소박한 것에서 세련된 것으로, 저차원에서 고차원의 것으로 발달한다고 보아 야만(savagery)—미개(barbarism)—문명(civilization)의 3단계(야만과 미개의 단계는 다시 전·중·후기로 세분하여 전체는 7단계)로 구분했다. 이것은 인간의 사회문화의 발달을 동·식물의 진화와 유사한 방식으로 발달한다고 보아 그대로 적용한 것으로 단선진화론이라고 불린다. 이미 말한 대로 양자의 진화가 꼭 같지 않기 때문에 나중에 이를 비판하여 1940년대 무렵부터 다선진화론이라는 것이 나오는 빌미를 제공했다.

고고학의 발달 가운데 자체로 개발된 가장 중요한 방법론이라면 역시 톰센(C. J. Thomsen)이 제안한 삼시대법이 될 것이다. 이 설의 골자는 기술의 발달이 도구에 가장 민감하게 반영되며 인류의 선사시대는 석기시대—청동기시대—철기시대 순서로 발전해 나간다고 본 것인데, 톰센이 독자적으로 창안한 것은 물론 아니었고 인류의 과거에 대해 역사학적으로 널리 추정되던 것이며 18세기에 들어와 여러 학자들도 이 같은 주장을 했으나 톰센에 와서 최초로 유물의 분류에 이를 적용하여 체계화시킨 것이다. 그러나 이는 하나의 가설이었다(이것이 가장 잘 적용되는 곳은 북구 지역이며, 오늘날에는 지역에 따라 삼시대법이 잘 적용되지 않는 곳이 많이 있다). 이를 하나의 사실로, 그리고 방법론으로 확고하게 해준 사람은 그의 제자인 워소(J. J. Worsaae)로서 그는 삼시대법을 박물관 내에서 야외로 끌어내었다고 말해진다. 즉 고분이나 토탄층 발굴에서 층위상 연결됨을 증명해 준 것이다. 이렇게 확립된 삼시대법의 중요

성이라면 역시 선사시대 유물들을 연구하고 분류함으로써 연대순으로
배열할 수가 있고, 따라서 문제된 시기에 대해 무언가를 말할 수 있게
된 것이다. 이리하여 고고학은 과거에 대해 단순히 추상하는 단계를
넘어서 고유의 방법론을 가진 학문이 되어갔다. 그리고 진화론과 삼시
대법의 영향 아래 형식학이 발달하여 앞서 말한 일군의 학자들을 배출
했다.

　19세기 중반 이후 근대고고학의 기본이 되는 개념들이 고안되고 적
용되면서 유럽대륙의 고고학 연구는 크게 보아 두 가지 방향으로 흘러
갔는데, 하나는 프랑스 및 영국을 중심으로 일어난 구석기시대의 연구
로 이를 통해 인류 역사의 유구성이 입증되기 시작했다. 이 지역에서는
보수적인 성향으로 인해 삼시대법이 잘 수용되지 않았는데, 1850년대
에 와서 스칸디나비아와는 독립적으로, 주로 구석기시대를 중심으로
한 과학적인 선사시대의 연구가 시작되었다. 프랑스에서는 이미 부셰
드 페르테 등의 주장으로 구석기시대에 대한 관심이 컸던 토대 위에
라르테(E. Lartet, 1801~1871)나 모르티예(G. de Mortillet)와 같은 뛰어난
학자들이 구석기 연구를 체계화시켜 주었다. 라르테는 특히 구석기시
대의 동물상(fauna)을 가지고 시기구분에 적용하여 동굴곰 시기, 털코끼
리 및 털코뿔이 시기 등으로 구분하여 흥미를 주는데, 나중에 모르티예
가 이를 고고학 용어로 바꾸어 아슈리앙이나 무스테리앙 등의 용어를
대입한 것이 오늘날로 이어졌으며, 이리하여 사람과 석기 및 절멸동물
의 화석을 종합하여 연구하는 전통이 강한 프랑스 구석기 연구의 특징
을 볼 수 있다.

　또 하나는 고전고고학 및 역사고고학 분야의 확립으로, 초기의 문명
들을 발견하고 연구하는 데 중점을 둔 것이다. 사람들은 나폴레옹의
이집트 원정을 계기로 근동 지방의 문명에 대해서 관심을 새롭게 가지
게 되었고, 1822년에는 샹폴리옹(J. F. Champollion, 1790~1832)이 이집

트의 상형문자와 그리스 문자 두 가지로 표기되어 있는 로제타 스톤 (Rosetta Stone)을 가지고 상형문자를 해독하여 이집트학이 크게 발전했다. 1840년대에는 프랑스의 보타(P. E. Botta, 1802~1870)가 니네베(Nineveh) 및 코르사바드(Khorsabad)를, 영국의 레이어드(A. Layard, 1817~1894)가 님루드(Nimrud) 및 쿠윤지크(Kuyunjik)를 각각 발굴했다. 이들의 노력에 의해 메소포타미아 문명의 유적들이 알려졌고, 몇몇은 성경에 기록된 도시들이었기 때문에 큰 관심을 일으켰다. 하지만 이들은 아주 거친 방법으로 작업을 했다. 즉 이들의 관심사는 '가장 적은 시간과 돈을 들여 가장 많은 예술품을 획득하는 것'이라고 할 수 있었다. 1850년 대에는 롤린슨(H. Rawlinson, 1810~1895)에 의해 설형문자가 해독되어 고대 바빌론 및 앗시리아에 관한 연구가 크게 발전할 수 있었다. 성경이 바로 이러한 발굴들의 원동력이 되었는데, 당시의 발굴자들은 성경에 기록된 여러 도시들을 찾아내려고 노력했다. 이러한 도시들은 성경에 그 위치가 표시되어 있거나 그 지명이 그때까지 계속 전해져왔기 때문에 어느 정도 작업이 수월했지만, 슐리만의 트로이 발굴의 경우 순전히 호머(Homer)의 기록을 근거로 유적을 찾아내어 발굴을 실시했다. 슐리만은 또한 미케네 문명의 존재를 확인하여 그때까지 알려지지 않았던 그리스 선사시대의 문명을 발견했다. 지금의 수준으로 보면 그의 발굴방법은 조잡한 편에 속했지만, 당시로서는 혁신적인 방법인 층위의 해석을 도입하여 여러 시대에 걸쳐 쌓인 유적의 시기 구분이 가능해졌다. 이에 힘입어 이후 피트-리버스나 페트리(W. M. F. Petrie)에 의해 근대적인 발굴법―발굴의 정확한 기록, 층위 기록을 위한 보크(掘堤, baulk)의 유지, 층위에 따른 유물의 기록 등―이 개발되어 실시되기 시작한 것이다(Daniel, 1976: 169~177).

2. 슐리만의 생애와 주요 업적

슐리만은 1822년 독일 북부 메클렌부르크의 노이부코에서 가난한
목사의 아들로 태어났다. 아버지는 실제로 형편없는 인간에다가 술꾼
이어서 가족들에게는 큰 도움이 되지 못했다. 슐리만의 자서전을 보면,
그가 8세 되던 해에 아버지로부터 크리스마스 선물로 당시 큰 인기를
끌었던 예러(Jerrer)의 『어린이들을 위한 세계사』라는 책을 선물로 받고
그리스의 영웅들, 특히 트로이 전쟁에 대해서 큰 관심을 갖게 되었다고
한다. 즉 그는 트로이 전쟁에 관한 글을 읽고 그토록 거대한 성채와
건물들은 수천 년이 지났어도 완전히 사라지지 않았을 것이라고 믿었
다. 이후 소년 슐리만은 '트로이의 발굴 및 재현'이라는 꿈을 키우게
되었고, 그가 무역으로 막대한 부를 축적한 것도 결국 트로이 발굴을
위한 준비과정이었다고 볼 수 있다. 이것이 바로 슐리만이 트로이를
발굴하게 된 계기였다고 일반적으로 알려져 있다. 하지만 이 내용은
단지 전설에 불과하며, 어린 시절에 관한 대부분의 내용들은 슐리만에
의해 후대에 와서 미화되고 조작된 것들이다. 최근의 연구에 의하면
슐리만의 자서전, 일기, 서신 중 상당한 부분이 나중에 위조되었고, 그
때문에 슐리만의 생애 중 상당 부분이 잘못 알려졌다고 한다.

소년 슐리만의 성장기는 결코 순탄하지만은 않았다. 그의 어머니가
7명의 자식을 남기고 1831년 세상을 떠나자 가정형편은 더욱 어렵게
되었다. 돈을 벌기 위해서는 학교를 그만두고 직장을 구할 수밖에 없어,
14살이 되던 해 북부 독일의 한 작은 도시에서 야채가게의 심부름꾼으
로 일을 했다. 그곳에서 5년 동안 일한 그는 다시 대도시 함부르크로
자리를 옮겨 생선시장의 지게꾼으로 취직했는데, 키가 1m 56cm에 불
과했던 그로서는 하루하루의 작업이 너무나도 벅찼다. 베네수엘라에
가기로 결심한 그는 한 선박에 승선했지만 선박이 한밤중에 좌초되어

목숨만 구할 수 있었다. 꿈이 좌절된 그는 암스테르담으로 건너가서 불과 몇 주 만에 혼자서 네덜란드어를 배워 무역상사에 취직한 뒤, 또 영어를 배우기 위해 성공회 교회에 다니기도 했다. 천부적인 기억력과 어학능력을 가진 슐리만은 오래가지 않아 영어, 프랑스어, 덴마크어, 스페인어, 이태리어, 포르투갈어 등을 거침없이 구사하여 고용주들의 두터운 신임을 받기 시작했다.

슐리만(H. Schliemann)

이 시기를 즈음하여 슐리만은 타고난 사업적 수완을 발휘하기 시작하는데, 당시 러시아와의 무역을 통해 상당한 부를 축적한 상인 밑에서 일을 하게 되었다. 그는 러시아인과 거래를 위해 독학으로 러시아어를 공부했으며, 1846년에는 러시아의 상트페테르부르크(St. Peterburg)로 파견되어 대리자격으로 무역업무를 관장하다가 곧 독립하여 자신의 회사를 설립했다. 그는 곧 도매상 길드에 가입을 허가받는 큰 명예를 얻었다. 1852년 그는 20세의 러시아 여인과 러시아 정교회 식으로 결혼을 했는데, 결혼생활이 순탄하지 못해서 곧 이혼하게 되었다. 이혼 과정도 정직하지 못했는데, 러시아에서는 이혼이 불가능했기 때문에 미국 인디애나 주에 거짓으로 정착하여 미국시민권을 획득한 후 자기가 원하던 이혼을 할 수 있었다. 슐리만은 크림전쟁(1854~1856) 동안 화약제조에 필요한 질산의 1/3을 공급하여 상당한 재산을 축적했으며, 전쟁이 끝난 후 물감제조에 필요한 인디고(indigo) 무역에 손을 대서 큰 이익을 얻었다. 그는 그러한 와중에도 외국어 습득에 힘을 써서 스웨덴어, 폴란드어, 라틴어, 아랍어까지도 익히게 되었는데, 그의 사업적 성취는 이 같은 능숙한 외국어 능력에 힘입은 바 컸다. 그는 또한 현대 그리스어를 몇 주 만에, 고대 그리스어를 단 3개월 만에 배웠다.

1863년 41세의 나이에 거대한 부를 축적한 슐리만은 사업에서 은퇴하기로 결심했다. 그는 지금까지 부를 축적해 온 과정이 인생의 모든 것이라고 생각하지 않았다. 그때까지 슐리만은 그의 편지에서 호머에 관한 언급을 한 번도 하지 않았다. 그는 메클렌부르크에서 한 영지의 대지주가 되어 농업에 전념할 생각도 갖고 있었다. 여기서 언급해 둘 필요가 있는 사실은 그가 은퇴하기 이전에 문헌학에 대해서 이미 상당한 관심을 갖고 있었다는 점이다. 그는 1857~1858년 무렵에 학문을 하기로 시도했으나 실패하고 말았다. 그는 실망하여 다음과 같이 썼다. "…… 학문을 시작하기에 너무 늦었다. 학문의 분야에서 무언가 이룩하기에는 너무 오래 상업에 종사했기 때문이다." 슐리만은 1868년 5월에서 7월까지 약 2개월에 걸쳐서 그리스 및 소아시아로 여행을 떠났다. 이 여행이 결정적으로 작용하여, 그는 앞으로 남은 생애 동안 호머의 트로이, 이타카(Ithaca)에서 오디세이(Odysseus)의 궁전, 미케네에서 아가멤논(Agamennon)의 성채를 찾아낼 것이라고 결심했다. 즉 그때까지 신화와 전설로만 전해져온 그리스 선사시대의 사실을 고고학적인 방법으로 규명하려고 했다. 슐리만은 1868년에 와서 비로소 새로운 인생의 목표, 그리고 새로운 관심 분야를 찾았다고 할 수 있다. 여기에는 물론 풍부한 재정적 수단, 그리고 그동안의 많은 여행 — 그는 지중해, 소아시아, 인도, 중국, 일본, 미국 등 여러 지역을 방문했다 — 을 통해 얻은 넓은 식견이 크게 작용을 했다(Herrmann, 1981: 128).

그는 파리에 정착하여 고고학 연구에 전념하기로 했는데, 이미 앞에서 언급했듯이 문화사에 대한 상당한 식견을 가지고 있었다. 1868년 12월에는 이타카 지역을 답사한 결과를 『이타카, 고고학적 연구(Ithaka, Archäologische Forschungen)』라는 책으로 남겼다. 1869년에는 『이타카, 펠레폰네소스 반도, 그리고 트로이(Ithaka, der Peleponnes und Troja)』라는 책을 발표하여 아가멤논 및 클리템네스트라(Clytemnestra)의 묘는 기존의 설과는 달리 성채 내에 있고, 트로이는 실제로 존재했다고 주장했다. 그리고 후자의 위치는 지금까지 알려진 부나르바시(Bunarbashi)가 아니라 바로 히사리크(Hissarlik)라는 자신의 견해를 아울러 밝혔다.

당시 트로이의 존재를 인정하는 몇몇 사람들은 트로이 평원 남단에 위치한 부나르바시와 그 뒤의 바위가 많은 고지가 바로 호머의 이야기에 등장하는 트로이의 유적인 '일리움(Ilium)'이라고 믿고 있었지만, 이 견해는 슐리만에 의해 강력하게 부정되었다. 이 지역을 처음 본 순간 그는 여기가 트로이가 아님을 직감적으로 느꼈다. 우선 이곳은 거대한 성벽과 큰 규모의 궁전을 수용하기에는 너무나 협소했다. 더구나 이 마을의 기슭에 위치하고 있는 샘이 호머가 언급한 두 개의 샘, 즉 각각 온수와 냉수를 분출하는 바로 그 샘이라고 몇몇 트로이 신봉자들은 굳게 믿고 있었지만 슐리만은 이 마을 기슭 주변을 직접 온도계를 가지고 돌아다닌 결과, 이 지역에서 무려 40여 개에 이르는 샘을 확인할 수 있었다. 또한 해변에서 부나르바시까지는 꼬박 3시간이 걸리는 데 비해 『일리아드』에는 그리스인들이 하루에 몇 번씩이나 해변과 트로이 사이를 왕래했다고 기록되어 있다. 또한 호머의 기록에 의하면 아킬레스(Achilles)는 헥토르(Hector)를 성채 주위로 세 바퀴 추격한 후 살해했다고 하는데, 시계를 들고 성채 주위를 직접 걸어본 결과 지형이 기록과 전혀 일치하고 있지 않다는 사실을 알아냈다. 그러나 무엇보다도 그는 이곳에서 유적의 그 어떤 흔적도 찾아볼 수 없었으며, 토기편조차 발견할 수 없었다. 이러한 여러 이유를 들어 부나르바시는 트로이가 아님을 확신했고, 트로이의 후보지에서 영원히 탈락했다. 그만큼 그는 호머의 기록을 사실 그대로 믿고 있었다(Ceram, 1972: 37~40).

이후 슐리만은 트로이 평원 일대의 고지대를 주의 깊게 관찰하기 시작했고, 결국은 부나르바시의 북쪽에 위치한 히사리크라는 언덕에 도달하게 되었다. 이 구릉 지대는 헬레스폰트에서 3마일밖에 떨어지지 않았으며, 지형 조건도 『일리아드』에 묘사된 일리움과 부합되었다. 이 곳이 바로 호머가 말하는 트로이가 위치했던 곳이라고 확신을 갖게 되는 데는 슐리만의 친구이자 아마추어 고고학자로 역시 트로이의 위치에 상당한 관심을 갖고 있던 다다넬즈 주재 미국 부영사 캘버트(F. Calvert)의 많은 도움이 있었다. 트로이의 위치 비정에 절대적인 단서가 되었던 두 개의 샘이 문제가 되었지만 — 히사리크에서는 샘이 하나도 발견되지 못했다 — 캘버트의 지적에 따라 이 문제는 간단히 해결되었다. 즉 이 지역은 화산지대로 온수를 분출하는 샘이 갑자기 말랐다가 얼마 후 다시 잠깐 생겨난다는 것이다. 따라서 샘물의 존재는 더 이상 트로이 비정에 문제가 되지 못했다.

슐리만은 『이타카, 펠레폰네소스 반도, 그리고 트로이』와 고대 그리스어로 쓰인 논문 한 편을 로스톡 대학에 발송했는데, 대학 당국에서는 그의 능력을 인정하여 철학박사 학위를 수여하며 그를 격려했다. 한편, 첫 번째 결혼에 실패하여 이혼한 슐리만은 47살에 30세 연하의 그리스 아가씨 소피아(Sophia)와 중매로 만나 재혼했다. 그녀도 곧 남편의 작업에 관심을 갖기 시작했고, 조수로 발굴장에서 함께 작업하면서 기쁨과 어려움을 함께 나누게 되었다.

히사리크의 발굴은 그의 뜻대로 쉽게 이루어지지 못했는데, 1870년 4월에 이르러 비로소 토층 확인을 위한 예비조사가 실시되었다. 발굴이 실시된 구릉의 서북부에서는 그리스 시대에 붕괴된 암반층이 확인되었는데, 지표하 16피트 지점에서 6.5피트 두께의 돌로 이루어진 성벽이 확인되었다. 이는 후에 마케도니아 시기에 축조된 망루의 일부로 밝혀졌다.

전면 발굴에 대한 터키 당국의 허가가 난 것은 1871년에 이르러서였고, 이로부터 역사적인 히사리크 발굴이 거의 15년 동안 네 차례에 걸쳐 실시되었다. 1차 발굴은 1871~1873년에 이루어졌는데, 그때 부인 도 함께 작업에 참여했고, 2차 발굴은 1879년에 이루어졌다. 3차 발굴 은 다시 1882~1883년에 실시되었고, 4차 발굴은 1889년 개시되어 슐리만이 사망한 1890년까지 계속되었다. 3, 4차 발굴 때는 되르펠트(W. Dörpfeld, 1853~1940)라는 건축가가 가세하여 슐리만에게 큰 힘이 되었다. 슐리만의 사망 뒤에 되르펠트는 발굴 작업을 계속하여 1894년에 모든 발굴을 마쳤다.

1차 발굴은 1871년 10월부터 실시되었는데, 발굴 여건은 매우 좋지 못했다. 극히 한정된 지역에 대한 발굴허가, 나쁜 숙식여건 및 발굴 장비, 말라리아의 위협 등이 발굴의 원활한 진행을 어렵게 만들었다. 그러나 이러한 열악한 환경도 슐리만의 열의를 수그러들게 할 수는 없었다. 첫 해의 발굴은 겨울이 시작될 때까지 6주간 실시되었는데, 그 결과 성벽, 건물 초석을 비롯하여 토기류, 석기류 등의 많은 유물이 확인되었고, 커다란 도시의 징후로 볼 수 있는 증거들도 찾아낼 수 있었다.

이듬해 3월 슐리만은 삽, 곡괭이, 수레 등 많은 장비를 갖추고 히사리크를 다시 찾아왔다. 구릉의 정상부에 발굴 본부를 설치했고 130~150여 명에 이르는 인부를 고용하여 발굴을 진행시켰다. 지표하 45피트되는 지점에 이르러 기반암이 노출되면서 도시의 흔적이 나타나기 시작했다.

발굴 결과는 실로 대단한 것이어서, 히사리크 언덕에서는 시기를 달리하는 여러 도시들이 발전해 왔음이 확인되었다. 1873년 말에 이르러 슐리만은 7개의 문화층을 구분하게 되었으며, 1890년에 이르러서는 2개가 더 추가되었다. 슐리만은 원래 최하층에 존재하는 도시의 흔적이 프리암 왕(트로이 최후의 왕)대의 트로이라고 생각했으나, 발굴결과 생각을 바꾸어 세 번째 도시로 번복했다.

1873년의 발굴이 종료될 즈음 모든 노력은 이 세 번째 도시의 조사에 집중되어 있었는데, 잘 알려진 이야기로 어느 날 슐리만은 지표하 21피트 되는 지점에서 작업이 진행되는 가운데 아침 햇살에 금빛이 반짝이는 것을 목격하게 되었다는 것이다. 그는 인부들이 이를 아직 눈치채지 못한 것을 확인하고는 인부들을 자신의 생일이라는 이유를 들어 집으로 돌려보내고, 오직 부인 소피아와 둘이서만 보물들을 들어내기 시작했다. 화려한 보물을 아내 소피아의 숄에 담아 숙소로 돌아온 슐리만은 그중 황금제 목걸이, 귀걸이, 상아장식, 단추장식과 팔찌로 아내 소피아의 온몸에 장식하고 트로이 전쟁 당시 헬레나의 모습을 재현하는 환희를 맛보았다. 그는 자신이 확실히 프리암 왕의 보물을 발견했음을 의심치 않았다. 그런데 이 이야기에는 의심이 가는 부분이 많다. 실제로 이 발견이 이루어졌던 시점에 부인 소피아는 그리스에 체류하고 있었기 때문에 발굴현장에 같이 있었다는 그의 기록은 신빙성이 없다. 그래서 일부 학자들은 보물 발견의 상황은 다분히 조작된 것이고, 어떤 학자들은 여러 곳에서 발견된 보물들을 일괄유물로 거짓 발표했다고 주장하고 있다. 또한 슐리만이 파리의 한 금은방에 금제유물의 제작을 은밀히 부탁했다는 소문이 끊임없이 나돌았다. 당시의 발굴 상황에 대해서는 불분명한 점이 많지만, 발견 경위가 어쨌고 보물의 시대적인 귀속문제가 어쨌든 간에 이 보물은 슐리만이 일괄로 발견한 것만은 분명한 사실이다. 왜냐하면 슐리만이 나중에 다른 지점에서 이와 비슷한 장신구들을 또 다시 발견했기 때문이다.

한편 슐리만은 발굴된 유물의 절반을 터키 정부에 주기로 했던 사전의 약속을 저버리고 이 유물들을 아내인 소피아 친척들의 도움을 받아 그리스로 빼돌렸다. 이 일로 인해 슐리만과 그의 아내는 터키 정부의 원한을 사 추방당했다.

많은 악조건 속에서 진행된 히사리크에서의 첫 번째 발굴은 고고학적인 측면에서 볼 때 그리 만족할 만한 수준에 이르지는 못했다. 슐리만은 당시 발굴에 대한 경험축적이 거의 전무한 실정이었고, 그를 도와 발굴계획을 수립하고 합리적인 발굴 진행을 주도할 만한 동반자도 없었다. 오직 트로이에 대한 슐리만의 광신에 가까운 열정만이 있었을 뿐이었다. 그러나 이후의 발굴경험을 통해 슐리만은 점차 진정한 의미의 고고학자로 변모해 갔으며, 천부적인 그의 능력은 당시 고고학의 수준을 한 단계 끌어올리는 데 기여했다. 그래서 그는 훌륭한 동반자도 얻게 되었다.

즉 두 번째의 발굴에서는 독일 인류학·민족학·선사학 연구소의 설립자인 비르코프(R. Virchow, 1821~1902)와 같은 저명한 학자들이 슐리만을 도와 보다 학술적이고 체계적인 발굴이 진행될 수 있었다. 한편 3차 발굴 이후에는 독일인 되르펠트의 절대적인 도움을 얻어 당시 수준에서 한 단계 높은 발굴이 이루어지게 되었다. 다시 말해서 이때부터는 단순한 열정에 의해 발굴이 이루어진 것이 아니고, 체계적인 계획 및 토론에 의한 발굴이 자리를 잡게 되었다. 고고학자이자 건축가였던 되르펠트는 풍부한 경험을 바탕으로 나름대로의 발굴방법을 주장한 개척자적인 인물이었다. 그는 보물이나 유물수집의 단계, 즉 발굴이라기보다는 도굴에 가까웠던 당시의 발굴방식을 배격하고 히사리크 발굴을 세계 고고학사에 남을 수 있는 수준으로 이끌었다. 물론 그의 발굴 역시 오늘날의 기준으로 보면 방법이나 기술적인 측면에서 논란이 있을 수 있겠지만, 당시로서는 상당한 진보였음에는 틀림이 없다. 즉 그들은 모든 출토유물의 보존, 층위학적 원칙에 따른 발굴 진행, 도면·사진을 이용한 충실한 기록의 작성, 조속한 보고서의 발간 등 현대 고고학에 방법론의 기반을 제공했다고 볼 수 있다.

한편 슐리만은 히사리크에 대한 1차 발굴이 마무리 된 1874~1876년에는 미케네와 이타카 지역에 대한 발굴을 실시했고, 1880년에는 오코메노스(Orchomenos)에서 민야스(Minyas)의 보물을 발굴했다. 1884~

1885년에는 티린스(Tiryns)에서 궁궐을 발굴하는 등 정력적인 활동을 벌였다.

그는 이처럼 많은 발굴을 실시하여 고대 그리스 시대의 문화 성격규명에 기여하고, 엄청난 양의 화려한 유물들을 찾아내면서도 당시 다른 발굴 주관자들과는 달리 발굴보고서를 즉시 출간하는 성의를 다했다. 이러한 면이야말로 슐리만이 단순히 많은 유적을 찾아내고 화려한 유물만을 발굴했던 발굴자에 머무르지 않고 현대까지도 위대한 고고학의 아버지로 칭송되는 이유이기도 하다. 1874년 트로이 1차 발굴결과인 『트로이의 고물(Trojanische Antiquitäten)』, 1881년 『일리오스(Ilios)』, 1884년 『트로이(Troja)』, 1886년 『티린스(Tiryns)』, 1878년 『미케네(Mykenä)』, 『오코메노스(Orchomenos)』 등은 슐리만이 펴낸 발굴보고서의 일부인데, 이것들은 당시 세계인들에게 엄청난 충격을 안겨다주었다.

슐리만이 발표한 일련의 저술들은 먼저 독일에서 출간된 후 곧 영어, 프랑스어로 번역 출간되어 세계의 이목을 집중시켰다. 특히 『미케네』의 영문판 서문은 당대 저명한 호머학자이자 정치가였던 글래드스턴 경에 의해 집필되기도 했다. 슐리만이 많은 발굴을 통해 얻어낸 결론들은 당대의 학자들 사이에 있어서도 상당한 논란의 대상이 되었지만, 한편 그들에게 상당한 흥미를 유발시켰음도 부인할 수 없다. 당시 세계는 슐리만의 일거수일투족에 주목했다.

슐리만은 1875년 이탈리아, 영국, 프랑스, 네덜란드, 스웨덴, 덴마크, 독일 등을 돌면서 식견을 넓힐 수 있었는데, 이때 선사고고학자들과 접촉할 수 있는 기회를 가졌다. 그는 비르코프를 만났고, 그때부터 시작된 그들의 협조는 유럽고고학의 발전에 큰 기여를 했다. 비르코프는 슐리만을 유럽고고학회에 초청하여 강연할 수 있도록 자리를 마련했는데, 슐리만으로서는 자신의 학설을 전문가들 앞에서 밝힐 수 있는 좋은 기회가 되었고, 전문가들도 그의 학설을 동의하든 동의하지 않든지 간에 큰 영향을 받았다(Herrmann, 1981: 131).

또한 그는 자신이 실시하는 발굴의 대외적인 홍보에도 탁월한 재능을 발휘했다. 그 일례로, 미케네에서 트로이 전쟁 당시 그리스 총사령관이었던 아가멤논과 그의 가족들의 무덤을 찾는 발굴을 실시하면서 틈틈이 그리스 국왕 및 수상, 런던 타임스 편집장, 브라질 국왕에게 전문을 띄워 그들의 관심을 유발시키기도 했다. 그리고 발굴이 이루어지는 모든 기간에 거의 매일 런던 타임스에 기사를 송고함으로써 전 세계를 흥분의 도가니로 몰고 갔다. 슐리만에 의해 주도된 발굴은 일반인들이 큰 관심을 가지고 지켜본 최초의 대규모 발굴이라고 할 수 있다.

슐리만의 히사리크 발굴은 호머 이야기의 주 무대인 트로이를 입증하려는 의도에서 이루어진 것이었다. 비록 슐리만의 사후 트로이의 정확한 층위는 다른 학자들에 의해 수정되어 그가 정확히 호머 이야기의 트로이를 확인하는 데는 실패했다고도 할 수 있겠지만, 그의 히사리크 발굴은 직어도 그에게 있어서는 여한이 없는 꿈의 실현이었다. 그리고 고고학적인 측면에서 그가 이룩한 업적은 그 이상의 것이라 할 수 있다.

슐리만은 1880년 트로이에서 발굴한 이 위대한 문화유산을 자신의 조국이었던 독일에 기증하여 일반인들이 영원히 관람할 수 있도록 했다.

3. 고고학사에 있어서 슐리만의 위치

정규교육을 받지 못한 '비전문가' 슐리만은 실로 놀라운 발굴을 실시하여 그 결과를 학계에 발표했는데, 당시 학계의 편협한 분위기 속에서 인정을 받기가 무척 어려웠다. 슐리만은 죽을 때까지 이들 학자들로부터 인정을 받으려고 끊임없이 노력했다. 그리하여 비르코프 등과 같은 저명한 학자들과의 교류를 통해 어느 정도 전문가들 사이에서 신용을 받을 수 있었다. 하지만 슐리만이 갖고 있는 비전공자 혹은 모험가의 이미지 때문에 그가 생전에 이룩한 공헌은 종종 고고학사에서 간과되어 왔다는 사실을 부인할 수 없다.

슐리만의 작업은 각각 슈카르트(C. Schuchhardt)의『슐리만의 발굴들(Schlieman's Ausgrabungen)』(1890), 되르펠트의『트로이와 일리오스(Troja und Ilios)』(1901), 슈미트(A. Schmidt)의『하인리히 슐리만의 트로이 고대 유물 모음(Heinrich Schlieman's Sammlungen Trojanischer Altertümer)』(1902) 등의 저술을 통해 정리·집성되었다.

슐리만의 방법론에서 우리가 갖고 있는 이미지는 빙켈만(J. J. Winckelmann, 1717~1768, 고고학자이자 미술사가로 고고학이라는 학문을 처음으로 확립시킴) 식 전통에 머물러 있는 고전고고학자의 것이다. 특히 슐리만을 가장 강력하게 비판했던 고전학자 쿠르티우스(E. Curtius)를 통해 '딜레탕트', '보물탐험가' 등의 이미지가 학계 및 일반인들에게 전달되었고 철학자 쇼펜하우어(A. Schopenhauer)는 딜레탕트인 슐리만이 발굴을 하고 다닌다는 사실에 개탄했다(Herrmann, 1981: 127; Ceram, 1972: 57). 여기에는 물론 슐리만이 고고학을 시작하기 이전의 모험가적인 생활이 한몫했을 것이다. 이것은 그러나 본질에서 벗어난 평가라고 할 수밖에 없다. 슐리만이 갖는 이러한 부분적인 이미지 때문에 그의 진정한 업적, 그리고 그가 이룩한 방법론 등이 제대로 평가를 받지 못했다. 따라서 무엇보다도 고고학사에 있어서 슐리만이 차지하고 있는 위치, 그리고 그가 확립한 방법론을 재평가할 필요가 있다.

슐리만이 발굴의 방법론을 확립하기 이전 빙켈만 식의 고전고고학에서는 진정한 의미의 발굴 작업은 없었다. 또한 그리스 역사시대 이전 신화의 시기는 비현실적인 것으로 생각되었다. 야외에서의 작업은 비싸고 진귀한 예술품을 얻는 행위에 불과했다. 그렇기 때문에 유물과 당시의 역사를 연결시키려는 시도는 별로 없었다.

하지만 다윈의 『종의 기원』이 1859년 발표되고, 구석기시대의 연구를 통해 인류의 오랜 역사가 확인되고, 북부 유럽에서 삼시대법을 통해 선사시대가 체계화되면서 고고학의 틀이 잡혀가기 시작했다. 슐리만은 파리에서 머물렀던 시절에 이러한 흐름들을 접했을 가능성이 매우 높다. 그는 트로이의 위치에 관심을 갖고 있었던 미국인 캘버트를 만나면서 트로이의 발굴에 관심을 가졌다. 그는 특히 히사리크에 주목하여 발굴을 시작했는데, 발굴 전 슐리만은 발굴의 목적을 "완전히 어두움에 쌓인 그리스 선사시대의 세계를 밝히기 위해, 그리고 가장 흥미 있는 세계사의 면을 밝히기 위해 발굴하려고 한다"라고 기술했다. 여기서 그 당시 다른 발굴 책임자들과는 다른 모습을 볼 수 있으며, 이러한 목적의 달성을 위해서는 이전과는 전혀 다른 방법론을 채택하지 않을 수 없었다. 슐리만은 고고학자뿐만 아니라 자연과학자, 건축가 등으로 구성된 발굴단을 조직했는데, 이것은 그 당시에 결코 흔한 일이 아니었다. 즉 선사시대의 규명에 있어서 이러한 학문들의 중요한 역할을 지각하고 있었다. 그밖에 야외작업, 유물의 체계적 분석을 통해서 방법론의 기초도 확립했다. 그는 수많은 저서(비록 명확하지 않는 경우가 많지만)에서 자신의 견해를 밝혔고, 이는 학계 내에서 논쟁을 불러일으켜 신선한 자극을 주기도 했다.

슐리만은 1868년의 예비작업 중 이미 탐사조사라는 방법을 적용했다. 그는 이 방법을 처음으로 대규모로 적용했고 티린스와 미케네의 예비조사 때에도 이 방법을 사용했다. 이 방법으로 큰 유적지에서도 고고학적 연구가 가능해졌고, 유적의 대체적인 파악이 가능해졌다. 슐리만의 업적을 평가할 때 이 점(대규모 발굴의 준비과정)이 쉽게 간과되었다. 또한 슐리만 이전에 트로이와 비슷한 규모의 유적지에서 층위를 염두에 둔 발굴은 없었다. 따라서 서로 다른 시기의 문화층을 어떻게 구분해야 할지를 몰랐다. 슐리만이 수립하고 철저하게 지킨 원칙은 바

로 유적의 밑바닥, 즉 암반까지 발굴하는 것이었다. 그는 바로 이러한
방법을 통해서만 그리스 시대의 층위와 선(先)그리스 시대의 층위를 구
분할 수 있다고 생각했다.

트로이에서의 발굴에 대해서 살펴보면, 폭 40m의 트렌치(trench)를
정상에 파고 나서 암반까지 파내려 갔는데, 이는 예비조사를 통해 지표
하 16m 지점에 암반이 있다는 점을 미리 확인한 뒤였다. 이 방법을
통해 트로이의 복잡한 층위가 해결될 수 있었다. 층위의 구분 및 편년
은 표지유물인 토기를 가지고 해나갔다(Herrmann, 1981: 130).

에게 해에 있어서 슐리만의 작업은 고고학의 비교연구방법을 크게
발전시켰다. 슈카르트는 처음으로 슐리만의 작업을 전문가적 입장에서
분석했는데, 그를 통해 슐리만의 방법론적 기초가 주변 지역의 로마시
대 고고학 및 선사고고학에 소개될 수 있었다.

4. 후대의 평가

슐리만은 히사리크의 요새화된 유적지에서 7개의 층위를 구분했는
데, 제2층이 호머가 기술한 트로이, 즉 '프리암의 성채'라고 보았다.
1873년 발굴 때 바로 이 층위에서 화려한 금제 장신구들을 발견했고,
이를 프리암의 보물이라고 주장했다. 그런데 되르펠트가 1893년 발굴
때 다시 제6층을 호머의 트로이로 수정했고, 이것이 현재까지 정설로
받아들여지고 있다.

슐리만이 히사리크를 발굴한 이유는 바로 호머의 증명에 있었다. 호
머가 기술한 트로이의 정확한 층위를 찾는 데에는 비록 오류를 범했지
만, 그가 의도한 목적은 충분히 달성했다고 볼 수 있다. 그러나 트로이
발굴 외에 슐리만은 고고학사상 더 많은 업적을 남겼다. 이것은 바로

선(先)호머시대 및 선사시대(Troy II) 유적의 발견이다. 그리고 미케네에서의 발굴은 '과거 인류문명에서 가장 중요한 발견' 중 하나에 속한다. 슐리만은 미케네 그리고 오코메노스 문명이 호머시대에 속한다고 보았으나, 이에 대한 학계 내에서의 의견은 크게 갈렸다. 어떤 학자들은 심지어 이 문명이 비잔틴, 켈트 또는 훈족에 속한다고 생각했다. 하지만 대부분의 독일학자들은 호머시대가 아닌 선(先)호머시대의 것으로 보았고, 이것은 나중에 사실로 입증되었다. 슐리만의 공헌은 바로 동지중해에서 선(先)헬레니즘 문명을 발견한 데에 있으며, 그리스의 미케네와 아나톨리아의 트로이 II가 그것들이다. 슐리만의 출발은 호머의 기록을 증명하려는 데에 있었고, 이것을 입증하는 데에 성공했지만 여기에 덧붙여 에게 해의 선사시대를 발견하게 되었다. 이러한 작업을 통해 기록된 역사의 한계를 극명하게 보여주었고, 이전까지 전혀 알려지지 않았던 그리스의 청동기시대를 발견하게 된 것이다. 즉 발굴이라는 방법을 통해 고대사를 복원할 수 있다는 점을 보여줌과 동시에 발굴의 큰 잠재력을 입증했다.

메소포타미아 그리고 이집트에서의 발굴도 많은 관심을 불러일으켰으나 트로이와 미케네에서의 발굴에 대한 일반 대중의 관심과는 비교가 되지 않았다. 우선 화려한 발굴품의 풍부함이 대중들을 압도시켰고, 북부 유럽에서 발견되는 석부나 토기들보다는 접하기가 쉽기 때문에 일반인들도 고고학에 대해서 관심을 갖게 되었다. 무엇보다 아마추어 고고학자로 호머를 증명하고 큰 보물을 발견한 슐리만 자신의 이야기가 큰 흥미를 끌었다.

하지만 슐리만의 작업은 또한 많은 해결할 문제들을 안겨다주었다. 각 층들 간의 상관관계, 문화의 기원, 그리고 편년이 현재까지도 제대로 규명되지 못했다. 슐리만은 발굴하면서 트로이를 철저하게 정리했기 때문에 현재로서는 재발굴을 통해 새로운 사실을 밝히기가 힘들다.

한편 되르펠트는 1902년 『트로이와 일리오스』에서 트로이의 편년을
설정했는데, 이것은 20세기 초 유럽 선사시대 편년의 기본이 되어왔다.
그의 편년은 다음과 같다.

트로이 Ⅰ	B.C. 3000~2500
트로이 Ⅱ	B.C. 2500~2000
트로이 Ⅲ-Ⅴ	B.C. 2000~1500
트로이 Ⅵ(호머)	B.C. 1500~1000
트로이 Ⅶ	B.C. 1000~700
트로이 Ⅷ	B.C. 700~0
트로이 Ⅸ	A.D. 1~500

슐리만의 공헌에 관한 논쟁은 아직까지도 이어지고 있는데, 최초의
근대적 고고학자, 새로운 방법론의 개발자 등의 찬사와 더불어 유물에
만 관심이 있는 도굴자라는 양 극단 사이에서 그의 진정한 업적을 평가
하기가 쉽지 않다. 캐슨(S. Casson)은 그를 "과학적 방법의 창시자"로 부
른 반면, 미쉘리스(A. Michaelis)는 "과학적 방법에 무지했고, 기술도 부
재했다"고 비판했다. 카로(Karo)는 중립적인 입장에서 "방법, 기술의 훈
련 없이 작업하여 수천 점에 이르는 유물을 발굴한 사실을 인정해야
한다"고 평했다(Daniel, 1975: 167~168).

슐리만에 대한 후대의 평가가 어떻든 간에, 히사리크의 발굴은 최초
의 '텔(tell: 오랜 시간에 걸쳐 형성된 여러 층위로 구성된 분구형의 취락유적)'
발굴로서 바빌론이나 니네베의 경우처럼 건물 폐허의 도움을 전혀 받
지 않고 발굴을 시작한 것이며, 발굴과정에서 7개의 층위를 확인했다.
슐리만은 스칸디나비아 또는 스위스의 토탄지 유적에서 상대편년을 위
해 적용하던 층서법의 원리를 대규모의 유적에 적용시켰던 것이다.

슐리만의 발굴에 있어서 시기를 둘로 나눌 필요가 있는데, 전기는

1870~1882년으로 잡을 수 있고, 후기는 되르펠트의 도움을 받기 시작한 1882~1890년으로 설정할 수 있다. 1차 트로이 발굴(1871~1873년) 때는 거의 단독으로 발굴했고, 1874~1876년에 이루어진 미케네 발굴 때는 그리스인 동료가 있었으나 그를 별로 신뢰하지 못했다. 1879년의 2차 트로이 발굴 때 슐리만은 비르코프 등과 같은 저명한 학자로부터 고고학적 지식을 배울 수 있었고, 1882년부터 건축기사 되르펠트의 도움을 받으면서 혁신적이고 효율적인 방법론을 도입할 수 있었다. 다시 말해서 이전보다 명확한 층위의 구분이 가능해졌다. 그러나 슐리만이 적용한 모든 방법론을 전문고고학자들로부터 배웠다고 생각하는 것은 잘못이다. 이러한 전문가들과 교류하기 이전에도 슐리만은 어느 정도 자신의 원칙들을 지키려고 노력했다. 여기에는 모든 유물의 보존, 유물 발견층위의 정확한 기록, 사진·도면의 강조, 발굴보고서의 조속한 발간 등이 있다. 트로이 발굴의 성공은 결국 슐리만이 오랜 사업을 통해서 얻은 경험, 그의 열정과 되르펠트의 방법론과 훈련이 이룩한 위대한 합작품이라고 평할 수 있다.

결국 발굴과정에서 지적될 수 있는 많은 실수 및 자신이 발표한 저서에서 보이는 해석의 오류에도 불구하고 슐리만이 고고학사에서 차지하고 있는 비중은 결코 낮다고 할 수 없다. 그 누구도 별다른 관심이 없고 소모적인 논쟁만 벌이고 있을 때, 그는 자금과 시간을 투자하여 트로이 발굴에 착수했고, 결국 자신의 목적을 달성했다. 이 점 하나만으로도 슐리만은 평가받을 만하다.

제2차 세계대전 후 러시아군의 진주와 함께 베를린 박물관에서 실종된 것으로 알려진 '프리암의 보물'이 러시아의 푸쉬킨 박물관에 지금까지 보관되어 왔다는 사실이 1991년에 알려지면서 사람들은 또 한 번 놀라게 되었다. 현재 독일은 반환을 요구하고 있으며, 러시아는 정당한 전리품이라는 이유로 반환을 거부하고 있다. 여기에 터키는 유물들의 원소유자로서 이 문제에 끼어들고 있다. 이 유물들을 둘러싼 복잡한 소유문제를 떠나서, 이 귀중한 유물들이 학자들에게 공개되어 정밀한 연구가 다시 이루어진다면 트로이에 대해서 완전히 새로운 사실들이 알려질 것으로 기대된다.

참고문헌

Brew, J. O.(ed.). 1972. *One Hundred Years of Anthropology*. Cambridge: Havard University Press.

Ceram, C. W. 1972. *Gods, Graves, and Scholars: The Story of Archaeology*. New York: Knopf.

Daniel, G. 1976. *A Hundred and Fifty Years of Archaeology*. Cambridge: Havard University Press.

Herrmann, J. 1981. "Heinrich Schliemann and Rudolf Virchow: Their Contributions towards Developing Historical Archaeology." in G. Daniel(ed.). *Towards a History of Archaeology*. London: Thames and Hudson.

Lemonick, M. D. 1996. "Troy's Lost Treasure." *Time*. April, 22.

Renfrew, C. and P. Bahn. 1991. *Archaeology: Theories, Methods and Practice*. London: Thames and Hudson.

Trigger, B. G. 1989. *A History of Archaeological Thought*. Cambridge: Cambridge University Press.

추천문헌

최몽룡. 1990. 『고고학에의 접근』. 신서원.

_____. 1991. 『재미있는 고고학 여행』. 학연문화사.

楊建華. 1995. 『外國考古學史』. 吉林大學出版社.

Ceram, C. W. 1958. *The March of Archaeology*. London: Thames and Hudson.

Champion, T. et al. 1984. *Prehistoric Europe*. London: Academic Press.

Fagan, B. 1988. 『인류의 선사시대』. 최몽룡 옮김. 을유문화사.

Payne, R. 1966. *The Gold of Troy*. New York: Paperback Library.

제4장_ 몬텔리우스와 형식학적 방법

| 최성락 |

1. 머리말

19세기 중엽을 지나 후반에 이르면서 유럽에서는 고고학이라는 학문
이 성숙되기 시작했다. 이것은 다윈의 진화론과 함께 지질학에서의 '지
층(地層)의 법칙'이 고고학에 유입된 것이 계기가 되었고, 한편으로는
고고학적 방법으로 형식학적(形式學的) 방법과 더불어 페트리(W. M. F.
Petrie)의 계기연대법(繼起年代法)의 등장이 중요한 역할을 했다.

형식학적 방법은 북부 유럽의 여러 나라에서 유행했고, 나아가서 전
세계적으로 파급되었다. 일찍이 일본에서는 이 방법을 수용한 후 일본
고고학의 근간을 이루게 되었다. 한국고고학에서도 이를 받아들여 고
고학 연구에 사용했으며, 아직까지도 그 영향이 일부 남아 있다.

이 장에서는 우선 몬텔리우스의 약력과 형식학적 방법의 내용을 검
토해 보고 그 영향과 문제점을 알아보고자 한다.

2. 몬텔리우스의 약력

형식학적 방법(typological method)은 스웨덴의 고고학자 몬텔리우스(G. O. A. Montelius, 1843~1921)에 의해 정립되었다고 알려져 있다. 그러나 이 방법을 처음 주장한 학자는 그의 동료인 힐데브란트(Hildebrand, 1842~1913)였고, 이를 체계적으로 정리하여 완성한 사람이 몬텔리우스이다.

몬텔리우스(G. O. A. Montelius)

힐데브란트는 아버지에 이어 문화청 장관을 지낸 스웨덴 중세사 연구의 권위자이다. 그는 1870년에 덴마크, 독일, 벨기에, 오스트리아, 헝가리, 이탈리아 등으로 1년에 걸쳐 연구 여행을 했고, 그 여행에서 고고학 자료를 광범위하게 관찰한 후 인간의 손에 의해 만들어진 유물에서도 진화론적 현상을 인식했으며, 그 현상이 유물의 편년이나 역사를 구명하는 데 중요한 것으로 파악했다. 1870년에 발표한 「핀의 역사에 대하여」라는 논문에서 이 방법을 처음으로 시도했으나, 이후 그는 고고학에서 손을 떼고 역사시대 연구로 전환했다.

몬텔리우스는 스웨덴의 스톡홀름에서 1843년에 출생했다. 1896년 철학박사 학위를 취득했고, 1888년에 박물관 소속 교수로 임명되었다. 그리고 1913년 국립박물관장에 취임했다. 그도 역시 북부 유럽의 청동기시대를 연구하면서 힐데브란트와 동일한 현상을 발견했는데, 1885년에 발표한 「청동기시대의 연대결정에 대하여」라는 논문에서 보다 명확하게 이 형식학적 방법을 사용했다. 그 뒤로 그는 「동방 및 희랍에 있어서 청동기시대」(1889), 「이탈리아에 있어서 금속수입 이후의 원시문명」

(1895) 등의 논문을 발표했다. 그의 저서로는 『고대문화의 제 문제: 연구법』(1903)이 있는데, 이 책에서 형식학적 방법의 이론을 완성했다.

3. 형식학적 방법의 내용

유물의 편년적 위치를 아는 데는 상대적 연대와 절대적 연대가 있다. 상대적 연대를 파악하는 데는 층서적인 방법이 있는데, 몬텔리우스는 층서적 방법만을 가지고는 유물의 상대적 연대를 설정한다는 것이 쉽지 않기 때문에 유물의 선후 관계를 결정하기 위해서 형식학적 방법이 사용되어야 한다고 했다. 그는 형식(type)을 자연과학에서의 '종(種)'으로 파악하고, 형식 상호간에 나타나는 내적 연관관계를 추적하여 종과 같이 한 개의 형식이 다른 형식으로 진화되는 상황을 밝혀야 한다고 보았다.

몬텔리우스의 형식학적 방법은 두 단계로 구성되어 있다. 즉 유물을 형식별로 늘어놓는 단계인 형식학적 배열(形式學的 配列 혹은 形式學的 系列, typological series)과 이를 증명하는 단계이다.

먼저, 형식학적 배열은 유물을 일정한 방향, 즉 간단한 형식으로부터 복잡한 형식으로 정리하는 것을 말한다. 예를 들면, 북부 유럽의 청동도끼를 몬텔리우스는 A(편평도끼), B(돌연도끼), C(유절도끼), D(긴소켓도끼), E(짧은소켓도끼) 순서로 그 변천을 생각했던 것과 같다.

그는 A형식(편평도끼)은 편평한 형태 위에 날[刃]이 있어 일반 돌도끼와 다르지 않으며, 그에 비해서 B형식(돌연도끼)은 양측의 연부(緣部)가 돌출된 것으로서 도끼를 자루에 묶을 때 그 돌연(突緣)이 있기 때문에 더욱 단단히 묶을 수 있어 흔들리지 않게 된다는 사실을 알아내었다. 결국 이 도끼는 금속의 특성을 살린 것으로서 편평도끼와 비교하면 보

<그림 1>

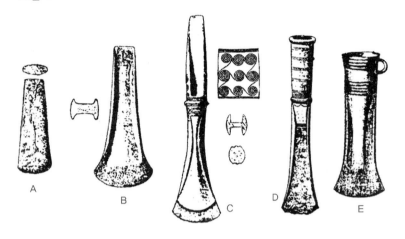

다 힘 있게 타격을 가할 수 있는 발전된 단계로 보고 있다. C형식(유절 도끼)은 도끼 몸통의 중간에 돌출한 대(帶)가 있어 절(節, 마디)을 둘러싸고 있는 것이다. 그리고 자루에 착장을 완전하게 하기 위해 당시 창의 착병도끼와 같이 통모양의 소켓을 도끼의 기부(基部)에 부착한 D형식 (긴소켓도끼)이 등장하고 있다는 것을 보여주었고, 이것은 단축화한 E형 식(짧은소켓도끼)으로 변화되었다는 것을 순서별로 정립했다. 이와 같이 한 개의 계열로 늘어놓는 것을 '형식학적 배열'이라고 한다. 이러한 정리방법은 청동도끼 외에도 검, 안전핀, 그리고 횡대문용기(橫帶文容器) 등에도 모두 적용된다. 그런데 여기에서 중요한 점은 이런 형식학적 배열이 하나의 시안이요, 가설에 지나지 않는다는 사실이다.

　몬텔리우스의 형식학적 방법의 다음 단계는 형식학적 배열을 검증하는 것으로 그는 두 가지 방법을 사용하고 있다. 그것은 ① 형식학적 흔적기관(痕迹器官)의 검증, ② 일괄유물(一括遺物)에 의한 검토이다. 첫째, 형식학적 흔적기관에 의한 검증은 형식학적 배열 스스로를 증명하는 방법이다. 흔적기관이란 생물체에서 보듯이 본래의 기능을 잃어버리고 흔적만 남아 장식화의 의미를 지닌 것이다. 예를 들면, 북부 유럽의 청동도끼의 경우 C형식에는 절로부터 머리 부분까지와 절로부터 날 부분까지 각각 돌연이 있는데 전자는 자루의 기능을 갖지만, 후자는 절이 있기 때문에 어떤 역할도 못하고 본래의 기능을 이미 잃고 있다. 따라서 C형식은 B형식보다 나중에 제작된 것이다. 그리고 D형식은 C형식과 같이 절은 남아 있으나 자루를 고정하는 데 이미 불필요하므로 역시 흔적기관이라고 보는 것이다. 따라서 D형식이 C형식보다는 나중에 제작된 유물임이 증명된다. 이와 같이 형식학적 의미에서 흔적기관을 가지고 있는 것은 아직도 기능을 유지하고 있는 형식보다는 형식학적 배열에서 나중에 위치하는 형식이 된다.

둘째, 일괄유물에 의한 검토인데, 일괄유물이란 동시에 함께 매장된 유물들을 말한다. 즉 주거지 바닥면이나 고분의 석실 내에서 출토된 유물은 대부분이 일괄유물인 것이다. 그러나 횡혈식 석실의 경우, 수차에 걸쳐 무덤으로 사용되었을 때에 여기에서 출토된 유물들은 이미 일괄유물이 아니다. 일괄유물의 동시대성 정립에 대해 몬텔리우스는 각기 다른 유물이 한 유구에서 공존된 상태로 발견되었을 때, 그것이 일회의 경우에는 우연성(偶然性)이 높다고 보고 있으며, 적어도 30회 이상 공존 사실이 발견되었을 때에 개연성(蓋然性)을 인정할 수 있다고 했다. 일괄유물에 의한 검토는 두 개 이상의 형식학적 배열의 평행성을 유물의 공존관계에 의해 검토하는 것을 의미한다. 예를 들면, 청동 안전핀의 형식학적 배열의 A_1, $B_1 \sim G_1$형식과 청동용기의 형식학적 배열의 A_2, B_2, C_2, D_2형식의 공반(共伴) 상황을 검토했을 때, 청동용기 A_2와 안전핀 C_1, D_1이 공반하고, 청동용기 B_2와 안전핀 E_1, F_1들이 공반하며, 청동용기 C_2와 안전핀 G_1이 공반하는 것이 밝혀지고, 안전핀 $A_1 \sim D_1$과 청동용기 $B_2 \sim D_2$가 결코 공반하지 않고 있는 것이 나타났다고 하면, 이

두 유물의 배열은 타당한 것이 된다. 이와 같이 서로 다른 유물들의 형식학적 배열이 공반관계의 검토에 의해서 정확히 검증되어야 한다. 즉 두 개 이상의 형식학적 배열을 비교해서 오랜 것끼리 결합되고, 또 새로운 것끼리 결합되었을 때 두 배열이 평행한 것이 될 수 있으며 그렇지 못하면 그 배열은 잘못된 것이다.

<표 1>

청동용기	안전핀
	A_1
	B_1
	C_1
A_2	
	D_1
	E_1
B_2	
	F_1
C_2	G_1
D_2	

이상에서 몬텔리우스의 형식학적 방법의 기본내용을 살펴보았다. 이 방법은 1859년에 다윈이 쓴 『종의 기원』이 간행된 이후 유행하기 시작한 진화론에서 힌트를 얻은 몬텔리우스가 완성한 것이다. 그는 인간에 의해 만들어진 유물도 가장 간단한 원형식(proto-type)에서 복잡한 형식으로 변화되는 현상이 있음을 발견하고 이것을 유물정리에 대입하여 연구했다. 이러한 이론적 기초에 서서 몬텔리우스는 4개의 형식학적 배열의 평행관계를 정리하여 북부 유럽의 청동기시대를 6기로 편년했다(<그림 2> 참조).

결국 형식학적 방법은 유물 상호간의 상대연대를 알려주는 방법으로

<그림 2>

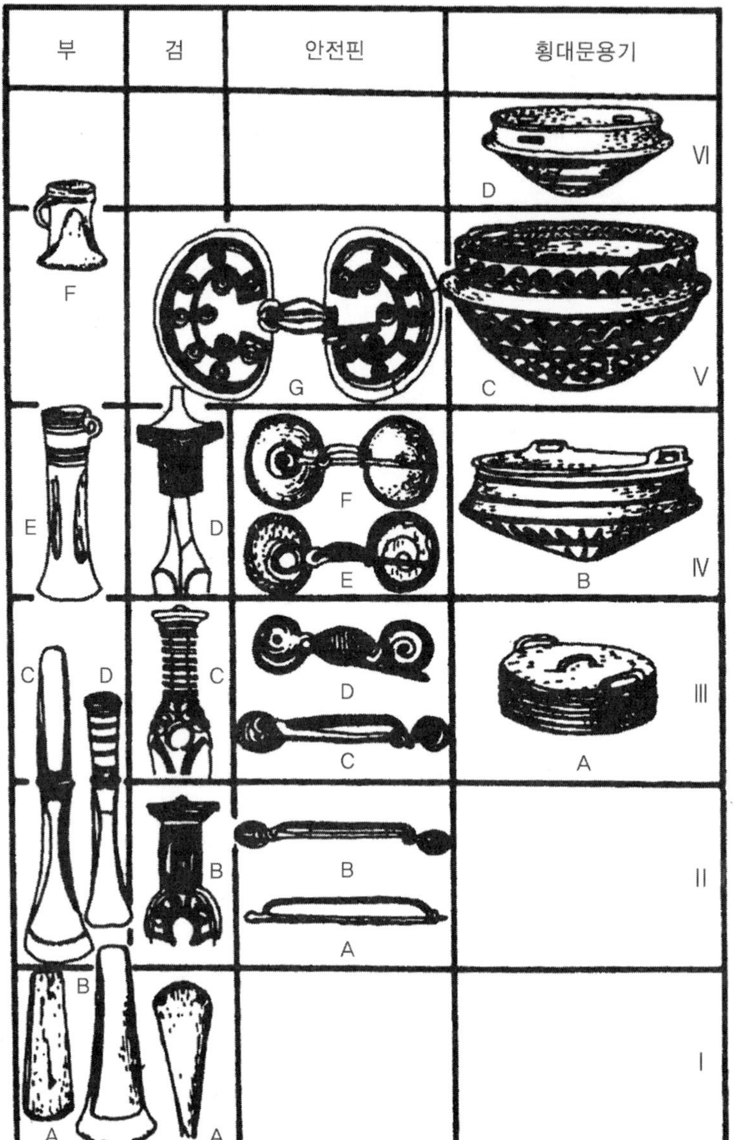

부	검	안전핀	횡대문용기
			D VI
F	G		C V
E	D	F / E	B IV
C D	C	D / C	A III
B	B	B / A	II
A A A	A		I

유용하게 사용되었고, 또한 유물의 변천·계통을 추구하는 데에도 적절한 방법이 될 수 있었다. 당시 19세기 말에서 20세기 초에 걸쳐 유럽고고학에서 그 연구목적이 유물의 연대를 추구하고, 유물의 민족 귀속문제가 큰 이슈로 등장할 때였으므로 이 방법은 매우 유용한 것으로 많이 이용되었다.

4. 형식학적 방법의 영향

몬텔리우스의 형식학적 방법은 그 후 스웨덴의 고고학자 알므그렌(Almgren, 1869~1945), 아베르그(A'berg, 1888~1954) 등에 의해서 계승·연구되었고, 유럽 각국에서도 이 방법을 모두 받아들였는데, 특히 독일 고고학자 에거스(Eggers, 1906~1975)가 1959년에 출간한 그의 저서에서도 형식학적 방법을 크게 소개하고 있어 이 방법이 20세기 중반까지도 유럽의 일부에서는 계속 사용되고 있음을 알 수 있다(Eggers, 1959).

19세기 말 이래로 유럽고고학에서 활발히 사용된 형식학적 방법이 일본을 거쳐 한국에 유입되었는데, 이러한 사실을 보다 명확하게 하기 위해서 일본고고학 연구에 나타나는 양상을 먼저 알아보고, 또한 한국고고학에 유입되는 과정도 아울러 살펴보기로 하겠다.

1) 일본

일본에서 고고학이 연구되기 시작된 이래 무엇보다도 유럽고고학의 영향을 가장 많이 받은 것은 이미 잘 알려진 사실이다. 그러므로 당시 유럽에서 유행했던 형식학적 방법이 도입되어 일본고고학 연구에 사용된 것은 당연한 현상이었다.

처음 형식학적 방법을 소개한 사람은 하마다(濱田耕作)로 1922년에 간행된 그의 저서 『통론고고학(通論考古學)』에서 이 방법을 언급했다. 그는 고고학에서 사용되는 특수한 연구방법으로서 층위학적 방법, 형식학적 방법, 민속학적 방법 등을 들었고, 특히 형식학적 방법을 고고학 연구에 있어서의 기초적인 방법으로 소개하고 있다. 그는 또한 1933년에 몬텔리우스가 형식학적 방법을 정리한 것을 『고고학연구법(考古學研究法)』으로 번역하여 출간했다.

그러나 그 후 실제로 일본고고학 연구에서 형식학적 방법을 적용한 것은 야마우치(山內淸男)이다. 그는 조몬시대(繩文時代)의 토기연구에 이 방법을 응용했는데, 토기를 세분하여 '형식'을 정한 후 편년의 대계를 완성하려고 했다. 그는 '형식'을 지방 차이, 연대 차이를 나타내는 연대학상의 한 단위로 보았고, 일정한 형태와 장식을 지닌 일군(一群)의 토기로서 타형식과 구별되는 특징을 지닌 것으로 보았다(山內淸男, 1964). 즉 야마우치의 형식론은 이런 의미에서 몬텔리우스의 형식학적 방법과 약간의 차이가 있다. 첫째로 몬텔리우스는 개별유물에 형식을 인정하는 반면에 야마우치는 일군의 토기에 형식을 인정하는 것이다. 둘째로 몬텔리우스는 형식 차이의 의미를 주민의 차이, 계통의 차이, 부족의 차이에서 구하고 있는 데 비해서 야마우치는 연대의 차이를 나타내는 연대학상의 단위로 규정하고 있다.

야마우치의 이러한 노력을 시초로 해서 그 후 많은 학자들의 연구에 의해 일본의 선사시대 편년은 토기를 중심으로 이루어지게 되었다. 이러한 토기 중심의 연구로 인해 조몬시대 토기형식이 250여 종으로 세분되고, 야요이시대(彌生時代)의 토기형식도 80여 종으로 세분되었으며, 각 형식이 연대상의 상대적 위치를 갖게 되었다.

이와 같이 형식을 지나치게 연대상의 단위로만 규정한 일본고고학에서는 '형식편년(形式編年)'이란 용어까지 만들어졌다. 즉 이것은 "특징적인 토기의 일군을 연대상의 단위인 1'형식'으로 파악하고 각각 연대 차를 갖는다"로 정의되고 있다.

한편 형식학적 방법을 다소 변형하여 다르게 이해하려는 견해가 있었는데 스기하라(杉原莊介)와 오오이(大井晴男)의 경우이다.

스기하라는 고고학적 자료가 인간의 사상(事象)을 표현한다고 보고 인간과 사상은 각각 주어와 술어의 위치에 서 있으며, 인간이 창조자가 될 때 사상은 항상 인간에 의해서 한정된다고 설명하고 있어 결국 인간이 한정자라 보았다. 그리고 고고학적 자료인 유물에 있어서 한정자를 의미하는 개념을 '형식'이라 불렀다. 특히 한정자의 성격을 최상으로 표현하는 경우를 한정형식(限定形式), 그 외는 보통형식(普通形式)이라 불렀는데, 한정형식에 속하는 유물은 신석기시대의 토기, 구석기시대의 석기 등이 속한다고 설명하고 있다(杉原莊介, 1943). 그는 결국 '형식'을 '한정자를 대행하는 유물의 개념'으로 생각하여 형식학적 방법을 한정자, 즉 인간을 확인하려는 방법으로 생각했다. 이와 같이 유물을 통해 인간을 확인하려는 의식은 중요하지만 개개의 유물과 형식과의 관계에 대해 언급이 없고, 형식 자체의 개념이 애매한 점은 문제로 지적된다.

한편 오오이는 야마우치와 스기하라의 이론을 비판하고 형식학적 방법의 확립이 필요하다고 주장했다. 즉 그는 스기하라의 한정형식이 인간, 인간집단을 직접 표시하는 것이 아니라고 반론하고, 형식의 내용을 유물·유구·유적으로 확대해 '형식'을 부여한 후 그 배후에 있는 역사적 성격·위치에서 비로소 특정적·개성적인 인간, 인간집단을 나타내는 것으로 보았다(大井晴男, 1970). 그러나 그도 역시 유물·유구를 가지고 형식을 인정하는 구체적인 방법에 대해서는 언급이 없었다.

결국 형식학적 방법이 일본고고학에 유입되면서 나타난 최초의 현상은 형식을 지나치게 연대상의 단위로만 규정한 형식편년론(形式編年論)의 대두인 것이다. 이 형식편년론이 일본의 선사시대 편년에 기여한 역할은 매우 크다. 그러나 이 형식편년에 관해서는 이미 오오이에 의해서도 그 모순성이 지적되고 있는데, 그는 예문도(禮文島) 향심정유적(香深井遺蹟) 출토의 토기를 분석해 본 결과, 층위에 따라 토기의 문양이나 기형이 점진적으로 변화됨을 들어 형식이 단순히 연대상의 단위가 될 수 없음을 지적했다. 즉 일본에서도 몬텔리우스의 형식학적 방법에 대한 비판이 점차적으로 이루어지면서 '형식'의 개념에 대한 새로운 논의가 서서히 일고 있음을 알 수 있다.

최근에 와서 일본고고학계에는 미국 등지에서 정의되고 있는 '형식분류'가 소개되고 있지만, 지금도 종전에 이용되어 온 형식학적 방법이 기본적인 연구방법으로 사용되고 있음을 볼 때 일본고고학에서 이 방법이 차지하고 있는 비중이 얼마나 큰 것인가를 알 수 있다.

2) 한국

형식학적 방법이 한국고고학의 연구방법에 있어서 매우 큰 비중을 차지했던 것은 사실이다. 그러나 이 방법에 대한 정확한 소개나 이론적 비판이 없이 일본 학자들의 연구방법을 그대로 답습하여 한국고고학을 연구했다고 볼 수 있다.

한국고고학에서 일본학자가 형식학적 방법으로 연구한 대표적인 예로 아리미츠(有光敎一)의 『조선마제석검의 연구(朝鮮磨製石劍の研究)』를 들 수 있다. 그는 마제석검의 조형을 세형동검으로 보았는데, 이는 당시 동검을 쓰는 외래사회와 석검을 쓰는 토착사회로 대립시켜 양자 사이를 이질적인 존재로 파악했기 때문이다. 그는 석검을 A식(유경식), B I식(이단병식), B II식(일단병식)으로 나누고, 각기 혈구(血溝)의 유무에 따라 a, b로 세분하여 이들 형식 간의 변화를 다음과 같이 표현했다(有光敎一, 1959).

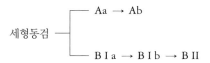

즉 세형동검을 모방한 석검이 혈구를 가졌고, 점차 혈구가 없어졌다는 설명이다. 이런 형식 간의 변화는 바로 형식학적 배열로 볼 수 있다. 그러나 형식 간의 선후관계를 결정할 때 전혀 공반관계를 검토하지 못한 점은 오히려 형식학적 방법을 충실히 따르지 못했다고 볼 수밖에 없다. 그럼에도 불구하고 이 논문을 비롯한 몇몇 논문들은 방법적인 면에서 우리나라 학자들에게 상당히 영향을 주었던 것으로 생각된다.

우리나라 학자로서 형식학적 방법을 비교적 충실히 지키면서 전개된 연구 논문의 예로는 윤무병의 「한국 청동유물의 연구」(1972)를 들 수 있다. 그는 한국 청동기시대의 대표적인 유물인 세형동검을 3개의 형식으로 분류했는데, 만주식 동검을 답습한 것이 제I류, 칼등에 세운 등날〔鎬〕이 결입부(抉入部) 이하로 내려가는지 여부에 따라 내려가지 않는 것은 제II류, 내려가는 것은 제III류로 나누고, 봉부(鋒部)의 길고 짧음에 따라 다시 a, b로 세분했는데, 이를 공반유물과 연계시켜 상대편년체계를 설정했다.

그는 다시 청동단검의 형식 분류를 바탕으로 한국 청동기시대를 몇 개의 시기로 나누었다. 즉 제I기는 제I류로 지칭되는 만주식 동검이 유입된 시기로서 기원전 4세기경으로 추정했으며, 제II류는 동탁·조문경·동모 등과 함께 발견되는 제II류 세형동검의 사용시기로 청동의 자체 생산기이며 상한을 기원전 3세기로 설정했다. 또한 제III기는 철기가 함께 사용되고 있으며, 중국계 한식(漢式) 유물이 공반되고 동과(銅戈)·세문경(細文鏡)·동령(銅鈴)과 제III류 세형동검이 사용되는 시기로 기원

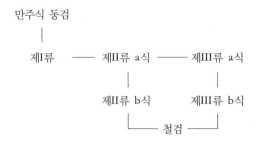

전 2세기부터 기원후 1세기 말까지로 설정했다(윤무병, 1972).

이 논문에서 세형동검의 형식변천을 등날의 길이에 따라 나열했고, 공반유물에 의한 선후관계의 검토가 있었다는 점은 형식학적 방법과 유사하다고 볼 수 있다. 그러나 세형동검을 표지적 유물로 보아 한국 청동기시대를 3기로 나누었던 것은 몬텔리우스가 4개의 형식학적 배열의 평행관계에 의해 설정한 편년체계하고는 아주 다르다.

이후 한국고고학에서는 많은 논문에서 형식학적 방법의 영향을 발견할 수 있다. 즉 1980년대 전반까지의 논문에서는 편년의 고고학 연구가 중심을 이루었는데 먼저 편년방법에서 유물·유구의 형식분류를 시도한 후 이들 형식을 상호배열하여 얻어내는 상대편년법이 가장 많이 사용되었다. 그리고 특정 유물의 형식에 구애됨이 없이 유물의 공반관계에 의해 시기를 구분하는 분기법이 사용되었으나 크게는 형식학적 방법의 골격을 벗어나지 못하고 있었다. 그런데 이러한 형태는 몬텔리우스의 형식학적 방법을 그대로 따르는 것은 아니다. 한국고고학 연구에서 사용된 형식학적 방법은 자세한 소개나 어떤 이론적 근거의 제시가 없었기 때문에 뚜렷한 윤곽을 가지지 못한 채 학자들에 의해 이용되어 왔다고 볼 수밖에 없다. 그리고 유물의 형식을 분류하여 막연하게나마 선후관계를 나열하는 방법이 많이 사용되고 있었는데, 이는 일본고고학에서 사용되고 있는 형식편년론의 영향을 크게 받았다고 볼 수 있다.

우리나라 고고학에서 형식학적 방법에 대한 자세한 내용의 소개(최성락, 1984)와 그 문제점에 대한 검토(이희준, 1983, 1984)가 있은 이후에는 형식학적 방법의 사용이 점차 줄어들고 방사성탄소연대측정법, 순서배열법 등과 같은 편년법의 사용과 유물의 속성에 근거를 둔 형식분류나 과학적 분석 등이 연구방법으로 많이 이용되고 있다.

5. 형식학적 방법의 문제점

형식학적 방법은 19세기 말에서 20세기 초에 이르는 사이에 전 유럽에서 절대적인 방법으로 사용했던 고고학 연구방법이다. 그러나 20세기 중반에 들어와서 이 방법의 이론적 체계가 고고학자들에 의해 비판되기 시작했다.

차일드(V. G. Childe)는 우선 형식학적 배열의 방향을 검증할 수가 없다고 지적했다. 즉 생물의 진화에서 적자(適者)가 있듯이 선사시대의 이기(利器)의 경우도 마찬가지라면 어느 후출(後出)하는 무기나 도구가 기능적으로 더 유효하다는 것을 밝힐 수가 있어야 하는데 결코 그러한 점을 쉽게 발견할 수 없다고 보았다. 예를 들면 소켓형부가 돌연부보다 얼마나 기능적으로 더 유효한지 당시 몬텔리우스는 설명할 수 없었던 것이다. 그래서 차일드는 형식학적 방법에서 사용하는 진화나 퇴화의 방향이 층위적인 방법과 같은 어떤 독립적인 방법에 의해 보완될 필요가 있다고 지적했다. 다음은 형식학적 배열에 의해서 편년적 구분을 시도할 때는 하나의 배열에 의거해서는 안 된다고 지적했다. 그는 유물의 몇몇 기능적 분류(기종)에는 생물체의 목(目, orders)이나 문(門, phyla)이 다른 것보다 일찍 진화하듯이 각기 다른 속도로 변화될 수 있다는 점을 들고 있다. 즉 연속으로 퇴적된 층에서 무기 등은 계속적으로 진

화되는 데 비해 연석(礫石)은 오랫동안 같은 형태를 유지하고 있는 경우
와 같다. 그래서 그는 표준화석(type-fossils)으로 문화를 한정하고, 한두
개의 표준화석의 존재로부터 연대를 결정하는 종래의 방법을 비과학적
인 것으로 보았다(Childe, 1956).

한편 클라크(J. G. D. Clark)는 형식학적 방법은 그 이론적 바탕이 진화
론에 있으므로 이는 결과적으로 역사성에 대한 이해의 부족을 가져오
며, 고고학 연구에는 부적당하다고 지적했다(Clark, 1952).

이러한 비판이 있은 후, 형식학적 방법은 고고학 연구의 주류에서
점차 밀려나고 서구의 연구자들에 의해 연구의 기초이론으로 사용되지
않았다.

그러나 형식학적 방법은 상대편년의 한 방법으로 과거 유물의 변화
를 일목요연하게 제시할 수 있다는 면에서는 그 중요성이 계속 인정된
다. 다만 현재의 고고학 연구방법으로는 불충분하다고 취급되는 것이
사실이다. 이희준은 형식학적 방법이 편년법으로서 모순이 있음을 지
적하고, 순서배열법(seriation)을 소개했다. 그는 형식학적 방법의 문제점
을 다음과 같이 지적하고 있다. 첫째, 형식학적 방법은 형식에 의해서
만 편년을 얻고 있다는 점으로, 각 유물의 속성(attribute), 형식복합체
(assemblage) 등도 분석의 대상이 되어야 한다는 것이다. 둘째, 형식을
정적인 것으로 인식하고 형식의 사용방법에 관련하여 유물상의 변화를
범주적으로 인식하고 있다는 점이다. 즉 유물의 양식적 변화의 중복상
을 부정하고 있다는 것이다. 셋째, 형식학적 방법에서 분기법을 사용함
에 있어서 각 기별로 서로 다른 형식들이 존재한다는 모순성을 보여주
고 있다는 점이다. 넷째, 이 방법에는 빈도개념이 없다는 점이다. 끝으
로 형식학적 방법의 검증방법으로 일괄유물, 또는 공반관계와 층위적
사실을 들 수가 있는데 이 역시 강한 검증력을 가지지 못한다고 보았다
(이희준, 1983).

형식학적 방법은 앞에서 지적한 것 외에도 몇 가지 문제점을 더 가지고 있다. 먼저 '형식'의 개념문제이다. 몬텔리우스는 형식을 생물의 종으로 보고, 각 유물이 한 형식으로 파악된다는 것 이외에 별다른 언급이 없었다. 그러나 그 뒤 형식은 실제가 아닌 추상적인 것으로 파악되었고 나아가 속성들로 구성된 집합체로 다른 집단과 구별되는 집단으로 인식되고 있다. 이와 같이 형식에 대한 개념의 변화는 결국 고고학에서 기본작업인 형식분류의 의미가 변화되면서 형식학적 방법 자체가 그 효용성을 잃게 되었다고 보지 않을 수 없다.

다음으로 이 방법이 시간적인 추구 외에는 다른 역할을 할 수 없다는 점이다. 현재의 고고학 연구가 시간성·공간성을 추구하면서 궁극적으로 과거의 인간행위를 밝히는 것이라면 형식학적 방법은 시간성을 추구하는 데 그 기능이 한정되기 때문에, 다른 방면의 연구에서는 한계점을 지니고 있는 것이다.

결국 형식학적 방법의 문제점은 클라크가 지적한 것과 같이, 생명을 가진 생물체의 변화에 적용된 진화론이 인간에 의해 만들어진 유물에 그대로 적용될 수 없다는 것이다. 더구나 문화를 설명하는 새로운 이론들이 대두되면서 고고학에 적용되는 이론이 진화론이나 전파론의 테두리를 벗어나 구조기능주의, 문화물질주의 등으로 발전했고, 또 문화생태학 등의 새로운 학문분야의 발전으로 인하여 과거에는 예상하지 못했던 연구방법이 개발되고 있어 현대고고학 연구가 단순히 형식학적 방법에만 의존할 수 없다는 것이 명백해졌다.

그러나 이 형식학적 방법이 오늘날 고고학 연구에 미친 영향은 무시할 수 없다. 새로운 이론의 도입·응용이 아직 미흡한 상태에서는 이 방법에 대한 검토 내지 적용 내용에 대한 연구가 다른 무엇보다 앞서서 이루어지지 않을 수가 없을 것이다. 현재 세계 고고학계에서는 형식학적 방법이 거의 이용되지 않는다. 이것은 이 방법이 앞서 지적한 것과

같은 문제점을 내포하고 있기 때문이기도 하나, 지금의 고고학자들은
유물을 포함한 다양한 고고학적 자료를 통해 당시의 문화연구로 전환
함으로써 유물 자체에 대한 관심이 줄어들었기 때문이라고 볼 수 있다.
다만 형식분류는 계속적으로 시도되면서 형식의 개념이 새로이 정립되
고 있다.

참고문헌

윤무병. 1972. 「한국 청동유물의 연구」. ≪백산학보≫, 12. 61~132쪽.

이희준. 1983. 「형식학적 방법의 문제점과 순서배열법(seriation)의 검토」. ≪한국고고학보≫, 14·15. 133~166쪽.

_____. 1986. 「상대연대결정법의 종합적 고찰」. ≪영남고고학≫, 2.

최성락. 1984. 「한국고고학에 있어서 형식학적 방법의 검토」. ≪한국고고학보≫, 16. 1~23쪽.

濱田耕作. 1922. 『通論考古學』. 大鐙閣.

山內清男. 1964. 「繩文式土器總論」. ≪日本原始美術≫, 1.

杉原莊介. 1943. 『原史學序論』. 葦牙書房.

大井晴男. 1970. 「形式學的方法への試論」. ≪考古學雜誌≫, 55-3.

有光敎一. 1959. 『朝鮮磨製石劍の硏究』. 京都大學文學部考古學叢書 2.

Eggers, H. J. 1959. 『考古學硏究入門』. 田中琢·佐原眞 譯. 1981. 岩波書店.

Clark, J. G. D. 1952. "Archaeological Theories and Interpretation: Old World." in A. L. Koeber(ed.). *Anthroplogy Today*. pp.343~360.

Childe, V. G. 1956. *Piecing Together the Past: The Interpretation of Archaeological Data*. London: Routledge and Kegan Paul.

Montelius, G. O. A. 1903. 『考古學硏究法』. 濱田耕作 譯. 1984. 雄山閣出版.

추천문헌

이희준. 1986. 「상대연대결정법의 종합적 고찰」. ≪영남고고학≫, 2.

최성락. 1984. 「한국고고학에 있어서 형식학적 방법의 검토」. ≪한국고고학보≫, 16. 1~23쪽.

Montelius, G. O. A. 1903. 『考古學硏究法』. 濱田耕作 譯. 1984. 雄山閣出版.

제5장_ 페트리와 계기연대법

| 최성락 |

1. 머리말

고고학사에서 19세기에 가장 주목되는 것은 톰센과 워소에 의한 삼시대법의 제시, 슐리만, 피트-리버스, 페트리 등에 의한 새로운 발굴방법의 도입, 그리고 피트-리버스와 몬텔리우스 등에 의해 시도된 형식학적 분류 내지는 형식학적 방법과 페트리의 계기연대법(sequence dating)의 확립 등이다. 이들의 노력은 발굴방법, 유물분석, 편년연구 등에서 커다란 업적을 쌓았고 고고학이 학문적으로 성장할 수 있는 기반을 제공했다.

특히 피트-리버스(Pitt-Rivers, 1827~1900)는 직업군인으로서 1850년대에 소총에 대한 연구를 했는데 이는 형식학적 분류의 시초가 되었다. 그는 민족지와 골동품의 수집에 관심이 있었고, 1860년대 이후 그의 관심은 야외 유적으로 돌려졌다. 1880년에 자신의 이름을 레인-폭스(Lane-Fox)에서 피트-리버스로 바꾸었고, 막대한 토지를 유산으로 물려받자 자기 땅에서 대규모의 발굴을 시작할 수 있었다. 이를 통해 발굴의 여러 가지 원칙, 즉 충분한 발굴비와 시간, 발굴단의 조직, 철저한 발굴, 정확한 기록 및 보고서 작성 등을 제시했다.

이 시기에 페트리도 이집트에서 피라미드를 조사하고, 선사시대 분묘를 발굴하면서 역시 발굴의 원칙을 제시했고, 이를 편년하면서 계기연대법을 창안했다. 페트리의 편년방법은 거의 같은 시기에 사용된 몬텔리우스의 형식학적 방법에 비해 그 원리가 좀더 합리적인 것으로 현행의 편년연구에서도 많이 응용되고 있다.

이 장에서는 먼저 페트리의 약력을 간단히 살펴보고, 다음은 계기연대법의 내용, 편년원리 및 계기연대법에서 발전된 순서배열법에 대해서도 알아보고자 한다.

2. 페트리의 약력

페트리(Sir William Matthew Flinders Petrie, 1853~1942)는 영국 출신으로 아버지 페트리(William Petrie)와 어머니 플린더스(Anne Flinders) 사이에서 태어나 어려서부터 고고학에 남다른 관심을 가졌다. 자서전인 『고고학에 있어서 70년(*Seventy Years in Archaeology*)』(1931)에 의하면 그는 여덟살 때 와이트(Wight) 섬에서 나타난 로마시대의 마을을 보고 놀라면서 "땅은 그 속에 무엇이 있는지, 그리고 어떻게 놓여 있는지 1인치씩 벗겨나가야만 한다"고 단언하기도 했다. 그는 청년기에 이르기까지 영국 남부지방을 직접 조사했고, 그 결과가 『스톤헨지(*Stonehenge*)』(1880)에 발표되었다.

페트리와 그의 아버지는 천문학자인 스미스(C. P. Smyth)의 책인 『위대한 피라미드에서의 우리의 유산(*Our Inheritance in the Great Pyramid*)』(1864)에서 이집트 피라미드의 인치가 영국의 0.999인치에 해당된다는 주장에 흥미를 가졌다. 그래서 그는 1880년 이집트로 건너가 기자(Giza)의 피라미드를 가장 정확히 실측하고 조사했다.

1883년과 1886년 사이에는 이집트 조사기금(Egypt Exploration Fund, 후에는 이집트 조사협회가 됨)의 재정지원하에 이집트의 각지 유적 중 특히 선(先)왕조시대의 분묘 유적들을 발굴·조사했다. 이 과정에서 발굴의 기본원칙으로서 ① 발굴되는 기념물에 대한 주의와 장래의 고고학자를 위한 발굴유적의 보존, ② 발굴 시의 세심한 주의와 드러난 모든 유물의 채집 및 기록, ③ 모든 기념물과 발굴에 대한 정확한 도면 작성, ④ 조속한 시일 내의 보고서 완간 등을 설정하고, 더불어 유물의 과학적 분석을 시도했다. 이것은 그의 저서 『10년의 발굴(Ten Years' Digging)』 (1892)과 『고고학의 방법과 목적(Methods and Aims in Archaeology)』(1904)에 잘 기술되어 있다.

1891년 페트리는 미케네(Mycenae)의 유적을 일시 방문했는데, 그는 이집트 문화가 미케네에 영향을 주었다고 보았다. 그는 미케네의 이집트 유물이 대부분 이집트 18대 왕조의 유물이라고 보았고, 카훈(Kahun) 유적에서 에게(Aegean) 혹은 원시(proto) 그리스 토기가 20대 왕조의 것과 혼합된 것으로 보아, 에게문명은 기원전 2000년경, 후기 미케네문명은 기원전 1500~1000년경으로 비정했다. 이것은 당시 이 지역에 대한 획기적인 연대제시로서 비교고고학 분야에 있어서 가장 훌륭한 교차연대법으로 평가받게 되었다.

페트리의 대표적인 발굴은 1891~1892년에 엘 아마르나(el-Amarna)에서 행해졌는데 여기에서 채색한 보도(pavements), 파라오 아켄나톤 (pharaoh Akenaton)의 궁전 프레스코, 그리고 파라오와 경쟁하는 외국 군주 사이의 관계를 묘사한 유명한 엘 아마르나 서판(tablets) 등이 발견되었다.

한편 페트리는 1892년 런던의 유니버시티 칼리지(University College, 현재는 University of London)의 첫 이집트학 교수로 임명되어 1933년까지 재직했다. 그는 1894년부터 1899년까지 이집트 나쿠아다(Naqada), 디오

스폴리스 파르바(Diospolis Parva, 이를 'Hu'라고도 부름) 등의 선왕조시대 무덤을 집중적으로 발굴했고, 계기연대법을 창안하게 되었다(Petrie, 1901, 1904).

페트리(Sir W. M. F. Petrie)

페트리는 1923년 이집트 연구에 기여한 업적으로 영국왕실로부터 기사작위를 받았다. 그는 이집트에서 작업한 결과를 수많은 저서와 보고서로 출판했는데 이 중에서도 대표적인 저서가 『이집트의 형성(The Making of Egypt)』(1939)이다. 이집트가 영국으로부터 독립한 후 1926년에 문화재법을 엄격히 하여 발굴이 불가능하게 되자, 그는 남부 팔레스타인 지역으로 관심을 돌려 세 지점의 주요한 도시를 조사했고, 이를 이집트 역사와 비교하기도 했다. 그는 팔레스타인 지역에서 계속 활동하다가 89세를 일기로 세상을 떠나 예루살렘에 묻혔다(Daniel, 1975, 1981; Cottrell, 1971; Drower, 1985).

이상과 같이 페트리는 이집트 분묘의 발굴을 통해 발굴의 원칙을 제시하면서 이들 분묘 출토물을 정리·집대성하는 과정에서 계기연대법을 창안했고, 이집트의 유물을 이용하여 교차연대에 의해 그리스의 유적을 편년함으로써 비교고고학을 시작했으며, 유물의 과학적 분석의 기초를 닦는 등 근대고고학의 초석을 쌓았다. 그러나 페트리가 최초의 대규모 발굴의 지휘자임에 틀림없으나 피트-리버스에 비하면 발굴현장을 계속 지키는 끈기 있고, 빈틈없는 발굴자는 되지 못했다. 또한 페트리는 거의 모든 문화의 변화를 전 주민이나 일부 기술집단이 한 사회에서 다른 사회로 이동함에 따라 이루어졌다고 설명하고 있는데 이러한 해석은 전파론적 시각임이 지적되었다(Trigger, 1978: 66).

3. 계기연대법의 내용

계기연대법의 내용은 페트리가 이집트 선왕조시대(대략 B.C. 4000~2500)의 고분들을 편년했던 절차를 중심으로 알아볼 수 있다. 그런데 페트리가 제시한 계기연대법의 원자료를 충분히 볼 수 없기 때문에 다른 학자에 의해 기술된 단편적인 것을 참고할 수밖에 없다. 여기에서는 페트리의 계기연대법 속에 내재되어 있는 통계적인 개념을 분석해 낸 켄달(D. G. Kendall)의 글(1963)과 이를 우리나라에 처음 소개한 이희준의 글(1986a)을 중심으로 했고, 부족한 부분은 페트리의 글(Petrie, 1959)에서 보충했다.

페트리가 대상으로 한 유적은 1894~1899년간 나쿠아다(Naqada), 발라스(Ballas), 아바디야(Abadiyeh), 후(Hu) 등지(모두 북위 26°쯤의 나일 강변에 위치)에서 발굴된 4,000여 기 중 다섯 가지 변종 이상의 토기가 출토된 900기의 분묘이다.

그는 같은 기간에 같은 수의 분묘가 축조된 것으로 가정하여 18기씩의 분묘가 50개의 인위적 시간대에 각각 축조되었다고 보았고, 각 그룹에 31에서 80까지의 숫자를 붙였는데 이것이 곧 계기연대(sequence date: S.D.)이다. 이러한 계기연대에 있어서 숫자는 절대연대의 의미가 없으므로 일본고고학에서는 이를 가수연대라고 부른다(濱田耕作, 1922).

페트리는 분묘출토품 중 가장 다양한 유물인 토기류를 이용하여 이들 분묘의 상대편년을 시도했다. 먼저 기본적인 분류는 모든 토기를 9개의 종으로 나누었는데, B(black-topped, 흑색구연부), P(polished red, 단도마연), F(fancy forms, 특이형), C(white cross-lined, 백색교차선문), N(black incised, 흑색음각문), W(wavy-handled, 파상파수), D(decorated, 장식), R(rough-faced, 조면), L(late, 만기) 토기 등이다. 그리고 각 종을 각각 99개 이하의 형식(type)으로 나누어 각 종별로 숫자를 붙였으며, 일부 형식은 다시 세분하여(최대 여덟 가지) 변종(variety)을 설정, 소문자 a, b, c를 붙였다. 따라서 B6c라 하면 흑색구연부토기 제6형식 c변종을 지칭하게 된다. 이와 같이 토기를 840개의 변종으로 분류했다. 각 종별로 변종 수는 <표 1>과 같다.

<표 1>

종	B	P	F	C	N	W	D	R	L
변종	165	139	56	61	25	31	104	123	110

다음 길이 7인치인 900개의 종이띠를 각각 9칸으로 구획하여, 각 고분마다 칸 별로 출토된 해당 종의 변종 번호 6c, 2a 등을 기입함으로써 분묘별 토기자료를 코드화했으며, 이러한 종이띠를 가지고 상대편년을 위한 배열작업에 들어간다.

첫 단계에서는 가장 뚜렷한 변화를 보이는 W종 토기(<그림 1>의 왼쪽 끝줄)가 출토되는 고분의 배열이다. 페트리는 주관적으로 판단하여 점진적으로 퇴화되는 방향으로 변화한 것으로 생각했다. 즉 툭 튀어나온 선반형 손잡이가 달린 구형 모양의 토기에서 시작하여, 다음으로 세로로 보다 세장해지면서 손잡이도 퇴화하고, 다시 손잡이가 단지 파상선화하여, 끝내는 어깨에 아치 모양의 무늬가 연속되거나 단지 노끈 모양의 선이 음각된 세로로 긴 원통형이 된다는 것이다. 이러한 순서에 따라 같거나 비슷한 변종들을 공유하는 분묘들을 몇 개의 그룹으로 묶어 일차 배열한다.

그리고 이들 W종 토기 출토 그룹들은 이와 공반되는 L종 토기를 이용하여 세분된다. 즉 이른 그룹에서만 출토되는 L종 형식을 가진 분묘를 배열하고, 그 뒤에는 보다 새로운 L종 형식 출토 분묘를 배열해 나가는 것이다.

<그림 1>

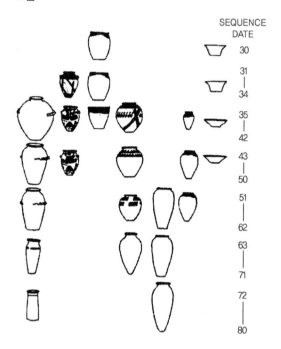

두 번째 단계에서는 W와 L종을 이용하여 대략 배열된 분묘 그룹들은 공반되는 B, P, R종 토기를 이용하여 같은 식으로 좀더 세분한다. 이 단계에서는 만약 원래의 축조순서대로라면 각종 토기의 변종들이 그 존속기간 동안 끊이지 않고 사용되어 무덤 속에서 부장되었을 것이므로, 연구대상의 분묘들을 시간순서로 배열한다는 것이다. 즉 원래의 무덤 축조순서를 흩트리면 각종 토기 변종들을 넓게 흩어놓게 될 것이므로 가능한 한 변종들의 분포범위(range)를 축소하는 쪽으로 배열함이 바람직하다는 것이다. 다시 말하면 편년단위인 분묘들을 배열했을 때 출토 토기의 각 형식이 가능한 한 끊이지 않고 이어지도록 배열한다는 것으로서, 이를 연속분포 배열원리(켄달은 집중원리라고 부름)라 할 수 있다.

세 번째 단계에서는 W종이 없는 경우, L종 토기를 근거로 그룹에 편입시킨다. 즉 L종 토기의 모든 변종들이 W종 토기 출토 분묘에서 발견되는데, L종 토기가 왕조시대에 발견되는 토기와 연결되는 토기임이 알려져 있으므로 L종의 존속기간은 선왕조시대 바로 끝부분까지 이어지며, W종 토기도 마찬가지이다(S.D. 80으로 연결됨). 또 모든 L변종은 W종 토기 존속기간의 처음과 같든지 약간 늦은 시점에서 시작되는 것이므로, L종은 있으나 W종은 없는 분묘들은 L종 토기들을 기준으로 W종 출토 각 분묘의 그룹들에 편입시킬 수 있다.

네 번째 단계에서는 W종 혹은 L종보다 이른 토기를 찾아본다. 즉 W종 혹은 L종을 가진 분묘들은 잠정적으로 그룹을 지어 배열된 상태이나 기타 수백 기의 분묘는 미정이다. 이들을 배열하기 위하여, 우선 각 분묘가 B, P, R 토기의 변종을 몇 개나 출토하느냐에 따라 0(없는 것), 1, 2, 3, 4, 5, 6(이상 포함) 등 7개 그룹으로 나누었는데, 앞에서 본 대로 이들 B, P, R 토기는 W종 출토 분묘들에서도 공반된다. 그런데 페트리는 여기서 또 다른 C종 토기가 이들과 어떠한 수로 공반되는지 관찰한 결과 평균 1/4, 1/16, 1/25, 0, 0, 0, 0의 순서로 차차 작아지면서 각 그룹들과 공반됨이 드러났다.

<표 2>

그룹	A	B	C	D	E	F	G
B, P, R 종	0	1	2	3	4	5	6
C종(평균)	1/4	1/16	1/25	0	0	0	0

페트리는 이 7개 그룹 중 앞의 세 그룹에 C종 토기가 편중된 것을 보고, C종 토기가 선왕조시대 처음부터 출현하여 W종 토기 존속기간

의 시작 훨씬 전까지 존속한 것으로 판단했다(그런데 C의 존속기간이 선왕조시대 처음부터인 것으로 생각한 근거는 분명하지 않다). 따라서 C토기와 W토기는 존속기간이 겹치지 않으면서 각기 분묘축조 전 시기의 첫 부분과 나머지 부분을 형성하는 것으로 된다.

다섯 번째 단계에서는 아직 배열되지 않은 분묘들의 토기자료들을 W기간 및 C기간에 성행했던 토기 변종과 비교하여 해당 분묘를 배열한다. 즉 <표 3>에서와 같이 W(g)는 임의의 분묘 g의 W기간과 관련된 토기 B, R, P의 변종 수이고, C(g)는 동 분묘의 C기간과 관련된 B, P, R의 변종 수를 W(g) 값에 대비하여 평균한 값이다.

<표 3>

W(g) 값	0	1	2	3	4	≥5
C(g) 값	2.0	1.2	0.67	0.25	0.1	0.1

이와 같이 늦은 시기인 W기간 분묘출토의 변종이 많이 나올수록 그 분묘는 늦은 것이고 반대로 이른 시기인 C기간 변종이 많을수록 이를 것이라는 가정하에 W도 L도 출토 안 되는 분묘를 배열했다. 즉 각 분묘의 W(g) 및 C(g) 값을 비교하여 C(g) 값이 크고 W(g) 값이 작을수록 이른 쪽에, 그리고 W(g) 값이 크고 C(g) 값이 작을수록 늦은 쪽에 배열하여 만약 두 값이 상충되는 분묘가 있으면 이른 쪽에서는 C(g) 값, 늦은 쪽에서는 W(g) 값을 기준으로 배열한다. 이것은 C기간에 성행했던 B, P, R의 변종이 성행하다 점차 사라져 가는데 W기간에는 다른 B, P, R의 변종이 출현하여 이를 대체하면서 점차 유행하는 것으로 상정하고 있다. 물론 이 배열 원칙은 C기간 소속 분묘 자체의 배열에는 도움이 안 되므로 다시 앞에서 언급한 연속분포 배열원칙(혹은 집중원리)

에 의거하여 C종 출토 분묘들을 배열했다.

여섯 번째 단계는 아직까지 이용하지 못한 D, F, N 종 토기를 사용한다. 즉 D종 토기 출토 분묘들이 이 시점에서 이미 공반되는 다른 토기들을 기준으로 잠정적으로 배열되어 있는 상태이므로 가능한 한 기존의 주요한 배열을 흩트리지 않는 범위 내에서 D종 토기에도 연속분포원칙을 적용하여 배열했다.

이 단계까지 약 700기가 배열되었으므로 나머지 200기(F 혹은 N 토기만 출토되는지 아니면 B, P, R 등 다른 토기도 공반되는지 불명이나 후자라고 생각되는 분묘)를 기존 배열 내에 삽입하는데, 그 일반적 원칙은 해당 분묘의 변종들이 모두 종별로 동시에 기존 배열상의 각 변종 최초 출현 후 및 최후 출현 전(즉 각 종의 존속기간 내)에 위치하도록(즉 연속분포원칙에 따르도록) 종이띠를 삽입하는 것으로, 상충되는 경우가 있으면 적절히 타협점을 찾아 배열한다.

일곱 번째 단계에서는 이상의 배열을 좀더 세부적으로 개선하는 작업을 한다. 44기의 C토기 출토 분묘 이외에도 C종 토기가 출토되지 않으면서 D 및 W 종 토기 출토 분묘보다 이른 시기(C토기군보다는 늦게)의 148기의 분묘들이 있다. 이들이 C종 토기를 출토하지 않는 것이 우연이어서 실제로는 C군 속으로 편입시켜야 할지 혹은 그대로 두어야 할지 결정하는 데에는 페트리가 다소 독창적인 논의를 폈다. 만약 이 순서대로가 맞는다면 이들 C군과 후(post)-C군의 각 분포별로 기타 토기들(B, P 등)의 새로운 변종이 출현하는 빈도가 대체로 같다는 것이다.

그런데 각 군의 분묘별로 평균한 새로운 변종 수를 조사해 보니 <표 4>와 같이 나타나는데, 이들 중 후-C군 중 일부가 C군 속으로 편입되어야 한다고 판단했다(그러나 이들을 C군보다 앞에 놓아야 할지도 모르는 것이다). 따라서 그 절차는 불분명하나 후-C군 중 40여 개 분묘를 C군으로 이동시켰다.

<표 4>

토기 종 그룹	B	P	F	D	R
C기간	1.30	0.59	0.07	0.07	0.14
후-C기간	0.26	0.19	0.05	0.03	0.28

　마지막 단계는 세부적인 조정을 하는 단계로 앞에서 언급된 연속분포 배열원칙(혹은 집중원리)을 활용한다. 각 형태의 변화과정에 관해서 "예술적이고 주관적인 검토(artistic and subjective review)를 했으나 보다 확실한 사실인 경우에는 이 검토를 하지 않았다"라고 페트리는 덧붙였다.

　이렇게 하여 900개 종이띠를 각 군별(50개 군)로 18개씩 나누고 배열을 완료한 결과가 <그림 2>로 나타난다.

　여기서 31부터 시작한 것은 이들 분묘보다 이른 시기의 분묘가 발견될 때 30 이전의 숫자를 붙이기 위한 것이고 81 이후는 늦은 시기를 위한 것으로서, 숫자 자체는 아무런 상대연대적 의미가 없다. 다만 30은 31로 시작되는 C(백색교차선문)토기 출토 분묘보다 분명히 이르다고 생각되는 B(흑색구연)토기만 출토되는 분묘를 표시할 뿐이다. 그리고 토기의 경우에도 종 또는 변종 별로 그 존속기간이 계기연대폭으로 표시될 수 있다. 예를 들면 L토기는 35~80이고, C토기는 31~40이다. 따라서 이러한 계기연대는 고분의 상대편년뿐만 아니라 토기의 상호비교 등에서도 유용하게 쓰일 수 있다.

4. 계기연대법의 편년원리와 순서배열법

　이상에서 계기연대법의 실제 적용과정을 살펴보았다. 이 방법은 당

<그림 2>

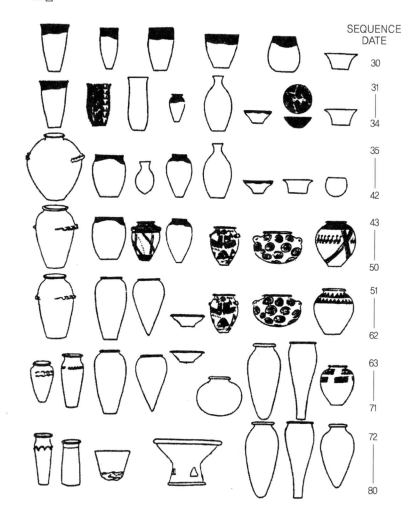

시에 새로이 창안된 편년법으로서 몇 가지 특징을 가지고 있다.

첫째, 계기연대법이 토기자료를 대상으로 적용되었다는 점이다. 이것은 비슷한 시기에 스웨덴의 몬텔리우스(Montelius)에 의해 창안된 형식학적 방법(typological method)이 북구의 청동기를 주 대상으로 했던 것 (최성락, 1984)과 대비된다. 이는 오늘날 대부분의 편년연구가 토기를 중심으로 하고 있음을 염두에 둔다면 페트리가 일반적인 토기자료(특히 채색되지 않은 토기)를 편년에 이용한 점은 커다란 업적으로 평가해야 할 것이다(Daniel, 1975: 175~176).

둘째, 페트리가 당시의 편년 관행인 분기법, 즉 톰센의 삼시대법에서 출발된 시기 구분법을 배격했다는 점이다. 즉 고고학 자료를 전·중·후기 등으로 나누고 임의의 기준에 의거하여 고고학적 자료를 배치하는 종래의 방법을 부정하고, 고분을 직접 편년한 후에 시간의 흐름에 따라 고분 사이에 어떠한 구분이 가능한지를 검토하여 시기를 구분하고 있다.

셋째, 계기연대법은 고고학에서 통계적 분석의 시초라는 점이다. 이는 켄달에 의해 구체적으로 논증되었는데, 그는 이 방법 속에 확률적인 성격이 내재해 있음을 지적한 바 있다(Kendall, 1963). 통계학은 20세기 중반에 가서야 고고학적 자료의 분석적 연구에 본격적으로 도입된다는 점을 감안한다면 계기연대법의 창안은 대단히 선구적인 작업임에 틀림 없다(최성락, 1987).

다음은 계기연대법의 편년원리를 알아봄으로써 계기연대법의 실체를 파악해 보고, 이 방법으로부터 발전된 순서배열법을 살펴보고자 한다. 페트리의 계기연대법 자체를 분석해 보면 세 가지 기본원리, 즉 진화론적 유물변천의 원리, 연속분포의 원리, 그리고 빈도변천의 원리 등에 의거하여 편년하고 있음을 알 수 있다(Rouse, 1967; 이희준, 1986a).

첫째는 진화론적 유물변천의 원리이다. 이는 편년작업의 제1단계에서 W종(파상파수) 토기 출토 분묘 자체를 편년하는 데 그 변종의 형태 및 양식상 변화를 근거로 신고(新古)를 정했던 데서 찾을 수 있다. 이것은 당시의 진화론적 개념을 유물에 적용한, 말하자면 유물의 진화론적 변천 원리라 할 수 있다. 이는 앞에서 언급된 형식학적 방법(形式學的

方法)과 유사한 바가 많고, 오늘날의 편년작업에서도 널리 이용하고 있는 것이다. 이 원리는 사실상 계기연대법의 근간을 이루는데, 이 점은 여기에서 발전된 순서배열법과 크게 다른 점이다.

이 시기에 페트리를 비롯한 여러 학자들의 노력에 의해 선사고고학이 확립되어 고전고고학과 결별했지만, 아직도 그들의 사고 속에는 예물품의 양식변천을 추구하는 미술사적 개념이 당시의 진화론적 개념과 혼재하고 있었던 것으로 추정된다. 그것은 앞의 "예술적이고 주관적인 검토" 등의 표현에서 단적으로 드러나며, 이 요소가 바로 계기연대법의 큰 약점이라 할 수 있다.

둘째는 연속분포의 원리이다. 즉 고분군을 편년하는 데 있어서 원래의 축조순서일 때 그 출토유물이 종별로 연속되면서 각각 가장 짧은 존속기간을 가지며 나타나도록 배열한다는 것이다. 진화론적 변천 원리에 의한 배열이 종(class) 내에 적용되는 데 비해, 이 원리는 종 자체뿐 아니라 전 종에 걸쳐 적용된다. 그리고 페트리가 명시하고 있지는 않지만, 이 원리와 관련하여 편년의 전제로서 인식하고 있었던 점은 각 종이 서로 겹치는 존속기간을 가지면서 사용되었을 것이라는 점이다. 사실 이것은 분기 또는 소기 분할법을 달갑지 않게 여기던 페트리가 편년작업 시 당연히 상정할 수밖에 없는 전제이다.

바로 이 원리가 발생순서배열법(occurrence seriation)의 모형을 이루는데, 페트리의 계기연대법에서는 실제 편년작업 시 진화론적 유물변천 원리와 결부되어 적용되었기 때문에 오늘날의 발생순서배열과는 다른 양상을 띤다. 이것을 도식화하면 <표 5>와 같다. 이와 같이 같은 토기(W) 내에서는 변종 1a, 1b, 2a와 같이 진화론적 변천 원리를 적용하여 배열하고, 종들 사이에는 연속분포 원리를 적용한 것이다. 반면에 발생순서배열에서는 각 종(혹은 속성)이 발생 후 지속적으로 사용되었다는 점을 표시하는 것이다(<그림 7> 참조).

<표 5>

고분 \ 토기	W	B	P	R
1	1a			
2	1b		11a	
3	2a	23b	11b	
4	2b	23c	12a	31c
5	3b	24a		31a
6		24b		32b
7				32c

셋째는 빈도변천 원리이다. 이 원리는 앞의 두 원리보다 훨씬 덜 명시적이고 부분적으로만 적용되고 있다. 어떤 유물이 최초 출현 후 차차 유행도가 더해져서 최고조에 달했다가 다시 쇠퇴하여 사라진다는 일종의 빈도법칙을 원초적으로 이용한 것인데, 여기서도 각 형식이 겹치면서 유행한다는 점을 전제로 상정한다. 페트리가 빈도변천 원리를 응용했던 것은 그가 아마도 고고학 자료의 확률적 성격을 이미 인식했던 듯하다.

빈도변천 원리는 더욱 발전하여 빈도순서배열법(frequency seriation) 모형을 낳게 되고, 갖가지 통계적 기법을 적용하는 순서배열법도 등장했다. 다만 페트리가 빈도변천 원리를 연속분포 원리와 섞어서 부분적으로 사용했던 것과는 달리, 빈도순서배열 모형은 빈도변천 원리만을 근간으로 독립적인 편년방법으로 성립했다.

이상의 세 가지 원리가 상정하고 있는 유물변천 모형을 요약하면 <그림 3>과 같다(Rouse, 1967: 181).

여기서 A는 연속분포 원리, 그리고 B는 빈도변천 원리, 그리고 C는 진화론적 유물변천 원리에 해당된다.

<그림 3>

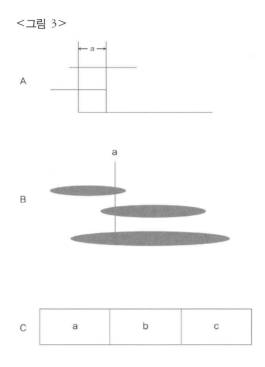

A에서 각 선은 형식(페트리의 경우 토기 종)별로 존속기간, 즉 시간적 분포범위를 나타내며, B의 렌즈모양은 각 형식의 유행도 변천을 의미하고, C는 각 형식(페트리의 경우는 종 내의 각 토기 변종)이 a, b, c의 순으로 단계적 발전을 하는 것을 나타낸다. 그리고 A, B의 a는 임의의 시점을 의미한다. 따라서 A와 B는 순서배열법의 원리와 통하고, C는 형식학적 방법과 공통점이 있으므로 계기연대법은 형식학적 방법보다는 한 단계 개선된 고고학적 방법임을 알 수 있다.

이러한 계기연대법이 유럽에서 널리 받아들여지지 않았던 것은 아마도 유럽고고학 자료가 이집트 자료와는 달랐기 때문이기도 하지만, 이 방법을 제대로 이해하지 못했기 때문인 듯하다. 대표적으로 다니엘(G. Daniel)은 계기연대법이 형식학적 방법의 겉치장만 바꾼 것이라고 지적했다(Daniel, 1975: 177). 그러나 그 후 다니엘도 이것이 비록 유럽에서 사용되지 못했으나 놀랍고 흥미 있는 방법임을 인정하고 있다(Daniel, 1981: 118~119).

계기연대법이 상대연대결정법의 발전과정에서 지니는 가장 큰 의의는 진화론적 유물변천 원리 외에 연속분포 원리 및 빈도변천 원리를 포괄하고 있어서 후에 순서배열법의 두 가지 모형을 탄생시킨 데 있다. 즉 페트리의 계기연대법은 그 후 신대륙으로 건너가서 방법론적으로 세련되고 체계화된 순서배열법으로 발전되어 오늘날 상대연대결정법 중의 하나로 자리 잡았다.

페트리의 계기연대법은 미국 인류학의 아버지인 프란츠 보아스(Franz Boas)에 의해 소개되었고, 크로버(A. Kroeber)가 보다 세련화시켜 쥬니 인디언 유적 표면채집물(주로 토기편)의 빈도순서배열을 시도하게 된다. 하나의 예로는 다츠(J. Deetz) 등이 식민지시대 미국 뉴잉글랜드 지방 보스턴 부근에 있는 연도가 적혀 있는 묘비(墓碑)를 대상으로 한 연구인데, 묘비의 세 가지 형식의 의장이 시간의 흐름에 따라 전함(戰艦) 형태로 나타났다(<그림 4> 참조).

순서배열이라는 용어는 크로버의 동료인 스피어(L. Spier)가 정리했다. 그 후 포드(James Ford)에 의해 빈도순서배열이 광범위하게 적용되었다가 1960년대에 그래프 식 순서배열법이 확립되었다(<그림 5> 참조).

이 배열방법에서 종이띠를 사용하는 것은 앞에서 살펴본 바와 같이 페트리가 계기연대법 적용 시에 썼던 것을 상기시키지만, 각 편년단위(분묘)별로 출토유물 형식별 비율을 표시하여 빈도 비교만을 하는 점에서 근본적으로 다른 것을 알 수 있다. 또 하나의 모형이 되는 발생순서배열은 뎀씨와 바움호프(Dempsy and Baumhoff)에 의해 연구되었다. 그리고 라우스(Rouse)와 던넬(Dunnell) 등에 의해 더욱 체계화되었다(이희준, 1983, 1986b).

<그림 4>

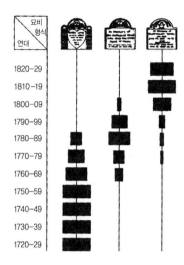

<그림 5>

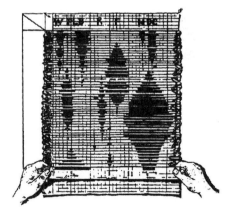

이와 같이 순서배열법에는 두 가지 모형이 있다. 하나는 각 편년단위들이 가진 속성 또는 형식의 존재여부를 비교하는 발생(occurrence)순서배열법이고, 다른 하나는 각 편년단위들이 가진 여러 속성 또는 형식의 구성빈도를 기준으로 배열하는 빈도(frequency)순서배열법이다.

먼저 발생순서배열법의 원리는 편년단위들을 배열했을 때 각 편년단위가 가진 편년적으로 의미 있는 속성 또는 형식들이 분포상 연속적이 되도록 하는 것이다. 이를 도표로 나타내면 <그림 6>의 상태에서 <그림 7>로 배열하게 되는데 이 결과가 상대편년이 될 수 있다.

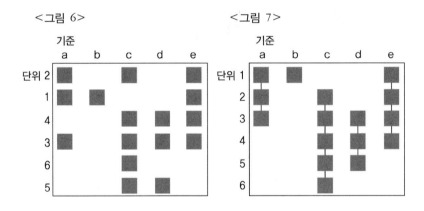

이러한 <그림 7>의 모형을 행렬(行列)로 표시하면 <그림 8>과 같은데 여기에서 1은 해당 편년단위에 속한다. 또 통계적 기법을 써서 배열할 때에는 임의의 두 단위 간에 1 또는 0이 공통되는 정도가 많을수록 가까이 놓는 식으로 배열하게 된다.

다음 빈도순서배열법은 발생순서배열법의 각 속성(형식) 연속분포상태 원리 외에 단위별 각 속성(형식) 구성빈도가 시간의 흐름에 따라 전함 형태로 단순하게 증감되도록 배열하는 원리를 가진다. 그림으로 나타내

<그림 8>

기준	a	b	c	d	e
단위 1	1	1	0	0	1
2	1	0	1	0	1
3	1	0	1	1	1
4	0	0	1	1	1
5	0	0	1	1	0
6	0	0	1	0	0

면 <그림 9>에서 <그림 10>과 같이 모형에 부합되도록 배열하는 것이다. 물론 여기서 각 단위는 기준 속성(형식)의 구성빈도로 표시된다.

<그림 9>

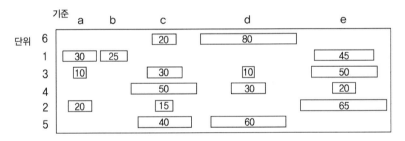

<그림 10>

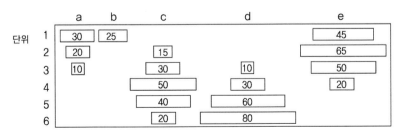

그런데 여러 속성들이 <그림 10>과 같이 이상적인 모형에 부합되도록 배열되었다 하더라도 위쪽 또는 아래쪽 중 어느 것이 이르고 늦은 지를 자체적으로 알 수 없는 것이 순서배열법의 한계이다. 이 경우에 고고학자는 층서적인 근거 등에 의존하게 되는데 이 점에서도 순서배열법은 형식학적 방법과 다르다.

이와 같이 계기연대법에서 출발했으나 방법론의 체계가 확립된 순서배열법은 편년단위와 편년기준을 명확히 설정하고 명시적인 절차를 거쳐 편년작업이 진행되기 때문에 층서법과 함께 가장 믿을 만한 상대연대결정법의 하나로 평가될 수 있다.

5. 맺음말

이상에서 페트리의 계기연대법의 적용 절차와 그 기본원리를 살펴보았고, 이 방법의 편년원리 및 이 방법에서 발전된 순서배열법도 알아보았다. 이러한 편년원리들은 사실상 오늘날의 편년에 있어서도 일부 응용되고 있다.

페트리의 계기연대법은 몬텔리우스의 형식학적 방법과 같이 19세기 말에 등장한 고고학적 방법이다. 계기연대법은 형식학적 방법에 비해 연속분포의 원리나 빈도변천의 원리가 포함되어 있어 한층 발전적인 방법으로 평가되고 있다. 또한 이 방법은 고고학에서 통계적인 분석의 시초가 되기도 한다.

이러한 계기연대법은 한국고고학의 편년연구에도 참고가 될 것으로 생각된다. 한국고고학에서 종래의 편년연구는 유물의 신고(新古) 형식의 설정에 지나치게 치중하고 있어 어떤 객관적인 절차에 의해 제시되고 있지 못하다. 이와 같이 오늘날의 편년작업이 오히려 페트리의 경우

보다 더 불분명하고 비체계적으로 진행되고 있지 않은가 우려된다. 고고학의 편년작업에 앞서서 페트리의 계기연대법과 같은 과거의 방법론을 한번쯤 검토해 보는 것도 유익할 것이다.

그런데 계기연대법은 형식학적 방법과 달리 유럽고고학에서는 널리 사용되지 못했고, 신대륙으로 건너가 순서배열법으로 발전되었으며 오늘날까지도 사용되는 상대연대결정법 중의 하나가 되었다. 이러한 순서배열법이 오히려 계기연대법보다도 먼저 우리나라에 소개된 점은 한번쯤 음미해 볼 만한 문제이다. 순서배열법은 안계리고분군의 편년(이희준, 1983)에 처음 적용되었고, 그 개념이 일부 편년작업에 이용되고 있다(부산대박물관, 1989).

참고문헌

부산대박물관. 1989. 『늑도주거지』.

이희준. 1983. 「형식학적 방법의 문제점과 순서배열법(seriation)의 검토」. ≪한국고고학보≫, 14·15. 133~166쪽.

_____. 1986a. 「페트리 계기연대법(sequence dating)의 편년원리 고찰」. ≪영남고고학≫, 1.

_____. 1986b. 「상대연대결정법의 종합적 고찰」. ≪영남고고학≫, 2.

최성락. 1984. 「한국고고학에 있어서 형식학적 방법의 검토」. ≪한국고고학보≫, 16. 1~28쪽.

濱田耕作. 1922. 『通論考古學』. 大鐙閣.

Cottrell, L(ed.). 1971. *The Concise Encyclopedia of Archaeology*, 2nd ed. Hawthorn Books. pp.294~297,

Daniel, G. 1975. *A Hundred and Fifty Years of Archaeology*. Harvard University Press. pp.122~151.

_____(ed.). 1978. *The Illustrated Encyclopedia of Archaeology*. Macmillan.

_____. 1981. *A Short History of Archaeology*. Thame and Hudson.

Drower, M. S. 1985. *Flinders Petrie: A Life in Archaeology*.

Ford, J. A. 1962. *A Quantitative Method for Deriving Cultural Chronology*. Pan American Union. Technical Manual, 1.

Kendall, D. G. 1963, "A Statistical Approach to Flinders Petrie's Sequence Dating." Bull. Int. Statist. Inst. 40, pp.657~681.

Petrie, F. 1899. "Sequences in Prehistoric Remains." *Journal of the Anthropological Institute of Great Britain and Ireland*, 29(N.S. Ⅱ), pp.295~301.

_____. 1901. *Diospolis Parva*. Egypt Exploration Fund.

_____. 1904. *Methods and Aims in Archaeology*. Macmillian.

_____. 1931. *Seventy Years in Archaeology*.

_____. 1939. *The Making of Egypt*. Sheldon.

_____. 1959. "Sequence Dating Egyptian Tombs." in R. F. Heizer(ed.). *The Archaeologist at Work*. Harper & Brothers. pp.376~383.

Rouse, I. 1967. "Seriation in Archaeology." in C. L. Riley and W. W. Taylor(eds.). *American Historical Anthropology*. Essays in Honor of Leslie Spier. Southern

Illinois University Press. pp.153~195.

Trigger, B. G. 1978. *Time and Tradition*. Columbia University Press.

추천문헌

이희준. 1986a. 「페트리 계기연대법(sequence dating)의 편년원리 고찰」. ≪영
    남고고학≫, 1.

_____. 1986b. 「상대연대결정법의 종합적 고찰」. ≪영남고고학≫, 2.

Kendall, D. G. 1963, "A Statistical Approach to Flinders Petrie's Sequence
    Dating." Bull. Int. Statist. Inst. 40, pp.657~681.

Petrie, F. 1959. "Sequence Dating Egyptian Tombs." in R. F. Heizer(ed.). *The
    Archaeologist at Work*. Harper & Brothers. pp.376~383.

제6장_ 차일드와 신석기혁명

| 최몽룡 |

1. 차일드의 생애와 주요 업적

금세기 최고의 고고학자 가운데 한 사람으로 꼽히는 차일드(Vere Gordon Childe, 1892~1957)는 1892년 오스트레일리아의 시드니에서 목사의 아들로 태어났다. 차일드는 시드니 대학에서 고고학을 공부하면서 사회주의를 접했다. 옥스퍼드 대학에서 공부를 계속하다가 1916년에 오스트레일리아로 귀국하여 1921년까지 좌익 정치활동을 벌이기도 했다. 차일드는 오스트레일리아 동남부 뉴 사우스 웨일즈(New South Wales) 주(州) 수상의 개인비서를 지낸 후 정치에 회의를 느끼고 다시 고고학에 전념했다. 1927년 영국 에든버러 대학의 선사고고학 에버크롬비(Ebercromby) 석좌교수로 임명된 뒤, 1928년부터 1930년까지 오크니(Orkney) 스카라 브레(Skara Brae)의 석기시대 집자리 발굴을 하기도 했다. 외국어에 능통했던 차일드는 유럽 전역의 고고학 발굴자료를 접하고 이를 종합했는데, 1925년에 발표한 『유럽 문명의 여명(The Dawn of European Civilization)』은 유럽의 선사시대를 청동기시대까지 연구한 역작이었고, 『선사시대의 다누브(The Danube in Prehistory)』(1928)는 그때까지 큰 주목을 받지 못했던 지역에 관한 일종의 지역연구였다. 차일드는 1946년부터 1956년까지

런던 대학의 선사고고학 교수 겸 고고
학연구소 소장으로 재직했다.

한편 1936년 하버드 대학 개교 300
주년 축제 때 세계에서 가장 유명한 60
명의 학자들이 축사를 위해 초청되었는
데, 차일드는 이 행사 때 선사고고학을
대표하여 강연을 하기도 했다. 그는 펜
실베이니아 대학(1937)과 모교인 시드

차일드(V. G. Childe)

니 대학(1957)에서 명예박사 학위를 받았으며, 1937년에는 캘리포니아
대학 객원교수, 1940년에는 영국 학술원 회원으로 피선되는 등 여러
가지 명예로운 직함을 소유하기도 했다. 차일드는 64세 되던 해에 학계
에서 은퇴한 뒤, 영국을 떠나 35년 만에 고향 오스트레일리아로 돌아왔
으나 다음 해인 1957년 블루 산(Blue Mountains)을 등반하던 도중 1,000
피트 절벽 아래로 떨어져 생애를 마쳤다.

차일드는 60세에 이르러서는 모든 방법론을 종합하여 자신이 지금까
지 해온 작업을 마무리 짓기 시작했다. 그 무렵에 『과거에로의 탐구
(*Piecing Together the Past*)』(1956)를 포함한 여러 권의 저서를 집필했는데,
이는 그가 유럽고고학의 자료를 해석해 오던 원칙들을 요약한 것이라
고 할 수 있다. 또 이 시기에 그는 평생을 몸바쳐온 고고학 연구에 대한
여러 편의 비평적인 논문을 쓰기도 했으며, 일반 대중을 위한 고고학
개설서들도 집필했다.

차일드는 생전에, 또 사후인 지금도 항상 논란의 대상이 되어왔는데,
그 대부분은 그가 마르크시스트였다는 사실에서 기인한 것이었다. 차
일드는 그의 저서에서 주로 스코틀랜드, 영국, 유럽, 근동(유럽에 비교적
가까운 동양 여러 나라의 총칭으로 이집트, 이라크, 터키, 시리아, 이스라엘 등
을 가리킴) 지방의 선사시대를 짜맞추어 놓았으며, 다른 한편으로는 문

화의 진화, 고고학적 추론 그리고 고고학적인 발견물들에 관한 기록을
남겼다. 그의 방대한 저술로 미루어볼 때 차일드는 남들이 이룩한 발굴
업적들을 연구실에서 이리저리 짜맞추는 '안락의자 고고학자'라고 부
를 수 있다.

그는 발굴에 참가하는 것을 좋아하지는 않았지만, 스카라 브레 발굴
을 비롯해 스코틀랜드에서 여러 계절 동안 발굴에 참여하여 동료학자
들과 함께 발굴보고서를 공동집필하기도 했다(Childe, 1931). 그의 관심
의 폭과 참신한 아이디어는 그의 저술에서 보이는 다양한 해석의 원동
력이 되었다. 그리고 이러한 그의 잠재능력은 사후 50년이 지난 오늘날
에도 여러 사람들에게 그의 아이디어를 다시금 생각하게 하고, 또 논의
를 거듭하게 하는 요인으로 작용한다. 차일드처럼 방대한 저술을 남긴
이의 아이디어는 체계적으로 분류·정리될 필요가 있다. 고고학자인 트
리거(B. Trigger)는 차일드에 대해서 다음과 같이 이야기하고 있다.

　차일드는 분명히 자신의 아이디어를 모두 똑같이 신중하게 취급하지
　는 않았다. 어떤 것에는 열중하고, 다른 것들에는 그 중요성에 따라 적당
　히 처리했으며, 또 어떤 것들은 농담처럼, 또는 일시적인 기분으로 언급
　했다. 그러나 오늘날까지 고고학자들은 그의 아이디어들이 그런 여러
　범주에 속한다는 사실조차에도 동의할 수 없다고 말한다(Rathje and
　Schiffer, 1982: 248).

2. 전파론의 등장과 차일드의 위치

차일드는 거의 30여 년 동안 유럽 선사고고학계에서 주도적인 위치
를 차지하고 있었는데, 그는 전파론(diffusionism)에 입각하여 자신의 이

론을 발전시켰다. 전파론에서는 선사시대 유럽에 나타난 모든 중요한 발전의 요인을 근동으로부터 — 민족의 이주이든 혹은 아이디어가 전달되는 것이든 — 찾고 있다. 이 주제에 관해서 차일드는 여러 편의 저서를 남겼는데, 가장 대표적인 것으로 『선사시대의 다누브』(1929)와 『유럽 문명의 여명』(1925, 1957)을 들 수 있다. 차일드는 또한 근동 지방의 선사시대를 연구했는데, 『고대 근동(*The Most Ancient East*)』(1928) 및 그 후속판인 『고대 근동에 대한 새로운 조명(*New Light on the Most Ancient East*)』(1934)에서 그는 수렵·채집경제에서 농업경제로의 전환이 가지고 있는 중요성을 강조했다. 그는 이 과정을 '신석기혁명'으로 불렀으며, 그 후에 일어난 문명의 발생을 '2차' 또는 '도시혁명'이라고 명명했다.

여기서 전파론이라는 이론적 체계가 유럽고고학계에 등장하게 된 배경에 대해서 한번 살펴볼 필요가 있다. 19세기 후반에 들면서 도로, 철도, 공장 등이 대대적으로 건설되면서 수많은 유적들이 발견·발굴되어 고고학 자료가 양적으로 크게 증가하게 되었다. 또한 각 국가마다 고고학박물관, 고고학연구소 등이 설립되었으며 대학에서는 고고학이라는 정규과목이 개설되었다. 한편 이 시기에 와서 문화진화론이라는 이론적 틀은 도전을 받기 시작했다. 즉 전 유럽에 걸쳐 민족주의가 크게 일어났고, 사회경제 부분에 나타난 위기로 기술이 가져다주는 진보에 대한 회의가 생겨난 것이다. 중산층의 정치력은 새롭게 부상하는 노동자 세력에 의해 위협을 받기 시작했고, 이것은 사회 전체에서 반진보주의, 보수화 경향으로 나타났다. 이러한 국가 내부의 문제를 밖으로 돌리기 위해 민족적 단일성, 단결 등이 강조되었고, 민족들 사이에는 어떤 차이가 존재한다고 주장되었다. 다시 말해서 한 민족은 계급과 계층에 상관없이 하나의 공통된 생물적 유전자에 의해 통일된다고 생각했다. 따라서 역사연구에서도 바로 이 민족성(ethnicity)이 가장 중요한 주제로 떠올랐다. 고고학자들의 관심은 거석유적, 성채, 고분 등에서 유물 자체로 옮겨가기 시작했다. 즉 '누가 이 유물들을 사용했는가?', '우리들의 조상들은 어떻게 살았는가?' 등이 중요한 문제로 취급되기 시작한 것이다. 고고학자들은 특정 유물의 분포를 조사하여 이들을 역사상의 특정 집단에 귀속시키려고 시도했다. 그런데 이러한 시도는 애매한 구석기시대보다는 신석기 및 이후의 시대에 집중적으로 국한되었다. 즉 고고학자들의 관심은 문화발달의 일반적인 측면에서 특정 민족의 특수한 양상을 추구하는 것으로 바뀌었다(Trigger, 1989).

이 시대에 일어난 진보에 대한 회의는 곧 인간이 가지는 창의력에 대한 회의로 연결되었다. 인간은 본래 안정적인 상태를 추구하며, 변화는 인간의 본성에 반하는 것이라고 보았다. 따라서 특정한 발명은 단한 번만 일어난다고 생각하게 되었고, 문화의 변화는 집단의 이주 또는 아이디어의 전파로 설명되었다. 스미스(G. E. Smith, 1871~1937)는 이러한 전파론적 시각을 수용하여 세계의 모든 발명(농경, 건축기술, 종교, 정치체제 등)은 이집트에서 일어난 후 이집트의 상인들에 의해 다른 지역으로 전파되었다고 주장했다. 또한 그는 마야(Maya)의 경우를 예로 들어 이집트와의 교류가 끊기면서 그 문화가 쇠퇴하기 시작했다고 설명했다. 이러한 극단적인 전파론(hyper-diffusionism)은 고고학 자료가 증가함에 따라 1920년대에 와서 서서히 퇴조하게 되었지만, 19세기 말 이래로 발달해 온 전파론의 분위기 속에서 인간이 갖고 있는 혁신의 능력은 제한적이라고 계속 믿게 되었다. 청동기, 토기 등을 비롯한 기초적인 발견도 두 번 일어나지 않았다고 생각했으며, 이러한 신기술은 분명히 다른 지역에서 전파되어 온 것이라고 믿었다.

전파론과 관련하여 스웨덴의 고고학자 몬텔리우스(Montelius)를 반드시 언급해야 할 것이다. 그는 유럽 선사시대의 연구에 관해서 많은 업적을 남겼는데, 형식학적 방법으로 유럽 각 지역의 유물들을 비교·분석하여 지역편년을 수립했다. 그는 먼저 스칸디나비아의 선사시대 연구

에서 출발했는데, 신석기시대를 4시기로, 청동기시대는 5시기로 구분
했다(이 시기구분은 현재까지도 유효하다). 나중에 그는 이 시기구분을 약
간 변형시켜서 유럽의 다른 지역에 적용시켰다. 유럽 선사시대에 관한
그의 해석은 전파론에 바탕을 두고 있었는데, 서부 및 북부 유럽의 모
든 발전은 중동 및 근동의 문명에서 전파되어 온 것이라고 믿었다. '동
쪽으로부터의 광명(Ex oriente lux)'이라고 부를 수 있는 그의 전파론적
시각은 1899년에 출간된 『근동과 유럽(*Der Orient und Europa*)』에서 잘 드
러나 있다. 몬텔리우스는 이집트 및 근동의 역사기록, 유물의 교차편년
(交叉編年) 등을 통해서 유럽 선사시대의 편년을 수립할 수 있었다. 차
일드는 몬텔리우스의 견해를 수용, 이를 수정·보완하여 그의 고고학적
편년을 만들었다. 그는 유럽 자체의 발전을 어느 정도 인정했지만, 중
요한 문화적 변화는 근동 지방의 전파에 의한 것이라고 생각했다. 그의
편년은 방사성탄소연대측정 및 수륜연대보정에 의해 결정적으로 수정
될 때까지(Renfrew, 1973) 유럽 선사시대의 기본편년을 구성했다.

한편 차일드는 『유럽 문명의 여명』에서 '고고학적 문화'의 개념을
체계화시켰는데, 이는 곧 선사고고학의 새로운 출발점을 의미하기도
했다(Daniel, 1976: 247). 고고학적 문화는 선사시대 사람들이 남긴 흔적
으로, 특정 형식의 유물들 ― 그릇, 도구, 장신구, 무덤, 주거양식 등 ― 이
항상 같이 계속해서 등장한다는 것이다. 또한 문화는 소수의 특정 유물
을 통해 정의될 수 있는데, 토기, 장신구, 무덤은 지방양식을 나타내는
것들로서 변화에 민감하지 않다고 보았다. 따라서 이들은 특정 민족의
설정에 유용하다고 보았다. 한편 도구·무기류는 급속하게 전파되기 때
문에 편년에 유용하다고 보았다. 결국 그가 생각한 고고학의 목표는
문화적 발달단계의 증거들을 찾는 것이 아니라, 고고학적 증거로 선사
시대의 민족을 확인하고, 그들의 기원 및 이동, 상호작용을 밝히는 데
있었다고 할 수 있다.

문화의 전파와 관련하여 차일드는 '왜 문명은 근동에서 일어났는가'라는 어려운 주제에 대해 관심을 기울이게 되었다. 기존의 문화-역사적 (cultural-historical) 방법으로는 한계가 있었기 때문에 그는 새로운 접근 방식을 선택하게 되었다. 즉 경제사학의 입장에서 선사시대 동안 광범위하게 나타난 경제적 변화를 연구하기 시작했다. 그 결과물이 바로 3부작 『고대 근동』(1928), 『청동기시대(The Bronze Age)』(1930) 및 『고대 근동에 대한 새로운 조명』(1934) 등이다. 『고대 근동』에서 그는 유럽으로 확산된 기술혁신의 기원에 대해서 고찰했는데, 특히 농경의 기원을 인류역사에 있어서 하나의 전환점으로 파악했으며, 빙하기가 끝난 후 근동 지역의 건조화(desiccation)로 인해 사람들이 농경으로 전환했다는 견해를 밝혔다. 또한 『청동기시대』에서는 야금술의 기원과 그것이 확산하게 된 문제를 다루었다. 그 기원도 역시 근동 지방에 있다고 보았으며, 금속 주조기술의 확산으로 인해 신석기시대의 자급자족 경제가 붕괴되고 광범위한 교역망이 생겨났다고 했다. 이라크 및 인더스 강 유역의 주요 고고학 발굴을 참관한 후 집필된 『고대 근동에 대한 새로운 조명』에서는 앞의 두 저서에서 언급된 내용들을 종합·보완했다. 그는 근동 지방에서 두 번에 걸쳐 '혁명'이 일어났으며, 그 중요성은 19세기의 산업혁명과 동등하다고 보았다. 첫 번째 혁명은 식량채집에서 농경으로의 전환이고, 두 번째 혁명은 자급자족의 마을에서 도시사회로의 전환으로, 이러한 혁명의 결과는 보다 생산적인 기술 및 인구증가로 나타났다고 주장했다. 이러한 접근에는 진화론적 시각이 깔려 있다고 볼 수도 있으나, 적어도 이 시기에 있어서 차일드는 사회진화의 문제를 중요하게 다루지 않았다. 그도 다른 유럽의 고고학자들과 마찬가지로 복잡한 기술은 근동 지방에서 먼저 발명되었다고 믿었으며, 문화적 변동을 설명하기 위해 전파론에 의존했다.

차일드는 1935년 처음으로 소련을 방문할 기회를 가졌다. 소련에 머

무는 동안 그는 소련 고고학자들과 의견을 교환하고, 유럽 선사시대와
관련된 자료들을 직접 볼 수 있었다. 특히 그는 선사시대에 나타났던
변동을 사회 내부의 과정으로 이해하고, 유물론적 원칙에 따라 설명하
려는 소련 고고학자들의 노력에 큰 감명을 받았다. 그러나 그는 소련고
고학의 모든 면에 대해서 찬성하는 것은 아니었다. 특히 그는 단선적
사회진화 또는 교조적인 사회경제적 틀에 의한 해석에 대해서 비판적
이었다. 하지만 자신이 지금까지 가졌던 경제적 해석의 한계를 느끼게
되었기 때문에 소련고고학이 가진 장점을 수용하여 새로운 해석의 틀
을 고안했다(Trigger, 1989: 254~259).

소련에 다녀온 이후 차일드는 기존의 시각을 대신하여 마르크스의
이론에 보다 충실한 연구를 수행했으며, 사회진화에도 관심을 가지기
시작했다. 이 시기에 집필된 대표적인 저서로『인류가 만든 역사(*Man
Makes Himself*)』(1936) 및『역사에서 무슨 일이 일어났나(*What Happened in
History*)』(1942)를 들 수 있다. 특히『인류가 만든 역사』에서 그는 고고학적
자료를 방향성 있는 과정을 나타내주는 증거로 파악하고 있으며, 과학적
지식의 증가로 인해 인간은 자연을 보다 효과적으로 통제할 수 있는
동시에 새롭고 복잡한 정치사회적 체제로 이동할 수 있었다고 보았다.

3.『인류가 만든 역사』와 인류문명의 전개

이 절에서는 차일드의 시각이 가장 잘 드러났다고 볼 수 있는『인류
가 만든 역사』라는 저서를 통해서 그가 인류문명의 전개에 대해서 어떻
게 이해하고 있었는지 살펴보도록 하겠다. 이 저서는 1936년 영국에서
초판이 나온 후 1941년과 1951년에 약간의 개고가 이루어졌으며, 1951
년에는 뉴욕 멘터 북스의 문고본으로 출간되었는데, 이때는 이미 13쇄

『인류가 만든 역사』차례

를 거듭하고 있었다. 각 장을 필자의 견해를 곁들여 간략하게 살펴본다.

제1장 인류사와 자연사(Human and Natural History)

선사인류학은 화석으로 남아 있는 초기인류와 인류가 제작·사용했던 생활도구에 관심을 갖는다. 생물로서의 인류와 고생물학, 지질학 등의 자연과학, 다시 말해서 자연사(自然史)와 인류사(人類史)를 연결해 주는 것이 선사인류학 또는 선사학이다. 따라서 이 학문 분야는 인류가 이룩해 온 문화를 추구한다. 즉 선사인류학자(선사학자 또는 고고학자)들은 우리의 선조인 인류가 남겨놓은 집, 도구 등을 포함하는 모든 물질유물을 수집·분류하고 비교한다.

특히 이들은 문자가 발명되기 이전 시기를 주로 다루기 때문에 문자 발생 이후의 역사와 연결되는 전체 인류문화사의 줄거리를 찾아내는 데 주력한다. 이는 생물학적 관점에서 자연환경의 적응에 성공한 생물로서의 인간을 그들이 남겨놓은 물질문화를 중심으로 하는 문화사적인 흐름에서 파악하는 것이라 할 수 있다. 즉 마르크스가 역사적 변혁에서 경제상태, 생산의 사회적 힘, 과학의 적용 등이 중요하다고 강조하는 바와 같이, 고고학자들은 인류사회에서는 경제와 사회적 생산제도가 급격한 변혁을 유발한다고 믿고 있다.

그 일례로, 18세기에 영국을 중심으로 일어난 산업혁명은 전 세계에 급격한 인구의 증가, 인류의 번식과 존속 등을 용이하게 한 사회·역사적 변혁이었다. 문자가 사용되지 않았던 선사시대의 인류사회에서도 이 같은 '혁명'은 있었으며, 이를 통해 인류문화사가 생물의 적자생존과 같이 진보를 거듭해 왔음을 증명할 수 있다.

제2장 유기적 진화와 문화발전(Organic Evolution and Cultural Progress)

환경에의 적응을 위해 신체적인 변화를 가져와 적자생존하는 소위 생물학적인 진화와는 달리, 인간은 언어와 문자로 사회집단에서의 습득과정을 통해 기술을 후세까지 전달해 오늘날과 같은 복잡한 문화를 만들어왔다. 이러한 문화들은 물론 체질인류학상에서 보이는 손가락의 발달(특히 엄지와 검지), 직립보행, 두개골의 확대 등과 같은 변화와 무관한 것은 아니다. 그러나 이들은 본능을 통해 공동의 경험을 계승하는 동물과는 달리, 인류의 사회성원들 사이에 있어 사회적 산물인 언어를 통해 계승된 것이다. 즉 이들은 기술적인 발견·발명, 그리고 인류문화 전통에서 개혁의 구체적 표현인 것이다.

고고학은 인류가 스스로 창조해 낸 장치이자 환경적응의 결과인 문화에서 보이는 진보를 연구하는 학문인데, 그 진보는 보다 나은 환경적응을 위한 기술개량의 표현이며, 혁신 또는 혁명이라고까지 말할 수 있다. 인류사는 사용된 도구의 재질에 따라 석기(구석기, 신석기)시대, 청동기시대, 철기시대로 나뉘는데, 이는 재료의 선택이나 사용에 따른 당시의 과학의 상태나, 또 구석기시대의 수렵·어로·채집, 신석기시대의 식물재배·가축사육 등과 같이 당대의 경제유형을 시사해 주기도 한다.

근동 지방에서는 신석기시대 이후 식량재배라는 제1차 혁명(농업혁명)의 발생 이후 문화가 복잡해지고 급격한 인구의 증가가 있었다. 그 다음 청동기를 사용하면서 잉여생산, 전문직의 발생, 사제, 상인, 군인과 같은 계급의 출현, 그리고 도시의 발생 등의 일련의 사건들이 일어났는데, 이는 앞섰던 신석기시대와는 비교할 수 없는 급격한 인구의 증가와 문명의 발생을 유발시켰다. 이를 제2차 혁명 또는 금속기혁명이나 도시혁명이라 부르고 있다. 고고학에 있어 발생하는 경제단계의 발달사이며, 이는 환경에 적응·진화하는 생태계와도 통하는 면이 있다.

제3장 시간의 척도(Time Scale)

현재 지구상에는 물질문화가 고도로 발전한 사회와 함께 적어도 지금으로부터 B.C. 8000년 이전에 존재했던 것으로 여겨지는 구석기·중석기 시대인들의 생활양식을 그대로 답습하고 있는 남아프리카의 부시맨, 미대륙 북극권의 에스키모, 중부 호주의 아룬타족 등이 공존하고 있다. 이는 고고학의 문화진보로서 구석기, 중석기, 신석기, 청동기, 철기 시대 등의 기술과 경제에 바탕을 둔 문화단계가 있으며, 또 지역에 따라 시간차가 있음을 보여준다.

오늘날에는 당시의 편년에 많은 수정이 가해지고 있기는 하지만, 차일드는 신석기시대의 농업혁명과 청동기시대의 도시혁명이 근동 지방에서 지금으로부터 약 B.C. 5000과 B.C. 1000년 전에 각각 일어났다고 보았다. 그러나 영국, 독일, 덴마크를 포함하는 서부·북부 유럽의 경우는 근동 지방에 비해 신석기시대만도 3,500년 정도나 늦다고 언급하고 있다. 따라서 고고학에서는 시대의 상대적인 면이 인정되어야만 한다.

제4장 식량채집자(Food Gatherers)

구석기시대의 많은 부분은 빙하시대로 당시의 경제행위는 식량의 채집이나 수렵에 의존했다. 구석기시대의 사람들은 중국 베이징 주구점 (周口店)에서 보이는 바와 같이 불을 사용할 줄 알았고, 돌이나 뼈로 완전한 도구를 제작·사용했다. 즉 구석기시대에 살았던 베이징인·자바원인(전기), 네안데르탈인(중기), 크로마뇽인(후기)들은 돌로 도끼, 톱, 송곳, 칼 등의 여러 가지 생활도구를 제작·사용했다.

그리고 후기로 내려올수록 석기제작법이 정교해지고, 도구의 종류도 다양해져서 초기의 단순한 식량채집에서 벗어나 집단으로 사냥이나 어로생활을 영위할 수 있었다.

또 이 시기에 이르면 동굴벽화의 제작, 돌이나 상아에 여신상을 조각하고 진흙으로 동물을 빚는 등의 활발한 예술활동도 있었다. 이는 사냥에서의 성공이나 풍요, 다산 등과 밀접한 관련이 있는 종교행위의 표현이었다. 이들의 사냥 대상은 맘모스, 야생들소, 말, 순록 등이었는데, 빙하가 북쪽으로 물러감에 따라 이들을 사냥하던 구석기시대의 식량채집·수렵인들은 새로운 환경에 적응하여 식물을 재배하고 식량을 생산하는 기술을 습득했으며, 이것은 근동 지방에서 시작되었다.

제5장 신석기혁명(The Neolithic Revolution)

차일드는 마르크스의 유물사관을 모건(L. H. Morgan, 1818~1881)의 사회진화론에 접목시켜 유럽과 근동 지방의 선사시대를 종합했다. 그는 유럽과 근동의 선사시대에서 보여주었듯이 서로 다른 시기에 비슷한 발전단계를 보이는 문화는 유사한 정치·사회 제도를 지니는 것으로, 다시 말해서 이들 문화는 동시대의 것이 아니더라도 발전단계가 유사한 것으로 보았다. 이러한 접근방법으로 차일드는 문명의 단계를 사회·경제 유형에 따라 정의했다.

차일드는 사회발전에 있어 나타나는 극적이고 영향력 있는 변혁을 지칭하는 데 '혁명'이라는 용어를 사용했다. 즉 모건의 야만(savagery)—

미개(barbarism) – 문명(civilization)의 사회진화 가운데 미개단계는 식물의
재배와 동물의 사육이 처음으로 등장하는 신석기혁명으로 특징지어진
다고 했다. 그리고 자연상태의 수렵·채집단계에서 식물재배나 동물사
육을 통한 식량 생산단계로의 변혁인 '신석기혁명'을 가장 중요한 것으
로 인식했다.

  한편 차일드는 식량생산에 있어서 오아시스이론(Oasis Theory)을 만들
어냈는데, 이는 환경결정론자의 표본과도 같은 것으로 그 골자는 식량
생산혁명이 중요한 기후 변동기간에 발생했다는 것이다. 이 이론에 의
하면, B.C. 1만 년경 유럽대륙으로부터 빙하가 후퇴함과 동시에 북아프
리카나 아라비아 지방에 오던 비도 유럽 쪽으로 옮겨가 근동 지방의
대부분을 사막으로 만들어놓았고, 이 사막화 현상이 식량생산경제를
택하도록 했다. 즉 건조지대에는 수렵·채집인들에게 공급할 식량이 거
의 없으므로 그들은 오아시스 근처로 옮겨갔고 그곳에서 자연히 식물·
동물과 함께 공생관계를 유지하게 되었다. 이에 따라 식물재배와 동물
사육이 발생하게 되었다는 것이 차일드의 오아시스이론이다. 이 이론
은 오늘날까지도 홍적세(Pleistocene) 말기에 대규모의 사막화가 일어났
는가에 대한 증거가 없고, 이 시기 기후변화의 양상이 생각보다 복잡했
기 때문에 많은 비판의 여지를 남겨놓고 있다(Redman, 1995). 그러나 꽃
가루 연구 등에 의해 당시 이곳에 급격한 기후변화가 있었음은 널리
확인되어 있다. 어떻든 30년 전만 하더라도 그 모델 자체는 아주 획기
적인 것으로, 농업생산혁명에 있어 설득력 있는 논거가 되기에 충분했
다. 이러한 식량생산단계에 이르면 인류는 식량공급을 지배하게 된다.
이를 통해 잉여생산과 저장용 창고의 준비, 그리고 자급자족이 이루어
지게 되며, 더 나아가 토기의 제조, 물레의 사용 등 기술적인 발전이
있어 촌락의 정착생활을 바탕으로 하여 의식주가 종래보다 복잡해졌다.

제6장 제2혁명의 전주곡(The Prelude to the Second Revolution)

B.C. 6000년경에서 B.C. 3000년경 사이에 이르러 자급자족을 영위하던 농민이 살던 신석기시대의 촌락은 농경 이외의 산업·무역 그리고 인구의 증가로 인해 점차 도시화가 되어갔다. 이 시기에는 축력을 이용하고, 밭갈이를 위해 쟁기를 사용하며, 구리를 녹이고 범선(帆船)과 태양력까지 만들어내게 되었다. 나아가 점차 문자의 발명과 계수의 과정, 계산의 기준 등을 요구하는 문명의 길이 준비되었다. 또 홍수를 다스리고 관개농업을 통해 단위 소출량이 많아졌다.

이러한 일련의 과정을 거쳐 유프라테스와 티그리스 두 강 사이의 메소포타미아 지역에서 B.C. 3000년경에 이르러 세계 최초의 수메르 문명이 발생하게 되었다. 비슷한 시기에 나일 강 유역에서는 세계 두 번째의 이집트 문명이 탄생하고 있었다. 따라서 그 다음에 이어지는 제2차 도시혁명이 일어나기에 충분한 잉여생산물에 의한 자본축적과 이를 위한 정복사업전쟁이 일어나게 되었다. 이는 전쟁과 그의 수행에 필요한 무기 및 성벽의 존재만으로도 인정될 수 있다.

또 전쟁을 위한 무기를 얻기 위해 금속제품의 수요를 자극하게 되자, 결국 구리에 주석이나 비소를 첨가해 청동제품을 만들어 종전의 돌로 만든 무기를 대신했다. 전쟁의 부산물인 노예는 모든 노동을 담당했고, 이로써 사회는 원시사회에 이어 노예사회로 바뀌어갔다. 그리고 홍수의 관리와 효과적인 농업을 하기 위해 태양력을 바탕으로 하는 역서(曆書)가 제정되었고, 이에 따라 점성술도 발달했다.

제7장 도시혁명(Urban Revolution)

지중해 동부 연안에서부터 동쪽 인도에 이르기까지 반(半)건조지대에 있던 자급자족경제의 신석기시대 정착촌락들은 새로운 과학지식과 기술을 가지고 다음에 이어지는 청동기시대의 도시혁명에로의 과정을 밟고 있었다. 이러한 과정은 유프라테스와 티그리스 강, 나일 강, 인더스 강의 충적지대에서 먼저 이루어졌다. 즉 B.C. 3000년경 수메르를 시작으로 이집트와 인더스 문명이 연이어 발생했다. 우선 풍부한 식량공급에 힘입어 인구가 증가되었는데, 여기서 홍수의 관리, 제방의 설치, 관개시설 등의 대규모 토목공사를 담당할 수 있는 국가와 같은 사회조직이 필요하게 되었다.

수메르와 인더스 문명에서 나타났듯이 원료의 공급과 계급상징물인 사치성 물건의 확보를 위해서는 장거리 무역이 필요했다. 무역품으로는 흑요석, 보석, 광석 등이 있는데, 잉여생산물을 통해 이들의 교역이 가능했다. 무역에는 상인, 운송인, 가공기술자 등의 전문직공이 필요했다. 즉 운송과 상인들을 보호하기 위해서는 무장병력, 그리고 무장을 하기 위해서는 청동제 무기를 제작하고 원료를 채광하는 기술자가 필요했다. 또 거래 서류의 작성을 위한 서기, 소송문제 등을 담당하는 국가관리가 요구되었다. 즉 모든 전문직업과 계급이 발생하게 되었으며, 이들은 모두 국가에 집중되었다. 또한 직업적인 종교사제도 있어 국가의 모든 의식을 관장했다.

이들 전문직업인들과 계급이 높은 신분들은 직접 식량생산에 종사하지 않아도 되었다. 농업은 관개시설을 이용한 집약농업이었으며, 단위소출량이 증가되고 잉여생산물이 창고에 저장되어 장거리 무역의 수단이 되었고, 또 재해나 흉년 시에 재분배되어 풀려나갔다. 사제, 관리, 상인, 군인들은 성채로 둘러싸인 새로운 도시에 살게 되었고, 이들 도시는 정치·경제·종교의 중심지가 되었다. 또 이들을 유지하기 위한 수단으로 문자가 필요했다.

한편, 문명의 기본적인 두 가지 요소로는 도시와 문자를 들 수 있다. 점토판에 새겨진 상형문자가 출토된 에레크, 라가쉬, 라르사, 에리두, 젬데트-나스르(Jemdet-Nasr) 등은 수메르 문명의 초기 도시유적들이다.

또 계단 모양의 탑인 지구라트(Ziggurat), 거대한 피라미드, 그리고 순장한 분묘, 궁궐 등은 인력을 동원할 수 있는 권력의 상징이라 할 수 있다.

행정과 모든 권력의 중심인 왕의 직위도 세습되었다. 따라서 이들은 모두 도시에서 살며 도시문명을 이루게 되었는데, 이것이 바로 청동기 시대에 발생한 제2차 도시혁명이다.

제8장 인류지식의 혁명(The Revolution in Human Knowledge)

제1차 농업혁명과 제2차 도시혁명이라는 커다란 의미에서의 경제혁명은 특히 수메르·이집트·인더스 문명에서 잘 나타나고 있으며, 이는 그동안 축적된 많은 경험과 과학적 지식의 응용으로 가능했다. 구전에 의한 지식의 전달, 문자와 수학의 시작, 도량형의 표준결정이 이 시기에 나타나고 있는데, 이는 사제가 우두머리인 신전에서부터 시작된다.

점토판에서 보이는 최초의 문자기록이 신전에서 행해졌던 경제행위에 대한 것이라는 점으로 보아도 처음에는 모든 경제행위가 신전을 중심으로 이루어졌음을 알 수 있다. 신전에서의 부의 축적이 일찍이 이루어져 최초의 정치형태는 신전정치(theocracy)일 가능성이 높으며, 후에 전쟁의 수행 등으로 세속왕권(secularism)으로 전환되어 갔다.

문명을 이루는 필수조건은 도시와 문자인데, 문자의 발생은 수메르에서부터 시작되며, 이는 B.C. 3000년경의 일이다. 문자의 발달은 지식의 기록과 전달을 가능하게 하여, 이후 인류의 지식이 혁명적으로 보급되고 오늘날과 같이 문화가 급속도로 발전한 원동력이 되었다.

제9장 진보의 촉진과 정체(The Acceleration and Retardation of Progress)

도시와 국가의 발생, 장거리 외국무역과 도시혁명이 발생하는 모든 요인들을 추구한 결과 19개의 기본적인 발견물과 과학의 응용이 바탕이 된다고 한다. 차일드는 이를 관개, 쟁기, 축력의 이용, 범선, 수레,

과수재배, 양조, 구리의 생산과 이용, 벽돌제조, 궁륭(아치), 사기와 유리 제품, 인장(印章), 태양력, 기록, 숫자(기수법), 청동, 철, 알파벳, 도시물 공급 수도관 등 19개의 항목을 들고 있다.

여기에서 신석기나 도시혁명에서 사용되는 '혁명'이라는 단어는 새 로운 진보를 촉진한 시대적 여명기가 아니라, 그 이전 문화의 연장으로 서 성장기라는 의미로 사용되었는데, 바로 그러한 바탕이 되는 지식의 축적이 오리엔트(근동) 지방에서 이루어진 것이다. 따라서 인간의 발전 적 측면이 이 책의 제목처럼 '인간이 인간을 만든다'와 같이 과학의 응용과 생산도구로서 표현되어지는 것이다. 이는 인류문명의 발달과 동일어로 사용될 수 있다.

4. 후대의 영향과 평가

이상에서 살펴보았듯이, 차일드는 다른 고고학자들과 자연과학자들 이 발굴한 자료와 결과를 이용하여 인류사의 전개를 재구성하는 새로 운 방법론을 얻는 데 성공했다. 차일드가 집필한 대부분의 저서에서 그는 이집트와 메소포타미아로부터 지중해 헬레니즘 문화에까지 이어 져 내려오는 중심적인 문화전통에 있어 마르크스의 유물사관과 모건의 사회진화론을 커다란 골격으로 세우고 있다.

특히 그는 인류사의 구성에 있어 신석기시대의 제1차 농업혁명, 그 리고 청동기시대의 제2차 도시혁명과 같은 유물사관론에 입각한 생산 기술의 변혁을 의미하는 새로운 용어를 만들어내기도 했다. 하지만 전 파론에 근거를 두고 형식분류와 편년에 입각했던 그의 학설은 이미 방 사성탄소연대와 수륜보정연대를 통해 깨어졌으며(Renfrew, 1973), 농경 의 개시에 관한 그의 모델도 브레이드우드(R. Braidwood)가 제창한 '농경의 핵심지구(nuclear zone) 모델', 그리고 1960년대 중반 이후 제창된 '인구압(population pressure) 모델' 등에 의해 교체되는 과정을 겪게 되었다 (Redman, 1995: 163~180).

그는 이론적인 측면에서도 과거의 변혁을 기술하고 왜 그들이 일어났는지를 설명하는 큰 틀 속에서 제도의 형성과 기능을 통합하지 못하고, 진화와 변혁을 야기하고 방향을 제시하는 분석단계를 결합시키지 못했다고 비난받았지만, 이것은 차일드가 방대한 자료들을 가지고 여러 이론들을 종합하는 과정상에서 어쩔 수 없었던 결과라고 하겠다. 더욱이 당대의 학문적 수준을 생각해 볼 때 이는 시대적 한계라고도 할 수 있다.

그러나 농업혁명이나 도시혁명과 같은 새로운 관점은 30년이 지난 오늘날에도 우리의 뇌리 속에 깊이 박혀, 인류문명 발달사의 마지막 코스인 도시, 문명 그리고 국가에 대한 연구의 기초가 되고 있다. 이 책이 아직도 생명력을 지니며 읽히고 있는 이유도 여기에 있다고 하겠다.

참고문헌

최몽룡. 1990.『고고학에의 접근』. 신서원.

Childe, V. G. 1925. *The Dawn of European Civilization*, 2nd ed. London: Kegan Paul.

_____. 1928. *The Most Ancient East*. London: Kegan Paul.

_____. 1929. *The Danube in Prehistory*. Oxford: Oxford University Press.

_____. 1930. *The Bronze Age*. Cambridge: Cambridge University Press.

_____. 1931. *Skara Brae: A Pictish Village in Orkney*. London: Kegan Paul.

_____. 1951. *Man Makes Himself*. New York: Mentor Books.

_____. 1954. *What Happened in History*. Penguin Books.

_____. 1956. *Piecing Together the Past: The Interpretation of Archaeological Data*. London: Routledge and Kegan Paul.

_____. 1958. *The Prehistory of European Society*. Penguin Books.

Daniel, G. 1976. *A Hundred and Fifty Years of Archaeology*. Cambridge: Havard University Press.

Fagan, B. 1988.『인류의 선사시대』. 최몽룡 옮김. 을유문화사.

Haas, J. 1989.『원시국가의 진화』. 최몽룡 옮김. 민음사.

Rathje, W. L. and M. B. Schiffer. 1982. *Archaeology*. New York: Harcourt Brace Jovanovich.

Redman, C. 1995.『문명의 발생』. 최몽룡 옮김. 민음사.

Renfrew, C. 1973. *Before Civilization: The Radiocarbon Revolution and Prehistoric Europe*. London: Cape.

Renfrew, C. and P. Bahn. 1991. *Archaeology: Theories, Methods and Practice*. London: Thames and Hudson.

Trigger, B. G. 1989. *A History of Archaeological Thought*. Cambridge: Cambridge University Press.

추천문헌

Fagan, B. 1988. 『인류의 선사시대』. 최몽룡 옮김. 을유문화사.

Champion, T. et al. 1984. *Prehistoric Europe*. London: Academic Press.

Childe, V. G. 1962. *A Short Introduction to Archaeology*. New York: Collier Books.

제7장_ 리비와 방사성탄소연대측정법

| 최성락 |

1. 머리말

고고학 연구에 있어서 연대의 설정은 중요한 위치를 차지하고 있다. 연대가 결정됨으로써 기타 고고학의 제 문제, 즉 문화의 기원 및 전파, 인간집단의 이주방향, 문화의 변동속도 등을 설명할 수 있기 때문이다. 연대를 결정하는 방법은 상대연대결정법과 절대연대결정법으로 나눌 수 있는데 방사성탄소연대측정법(放射性炭素年代測定法, C^{14}dating)은 절대연대를 알려주는 방법의 하나로 고고학에서 가장 많이 쓰이고 있다.

방사성탄소연대측정법은 1940년대 후반 리비(Libby)에 의해 발견되었다. 이후 방사성탄소연대측정법은 실로 세계 고고학계에 지대한 영향을 미쳤다. 세계 각지에서 그 이전에 설정된 선사시대 편년이 거의 모두 수정되었다.

우리나라에서는 1961년에 처음으로 C^{14}연대측정법이 소개되었다(채병서, 1961). 최초의 C^{14}연대측정은 맥코드(MacCord)가 1951~1952년에 가평 마장리 유적에서 목탄을 채집, 미국으로 돌아간 후 미시간 대학에 의뢰하여 발표한 것이며, 국내인으로는 김정학이 웅천패총(熊川貝塚)에서 목탄을 채집, 이를 역시 미시간 대학에서 측정한 것이었다(김정학,

1967). 그 후 1968년 한국원자력연구소에 C^{14}연대측정 기재인 액체섬광측정기(液體閃光測定器)가 설치된 뒤 국내에서도 C^{14}연대측정이 본격적으로 시작되었다. 최근에는 서울대학교 기초과학연구원에 AMS가 설치되어 연대측정이 이루어지고 있다.

이 장에서는 그동안 리비를 비롯한 자연과학자들에 의해 연구된 C^{14}연대측정법의 내용을 개괄하고 그 연대가 갖는 의미를 알아본 후에 C^{14}연대가 고고학의 편년을 변화시킨 몇 가지 예를 들어보겠다. 그리고 한국고고학에서 어떤 의미를 갖고 있는가를 살펴보고자 한다.

2. 리비의 약력과 연구동향

리비(W. F. Libby, 1908~1980)는 캘리포니아 대학 버클리 분교에서 물리화학을 전공하여 1933년에 박사학위를 취득하고, 1941년까지 핵화학에 관한 연구를 계속했다. 1941~1945년 컬럼비아 대학에서 원자탄 개발계획에 참가했고, 1945년 시카고 대학 방사성화학 교수로 임명되어 C^{14}연대측정법에 관한 연구를 발표했다.

이 방법이 발견된 배경은 1934년에 그로스(Grosse)가 우주선(宇宙線, cosmic rays)의 존재를 확인한 것과 1947년에 앤더슨(Anderson)과 리비 등이 자연방사성탄소(natural C^{14})가 대기권 내에 존재하고 있다는 사실을 밝힌 데 있다. 이것을 토대로 하여 1949년 리비와 그의 동료들에 의해 방사성탄소연대측정법이 발표되었다(Libby et al., 1949). 이후 리비는 방사성탄소연대결정법에 대해 꾸준히 연구하고 소개했다(Libby, 1955, 1961, 1968).

방사성탄소연대결정법이 점차 알려지면서 고고학 등 다른 분야의 연구에 크게 기여하자 그 공로로 리비는 1961년 노벨 물리학상을 수상했

리비(W. F. Libby)

다. 1959년 이후 1976년 정년퇴임 시까지 캘리포니아 대학 로스앤젤레스 분교의 물리학 교수로 일했다.

이후 전 세계적으로 많은 방사성연구소가 설치되었고 C^{14}연대측정법에 대한 연구가 활발하게 계속되었는데 1950~1960년대에 와서는 측정방법의 개선을 통해 측정효율을 높였으며, 1960~1970년대에는 연륜법(dendrochronology)의 발달에 따른 나이테의 연대와 방사성탄소 연대(radiocarbon date)를 비교하여 그 오차를 수정하는 일련의 연구가 있었다. 그리고 1970년대 후반부터는 측정방법의 새로운 시도, 즉 거대한 질량분석기에 의해 C^{14}원자를 직접 헤아리는 방법이 연구되어 이 측정법의 기술적인 혁신을 이룩했다.

3. 방사성탄소연대측정법의 내용

1) 기본이론

리비에 의해 연구된 기본이론은 아래와 같다.
우주선이 대기권에 돌입하면서 질소와 작용하여 C^{14}을 생성시킨다.

$$N^{14} + n(중성자) \rightarrow C^{14} + H^1$$

생성된 C^{14}은 지구 내의 다른 탄소동위원소에 비해서 아주 작은 부분

<그림 1> 탄소의 순환과 C^{14} 농도

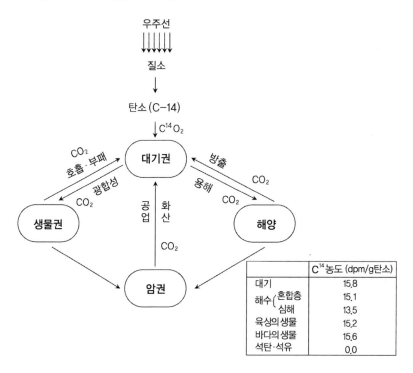

<그림 1> 탄소의 순환과 C^{14} 농도

	C^{14}농도 (dpm/g탄소)
대기	15.8
해수 혼합층	15.1
심해	13.5
육상의 생물	15.2
바다의 생물	15.6
석탄·석유	0.0

$(1/10^{12})$을 차지하고 있다. C^{14}은 대기권 속에 들어오면 다른 동위원소와 같이 이산화탄소(CO_2)를 형성하게 된다. 따라서 모든 생물체는 호흡을 통해 계속적으로 C^{14}을 내뱉고 받아들이므로 대기권 속의 C^{14}농도와 평형을 이룬다. 한편 대기권 중의 이산화탄소($C^{14}O_2$)는 바다 속으로도 용해(溶解)되어 들어가므로 해양의 생물체 역시 C^{14}을 흡수하게 된다 (<그림 1> 참조).

그런데 일단 생물체가 죽으면(나무의 경우 나이테를 형성하고 나면) 호흡을 멈추게 되어 그때부터 C^{14}의 교환이 중단되고 내부에 축적된 C^{14}은 붕괴하면서 그 수가 줄어들기 시작한다. 즉 β선을 방출하면서 N^{14}

으로 되돌아가게 된다.

$$C^{14} \rightarrow N^{14+} + \beta^-$$

현재의 탄소 1g에는 1분간에 약 15dpm/gram을 붕괴하는 C^{14}이 함유되어 있다. 따라서 잔존하는 C^{14}의 농도를 측정한다면 그 물체가 죽은 연대를 계산해 낼 수 있는 것이다.

기본이론에 따라 연대를 계산하는 공식은 다음과 같다.

$$I = I_0 \ e^{-\lambda t}$$

$$t = \frac{1}{\lambda} log_e \frac{I_0}{I} = \frac{t_{1/2}}{\log_e^2} log_e \frac{I_0}{I}$$

I: 시료 중의 C^{14}농도

I_0: 현대 표준시료 중의 C^{14}농도, 즉 N.B.S.시료〔미국 국립표준국에서 조제된 화산시료(花酸試料)〕의 C^{14}농도의 95%

t: 시료의 연대

$t_{1/2}$: 반감기

C^{14}의 반감기는 1951년 리비에 의해 5568±30년으로 사용되었으나, 그 뒤 1962년 캠브리지에서 열린 제5회 방사성탄소연대측정법 국제회의에서 5730±40년이 가장 믿을 수 있는 연대로 받아들여졌다. 그러나 혼란을 막기 위해 ≪라디오카본(Radiocarbon)≫지에 발표되는 C^{14}연대는 반감기를 그대로 5568±30년을 사용하기로 했고, 반감기의 수정을 위해서는 1.03을 곱하기로 했다. 이 회의에서 결정된 또 다른 사항은 C^{14}연대의 기준연대(B.P.의 기준연대)를 1950년으로 설정한 것이다.

이상의 C^{14}연대측정법에는 다음과 같은 가설이 포함되어 있다.

- 활성적(活性的) 탄소저장고(대기권, 해양, 수권, 유기물질 등)에 있는 탄소 원자는 평행상태이다.
- 우주선의 선량률(線量率)은 오랜 시간을 두고 일정하다.
- 활성적인 탄소저장고는 장기간에 어떠한 변동도 없었다.

리비가 처음 C^{14}연대측정법을 발표했을 때, 대기권 내에서 C^{14}농도의 분포가 평형을 이룬다는 사실을 밝힌 바 있다. 그러나 위의 가설이 전부 증명된 것은 아니다. C^{14}연대와 실연대와의 사이에 편차가 생기는 것은 바로 이러한 가설에 기인되는 것이다. 이러한 편차는 방사성 측정 분야에서의 발전으로 어느 정도 그 원인을 규명할 수 있게 되었다. 그러한 연구에는 수에스 효과, 원폭효과 등의 이론이 있다.

(1) 수에스 효과

수에스(Suess)가 방사성탄소연대측정을 19세기 말~20세기 초에 걸쳐서 자란 나무에 대해 실시해 본 결과 시료가 실제보다 더 늦게 나타났다. 이는 19세기 산업혁명 기간 중 사용된 수백만 년 된 화석연료(化石燃料)의 연소로 인해 많은 양의 비방사성(非放射性) 이산화탄소가 대기권에 도입됨으로써 상대적으로 C^{14}의 농도가 떨어졌기 때문인데, 그 결과 C^{14}의 연대는 실제연대보다 높게 나타난다. 이를 수에스 효과라 부른다.

(2) 원폭효과

일련의 원폭실험은 많은 양의 C^{14}을 만들게 되었고 그것이 대기권에 도입되었다. 원폭실험이 가장 많이 실시될 때의 C^{14}농도는 북반구의 경우 평상치의 200%를 나타낼 때도 있었다. 이는 대기권 내에 비자연적인 C^{14}이 생성되어 도입됨으로써 C^{14}연대측정에 커다란 위험 요소로 작용하고 있다. 우리나라의 대기권의 C^{14}농도도 최근 기준치보다 50~70% 상회하고 있으나 점차 감소되어 가고 있다.

(3) 자연에서의 방사성탄소의 농도 변화

드 브리스(de Vries)는 과거 500년간의 나이테연대를 정밀측정한 결과, 대기권의 C^{14}농도가 단기적으로 변동하고 있다는 사실을 발견했다. 즉 과거 수천 년 이래 탄소저장고(대기권, 해양, 수권 등) 내의 C^{14}농도에 자연적인 변화가 있었다는 사실이 밝혀진 것이다.

탄소저장고 속에서의 C^{14}농도에 영향을 미치는 요소로는 우주선의 크기, 지구 근방의 자장의 크기, 해수의 혼합속도 등 세 가지가 있다. 특히 우주선의 크기는 바로 C^{14}생성에 영향을 미치는데 초신성(超新星)의 폭발, 태양흑점(太陽黑點)의 활동 등에 의해 변동되기도 하나 과거 일억 년간에는 일정했다고 추정하고 있다. 그리고 지구 근방의 자장(磁場)의 크기는 지난 4,000~5,000년간 10~20% 범위 내에서 변동되고 있으며, 해수(海水)의 혼합속도에 관해서는 정밀한 연구는 없으나 일정한 범위 내에서 변화될 가능성이 있다고 보았다.

따라서 C^{14}농도가 과거 수천 년간 자연적인 요인으로 조금씩 변화되었으며, 이로 인해 C^{14}연대측정법으로 구해진 연대가 바로 실연대라 볼 수 없고 어느 정도 오차를 가지고 있게 된다.

2) 측정방법

시료를 측정하는 방법은 지난 30년 동안 많은 진전이 있었고 각 방법에 대한 한계성도 꾸준히 극복되어 그 정확도를 높였다고 하겠다. 최근에도 새로운 측정방법이 연구되고 있어서 그와 같은 일련의 노력이 계속되고 있다.

리비에 의해 최초로 개발된 방법은 고체탄소(solid carbon)의 방사능을 측정하는 것이었는데, 이것은 효율이 낮아 방사성탄소가 붕괴되면 그 중 5% 정도만을 측정할 수 있었다. 또한 측정과정 중에서도 오염될 가능성이 높기 때문에 1950년대 중반 이후에는 사용되지 않는 방법이 되었다. 이 방법을 사용할 경우에는 약 30g의 탄소가 필요하게 된다.

다음에 개발된 방법은 기체시료측정법(gas counting method)이다. 이 방법은 탄소를 이산화탄소(CO_2)로 전환시키고, 적절한 정제과정을 거쳐 메탄(CH_4) 혹은 아세틸렌(C_2H_2) 등으로 변화시켜 방사능을 조사하는 것이다. 이 방법은 효율이 매우 높아 시료의 양을 줄일 수 있는 장점이 있다. 그러나 이 측정방법도 라돈(radon)의 오염을 막지 못하는데, 이를 제거하기 위해서는 라돈의 반감기(3.82일)가 짧기 때문에, 시료를 2~3주간 계속 측정해야만 그 오차를 줄일 수가 있다.

세 번째 방법으로 액체시료측정법(liquid scintillation technique)을 들 수 있다. 이 방법은 시료의 탄소를 액체상태로 변화시켜 이를 액체섬광계측법에 의해 방사성탄소연대를 측정하는 것이다. 이 방법은 1954년 아놀드(Arnold)에 의해 처음 시도되었고, 1960년대 후반에 들어서 벤젠(benzene)합성법이 개발되어 아세틸렌(C_2H_2)에서 벤젠(C_6H_6)으로 쉽게 전환할 수 있었기 때문에 더욱 손쉬운 방법으로 개발되었다. 이 방법은 순수도가 99.9%인 장점을 지니고 있으며 현재 전 세계적으로 가장 많이 사용되는 방법이다.

이상의 측정법에 의해 측정가능한 연대가 4만~5만 년 전까지 올라갈 수 있었고, 그 오차도 크게 줄일 수 있었다. 이러한 측정방법의 개선과 함께, 한편으로는 측정 오차를 수정하고, 측정가능한 연대를 올릴 수 있는 방법도 연구되었다.

먼저 측정가능한 연대를 올릴 수 있는 방법은 증폭장치에 의해 β선의 붕괴를 촉진시킴으로써 5만~7만 5,000년 전의 시료를 측정하는 것이다. 이것은 5만 년 이전의 시료가 갖는 C^{14}농도가 아주 낮아서 종래의 방법으로는 β선을 감지할 수가 없기 때문이다. 이 방법은 1958년에 드 브리스 등에 의해 처음 발표되었고, 최근에 열확산(thermal diffusion)에 의한 방법과 레이저(laser)에 의한 방법이 발표되어 실용화될 가능성을 보여주고 있다. 그러나 이 방법은 우선 시료를 많이 준비해야 되고 긴 측정시간이 필요하여 그에 따른 비용이 많이 든다는 점이 단점이라고 하겠다.

다음은 질량분석기에 의해 C^{13}/C^{12} 비율을 측정, C^{14}연대의 오차를 수정하는 방법이다. 식물체는 CO_2를 흡입하여 광합성을 행하는 과정에서 C^{14}과 C^{12}와의 질량이 각기 다르기 때문에 동일한 비율로 화학반응이 이루어지지 않는다. 이와 같은 결과를 동위원소분류법(isotopic frac-tionation)이라고 부르는데, 이것을 수정하기 위해서는 C^{13}/C^{12}의 비율을 질량분석기에 의해 측정하여 간접적으로 C^{14}연대측정에 필요한 C^{14}/C^{12}의 비율을 구해낼 수 있다. 이 방법을 이용하여 C^{14}연대를 좀더 정확히 수정할 수 있는 것이다.

끝으로 1977년에 처음 소개된 것은 지금까지 β선을 측정하는 방법에서 벗어나 고도의 질량분석기에 의해 C^{14}원자를 직접 헤아리는 방법(AMS)이다. 이 방법에 의한 측정은 C^{14}의 원자수가 C^{12}, C^{13}에 비해 적고, N^{14}과 분리하기 곤란하므로 거의 불가능한 것으로 알려졌으나 고에너지 가속기를 쓴다면 그 문제가 해결된다고 한다. 고에너지 가속기 이용은 다음과 같은 이점이 있다.

① 시료의 양이 적어도 된다(1~5mg).
② 정확도가 높아진다(5,000년된 시료의 오차는 10년 정도).
③ 연대측정의 폭이 커진다(7만~10만 년까지 가능).
④ 측정시간이 짧아진다(현재 약 40시간이 필요하나 이 방법은 25분 정도).

이 방법을 이용하기 위해서는 고에너지 가속기와 고도의 질량분석기가 갖추어져야 하고, 그 시설을 하기 위해서는 많은 비용이 든다는 단점이 있으나 실용화되면 C^{14}연대측정법에 새로운 혁신이 이루어질 것이다.

3) C^{14}연대의 편차수정(偏差修正)

C^{14}연대가 아무리 정확히 측정되었다 해도 실연대와 오차가 생기는 것은 수천 년에 걸친 C^{14}농도의 변화에서 기인된다. 이 편차를 구하는 연구가 지난 1960~1970년대에 활발히 진행되었다. 처음 리비는 나이테 자료를 이용해 C^{14}연대를 검증해 본 결과 실연대와 대체로 일치한다고 주장했다. 다만 고대 이집트의 역사자료를 측정해 본 바 3,000~5,000년 전의 C^{14}연대가 실연대보다 낮게 나타남을 시인하고 당시 C^{14}농도가 현재보다 다소 높았다고 보았다. 그러나 그는 반감기가 새로 5730±40년으로 밝혀짐에 따라 그 차이가 줄어들 것으로 기대했다.

한편 연륜법의 연구가 더욱 활발해져 8,000년 전까지의 연대를 확인해 내자 이를 토대로 캘리포니아 대학의 라졸라방사성연구소, 아리조나 대학의 나이테연구소, 펜실베이니아 대학의 MASCA 등에서 C^{14}연대와 실연대와의 편차를 규명하는 연구가 이루어졌다.

캘리포니아 대학의 수에스는 연대를 아는 시료(즉 sequoia qiqantea와 pinus aristata-bristlecone pine)를 재료로 C^{14}측정연대와 실연대와의 차이를 규명했다. 그는 두 연대의 편차를 수정하는 공식을 만들었고, 보정곡선(補正曲線, calibration curve)도 작성했다. 그 공식은 다음과 같다.

$$T = 1.4R - 1,000$$

T=실연대(나이테 연대) $R=C^{14}$연대(반감기는 5,730년)

이 공식이 적용되는 연대는 2,750년에서 동일한 연대가 산출되기 때문에 2,750 B.P.로부터 나이테연대가 확인된 6,500 B.P.까지이다. 그러나 이 공식은 보정곡선이 갖고 있는 세밀한 변화(이는 C^{14}농도의 세밀한 변동에서 기인된다고 본다)를 무시한 단순회귀직선(simple regression)이라는 결점 때문에 C^{14}연대의 연대보정에 거의 사용되지 않고 있다.

수에스는 그 뒤 더 많은 자료를 바탕으로 보정곡선을 작성 발표했으나, 심한 꼬불거림이 있어 고고학 편년에 사용하기 어렵다는 지적을 받고 있다. 또한 이 곡선이 자세한 변동을 잘 표현하고는 있으나 손으로 그려졌다는 약점도 가지고 있다.

펜실베이니아 대학의 랄프(Ralph)는 역시 631개의 나이테 자료를 바탕으로 C^{14}연대와 실연대와의 관계를 규명하려 했다. 먼저 두 연대의 관계를 복잡한 3다항식으로 표현했다.

$$T_C{}^{14} = -43.96 + 0.918 \times T_D + 7.17 \times 10^{-5} \times T_D{}^2 + 1.18 \times 10^{-8} T_D{}^3$$

$T_C{}^{14} = C^{14}$ 연대 $\qquad T_D = $ 나무연대

$T_C{}^{14}$, T_D 연대는 A.D.에서 +, B.C.에서 −

그러나 그는 이 공식은 실제 사용하지 않고 이와는 다른 보정곡선을 발표했다. 이 곡선은 회귀곡선(9-cell regression)을 바탕으로 하는 것인데 이것이 연대보정의 밑바탕이 된다.

연대를 보정할 때는 이 곡선에 의거해 C^{14}측정연대와 실연대(나이테연대)와의 대비표를 이용해야 하는데 이 대비표는 10년 단위로 제시하고 있다. 여기에 사용되는 C^{14}연대의 반감기는 5,730년이고 그 적용연대는 B.C. 4760~A.D. 1840년(C^{14}연대) 사이이다. 또한 대조표를 이용해서 연대를 보정할 때에는 먼저 C^{14}연대의 반감기를 5,730년으로 하고

<그림 2> 랄프에 의한 보정곡선(C^{14}연대의 반감기는 5,730년)

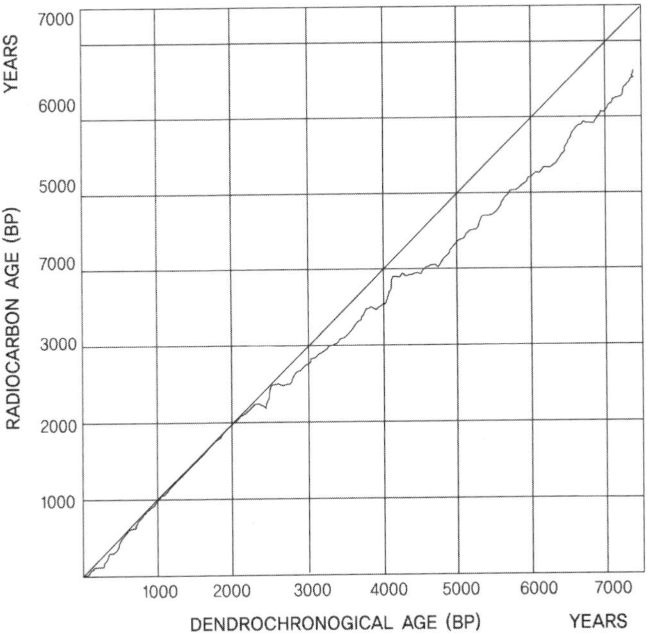

이를 A.D. 혹은 B.C.로 바꾼 후, 오차에 10을 더해 주어야 한다. 그리고 난 후에 수치의 양단을 대조표에 의해 수정해야만 연대보정이 가능한 것이다. 그러나 이 보정곡선이 갖는 단점은 수에스의 보정곡선과 같이 세밀한 변화를 보여주기 때문에 하나의 C^{14}연대에 해당하는 나이테의 연대가 2개 혹은 3개로 나타날 수 있다는 점이다.

애리조나 대학의 다몬(Damon)도 549개의 시료를 바탕으로 C^{14}연대와 실연대(나이테연대)의 대조표를 제시하고 있다. 이 대조표는 C^{14}연대의 반감기가 5,568년과 5,730년이 함께 표시되어 있어 연대를 보정할 때 편리함이 있으나, 랄프의 경우와 달리 오차에 일률적으로 10을 더하는 것이 아니라, 각 연대가 갖는 오차연대를 따로 표시해 둠으로써 연대보

<그림 3> 클라크에 의한 보정곡선(C¹⁴연대는 5,568년)

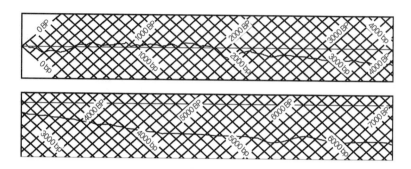

정을 할 때 각각 오차의 폭을 계산해야 하는 불편함도 있다.

한편 영국에서는 클라크(R. M. Clark)가 역시 C¹⁴연대의 보정을 위해 보정곡선을 발표했다. 그는 지금까지 측정된 나이테 시료 1,156개 중 812개를 이용했고 수에스나 랄프보다는 훨씬 굴곡이 적은 곡선을 제시했다. 그는 또 연대보정을 위한 대조표를 50년 단위로 제시하고 있는데 특히 연대보정에서 오는 오차를 줄이기 위해서는 오차의 한계를 1σ로 할 것이 아니라 2σ로 하자는 의견을 제시했다(<그림 3> 참조).

이상 소개한 대표적인 연대보정연구 이외에도, 현재까지 알려진 보정곡선이나 대조표는 10여 종에 이르고 있다. 연대보정을 할 때 어느 한 방법을 선택하면 다른 방법으로 보정했을 때와는 다른 연대가 산출될 수도 있다. 즉 보정곡선 상호간에 다소의 오차가 있는 모순을 갖고 있기 때문이다. 이러한 모순을 제거하기 위한, 즉 통일된 보정곡선을 제시하기 위한 논의가 오늘날에도 계속되고 있는데, 머지않아 통일된 보정곡선이 완성될 것으로 믿는다.

그러나 C¹⁴연대가 실연대와의 사이에 편차를 갖고 있다는 것이 확실하기 때문에 여러 보정곡선 사이에 다소의 오차가 있다고 하더라도 고고학의 편년에 이용할 때에는 일단 연대보정을 한 C¹⁴연대를 사용하는 것이 좀더 오차를 줄이는 방법이 되겠다.

C^{14}측정연대의 편차를 규명하는 또 하나의 방법은 북부 유럽에서 발달된 빙하퇴적층의 편년과의 대비방법이다. 스웨덴의 빙하퇴적층의 편년과 C^{14}연대를 3,000 B.P.에서 1만 2,500 B.P.까지 비교해 본 결과, 8,000 B.P. 이상 1만 2,500 B.P.까지의 두 연대가 잘 일치됨을 확인했다. 따라서 8,000 B.P. 이상의 C^{14}연대는 보정할 필요가 없음이 밝혀진 것이다.

4) 시료의 취급방법

C^{14}연대측정법에서 가장 주의 깊게 취급해야 할 점은 시료의 오염문제이다. 오염된 시료로 측정된 C^{14}연대는 오차가 클 뿐만 아니라, 그 오차의 정도를 전혀 짐작할 수가 없기 때문이다.

오염이 되는 주요 원인은 자연발생적인 것과 시료를 취급하는 과정에서 유발되는 것으로 나눌 수 있다. 전자의 경우, 현대의 나무뿌리, 지하수, 산(酸)의 증기 등이 시료에 들어가서 생기는 것인데, 이런 오염은 실험실에서 어느 정도까지는 제거가 가능하지만 완전한 제거는 불가능하다.

다음 후자의 경우, 시료를 채집할 때 사용하는 기구로부터 떨어지는 칠, 깨끗이 할 때 사용하는 붓의 털, 방부제, 저장용기의 천이나 종이 부스러기 등 주로 발굴 시 시료채집을 담당하는 고고학자들의 책임이라고 볼 수 있다. 즉 현대탄소(modern carbon)의 첨가로 인해 시료가 갖고 있던 C^{14}원자의 수에 변화가 생기는 것이다.

현대탄소 혹은 무한히 오래된 탄소(예를 들면 석탄)의 첨가에 따른 오염으로 인해 생기는 C^{14}연대의 오차는 크다. 이러한 오염을 최대한 방지하기 위해 가장 바람직한 시료의 선정, 시료의 전처리(前處理)와 보존,

시료의 의뢰과정 등을 정리하면 다음과 같다.

(1) 시료의 선정

시료는 주거지에서 출토된 목탄이나 동물 뼈, 패총의 조개껍질, 무덤에서의 목관이나 인골 등과 같이 유적과 직접 관련이 되어야 하고, 시료가 유적에서 채집될 때 확실한 층위를 가졌거나 뚜렷한 위치를 점했던 것으로서, 그 어떤 외부적인 영향을 받지 않는 시료가 적합하다.

(2) 시료의 종류 및 필요량

C^{14}연대측정 시에 사용되는 시료의 종류나 1회 측정에 필요한 시료의 양은 측정장치나 연구소에 따라 다르다. 기체시료측정법이나 액체시료측정법에 필요한 탄소의 양이 10g 정도라고 보더라도 시료의 종류에 따라 요구되는 양이 다르기 때문에 참고로 미국과 일본의 두 연구소에서 요구하는 최소한의 양을 제시해 보았다(<표 1> 참조). 시료의 종류는 나무편, 목탄, 뼈, 조개껍질 등이 보편적으로 쓰이고 있고, 연구소에 따라서는 토양, 모피, 철, 토기 등과 같은 시료도 사용이 가능하다. 왜냐하면 토양에 유기물질이 포함되어 있는 경우 그것이 C^{14}을 함유할수 있고, 철이나 토기의 경우에는 각기 제작될 때 C^{14}이 시료에 침투되기 때문이다.

(3) 시료의 전처리(前處理) 및 보존

시료가 채집되어 연구소로 보내질 때까지 여러 가지로 주의하지 않으면 안 된다. 먼저 시료가 선정되면 지상에 노출됨으로써 일어나는 오염을 방지하기 위해서, 시료에 포함되어 있는 불순물을 핀셋으로 모두 제거하고 바로 플라스틱 용기에 넣고 밀봉해야 한다. 단 습한 시료는 가능한 빨리 건조시켜 곰팡이가 나지 않게 해야 하고 그밖에 불필요

<표 1> 시료의 종류 및 필요량

(단위: g)

종류 연구소	목탄, 목편	이탄	패각	뼈	상아	토기, 철	토양	모발, 모피
미국의 MASCA	25	50~ 200	100	300	50	2,000~ 5,000		
일본의 학습원대학	10	50~ 100	40	600			500	50~ 100

한 세척, 선별, 노출 등은 일체 금해야 할 것이다.

시료는 플라스틱 용기에 넣어져 연구소로 보내지는데 이 때 시료에 대한 모든 기록을 동봉해야 하고 의뢰자도 그 기록을 가지고 있어야 한다.

기록해 두어야 할 내용은 다음과 같다.

① 채취년월일

② 채취자

③ 채취지점

④ 채취점의 깊이(자연층위 및 인공층위)

⑤ 공반유물

⑥ 시료의 종류 및 상태

⑦ 기타(각 연구소에서 요구하는 사항)

이와 같은 시료의 제반사항을 정확히 알려줌으로써 연구소에서 측정 시 참고가 될 수 있고 연대측정 결과를 발표할 때에도 이러한 기본 기록은 첨부해야 한다.

(4) 시료가 내포하고 있는 오차

시료 중에서 목탄이 가장 믿을 수 있는 연대측정의 대상이지만, 목탄을 시료로 하여 측정했을 때 그 연대가 가질 수 있는 오차가 있다. 예를 들면 오래된 나무일 경우 나이테가 형성된 시기와 유적에 폐기된 시기 사이에 생기는 시간적인 차이를 들 수 있다. 또한 조개껍질의 경우 그 연대가 상승할 가능성이 있는데 이는 해수의 혼합속도가 일정하지 않기 때문이다. 그러나 실제 측정해 본 결과 큰 오차가 나타나지 않는다는 것이 밝혀졌다.

이상 시료의 취급 과정을 살펴보았는데, 이 취급 과정에서 생기는 오차는 연구소에서 측정한 C^{14}연대에는 나타나지 않기 때문에, 이러한 오차의 발생을 배제하기 위해서는 한 유적에서도 확실한 층위를 가졌거나 위치가 분명한 시료를 여러 개 채집해야 할 것이다. 그래야만 오염된 측정연대를 제거해 낼 수가 있다.

5) C^{14}연대의 의미

C^{14}연대가 갖는 오차는 기본이론, 시료의 채집, 시료의 측정, 연대보정 등 제 단계에서 발생될 수 있다.

먼저 기본이론에서 C^{14}농도가 과거 수천 년간 일정하다는 가설이 맞지 않고 어느 정도 변동되었다는 것이 밝혀짐으로써 C^{14}연대가 부정확해졌다. 그러나 C^{14}농도의 변동은 연륜법의 발달로 인해 어느 정도 정확히 추정해 낼 수 있었고 그 결과 C^{14}연대의 편차를 밝힐 수 있게 되었다. 즉 나이테연대에 의해 연대를 보정함으로써 실연대에 가까워진 C^{14}연대를 얻어낼 수 있게 되었다.

다음은 시료의 채집과정의 문제인데, 이 과정 중에서 발생되는 오염을 막기 위해서는 시료의 정확한 채집이 필요하고, 한 유적 혹은 층위에서 여러 개를 채집함으로써 오염된 시료에 의한 연대를 배제할 수 있다고 본다.

측정과정의 오차는 바로 C^{14}연대 자체에 표시되어 있음을 볼 수 있다. C^{14}연대측정은 시료에서 붕괴되는 β선을 측정하는 것으로 단위시간으로 잘라 보면 다소 불규칙하게 붕괴되어 포아송(poisson) 분포를 이루게 된다. 따라서 이를 측정하여 계산된 C^{14}연대도 역시 통계적 의미를 지니고 있는 것을 알 수 있다. 예를 들면 4,600±60 B.P.의 경우 ±60은 1σ를 나타낸다. 즉 4,540~4,660 B.P. 사이에서 이 시료의 연대가 존재할 확률은 68%이며 ±2σ인 4,480~4,720 B.P. 사이에서는 95%의 존재할 확률을 가진다.

측정과정에서 오는 오차는 같은 연구소에서 계속적으로 같은 시료를 측정해도 나타나지만, 같은 시료를 다른 연구소에서 측정하더라도 다른 결과를 보여준다. 연대보정 시 생기는 오차, 즉 보정방법 상호간에 존재하는 오차는 오차의 한계를 좀더 크게 함으로써 흡수할 수가 있다고 생각된다. 즉 오차의 한계를 2σ로 하자는 의견도 바로 이러한 데에서 기인한다.

이러한 제 문제를 바탕으로 C^{14}연대를 해석하는 기본적인 자세는 단순히 한 개의 연대가 절대연대를 알려주는 것은 아니라는 것이다. 좀더 정확한 의미를 추출하기 위한 노력으로 여러 학자들은 C^{14}연대를 다시 통계적으로 정리하고 있다.

예를 들면 춘성 내평리의 경우 보정된 C^{14}연대가 B.C. 1,205±95년, B.C. 835±55년, B.C. 435±35년 등으로 서로 약 800년의 오차가 있다고 인식할 것이 아니라, 그들 연대의 평균값인 B.C. 825±66년이 이 유적의 연대에 가깝다고 인식되어야 할 것이다.

또한 유적뿐만 아니라 한 시대 혹은 문화기의 절대연대도 많은 수의 C^{14}연대가 축적된다면 그 시대 혹은 문화기의 상한과 하한을 알 수 있고, 이런 작업이 계속되면 세부적인 편년도 가능하게 된다. 그리고 측정방법의 발전과 C^{14}연대에 대한 통계적인 처리를 통해 오차를 줄일수 있기 때문에 선사시대뿐만 아니라 역사시대의 유적도 정확히 그 연대를 측정할 수 있다.

끝으로 C^{14}연대를 취급할 때는 반드시 그 연대가 산출된 반감기를 표시해 두어야 하며 만약 연대보정을 했을 때는 그 방법을 부기해 두어야 한다. 영국에서는 혼란을 피하기 위해 연대보정을 한 C^{14}연대는 A.D. 혹은 B.C.로 표시하고, 그렇지 않은 경우는 a.d. 혹은 b.c.로 표시하고 있다.

4. 방사성탄소연대측정법의 영향

C^{14}연대측정법이 처음 알려졌을 때, 이 방법은 고고학자들에게 놀라움을 주었으나 그 이용이 비교적 도외시되었던 것은 대체로 C^{14}측정연대의 진정한 의미를 이해하지 못했기 때문이었다. C^{14}연대측정법이 고고학의 편년에 이용되기까지는 여러 해가 걸렸다. 많은 수의 C^{14}연대가 축적되고 여러 가지 방법에 의해 신뢰성이 증명됨으로써 점차 고고학자들이 고고학의 편년에 이용하기 시작했다. 이와 같은 방사성탄소연대결정법이 고고학에 미친 영향을 살펴보기로 하겠다.

1) 유럽

가장 먼저 C^{14}측정연대가 편년에 영향을 미친 것은 유럽에서였다. 유럽의 편년은 덴마크의 톰센, 워소 등의 삼시대법을 기초로 몬텔리우스를 거쳐 1930년대 차일드에 의해 확립되었다. 특히 그가 이룩한 편년의 골격은 모든 문명의 중심지가 이집트와 메소포타미아 지방이며, 이곳에서 서쪽으로 문명이 전파되어 갔는데 그 중요한 통로가 이베리아 반도와 다뉴브 강이었다고 보았다. 따라서 연대는 신석기시대의 경우 메소포타미아 지방이 B.C. 3000년대이며, 발칸 반도는 B.C. 2700년, 영국과 스칸디나비아 지방은 B.C. 약 2400년으로 보았다. 이와 같은 유럽의 편년은 전파주의를 바탕으로, 이미 설정된 이집트의 편년에 대비해 그 연대를 비정했던 것이다.

1950년대 중반에 이르러 C^{14}연대가 발표되기 시작했으나, 이 연대의 신뢰성에 대해서는 논쟁이 계속되었다. 피것(Piggott)이나 밀로치(Milojcic)와 같은 학자들은 C^{14}연대의 무용성을 주장하고 종래의 편년을 고집했다. 그러나 1960년대에 들어와서 근동 지방에 새로운 신석기 유적인 제리코(Jerico), 자르모(Jarmo) 유적들이 발굴되었고 그 연대가 C^{14}연대측정법에 의해 B.C. 5000~6000년으로 올라가는 것이 밝혀지고, 유럽 각국에서도 여러 유적에 대한 C^{14}연대가 계속 발표되자 그때까지 존속했던 차일드의 편년체계가 흔들리기 시작했다.

영국의 고고학자 렌프루(Renfrew)는 C^{14}연대에 대한 여러 가지 문제점을 검토했고 유럽 각 지역에서 발표된 자료를 바탕으로 새로운 편년을 제시했는데 이는 지금까지의 전파주의에 입각한 편년체계를 바꾸어놓았다. 즉 신석기시대의 경우 에게 해 근방이 B.C. 6500년, 발칸 반도가 B.C. 6000년, 영국은 B.C. 4500년으로 각각 편년했다(Renfrew, 1979: 338~376). 그는 C^{14}연대를 나이테의 연대에 의해 보정하여 편년에 적용하면서도 각 지역의 문화서열은 층위적인 방법과 형식학적 방법에 의해 상대연대가 충분히 이루어져야 한다고 말하고 각기 다른 유적을 비교할 때에는 C^{14}연대가 필요함을 역설했다(Renfrew, 1973: 118).

현재까지 유럽의 선사시대 편년은 그 연대가 C^{14}연대에 의해 이루어지고 있음을 쉽게 볼 수 있다. 특히 최근에 출간된 『유럽의 선사시대

(*The Prehistory of Europe*)』에서는 신석기시대(B.C. 6800~2550), 청동기시대 (B.C. 2550~1250), 철기시대(B.C. 1250~A.D. 1세기)로 나누고 있는데 이 연대관에서는 보정된 C^{14}연대를 기초자료로 사용하여 정립하고 있다 (Phillips, 1980).

2) 일본

C^{14}측정연대에 대한 논쟁이 가장 격심했던 경우가 일본고고학계이 다. 일본의 선사시대는 선토기시대, 조몬(繩文)시대, 야요이(彌生)시대, 고훈(古墳)시대 등으로 구분되는데 논쟁의 초점은 조몬 토기시대의 연 대문제에 있었다.

야마우치(山內淸男)는 1937년경 조몬 토기의 편년에 대해 조기, 전기, 중기, 후기, 만기 등 다섯 기로 나누고 실연대를 비정하는 데 있어서 그 상한을 B.C. 2500년으로 잡았다. 야마우치의 연대관에 대한 도전은 1950년대에 들어가서 본격화되었는데, 이는 일본 내에서 채집된 시료 로 미국의 연구소에서 C^{14}연대측정이 시작되면서 일어났다.

메이지 대학(明治大學) 고고학교실에서 발굴한 신내천현(神奈川縣) 하 도(夏島)패총의 하층에서 출토된 목탄과 패각을 미국의 미시간 대학에 서 측정한 결과 B.C. 7500±400(M-769)년, B.C. 7290±500(M-770)년 등 으로 나타났다. 이 유적의 하층은 조몬시대 조기에 해당되는데 기존의 연대와는 약 5,000년의 차이를 보여준 것이다. 여기에 대해서 야마우치 는 반론을 폈는데 그는 토기, 마제석기, 석촉 등 유물의 분석을 통해서 하도패총의 연대가 대체로 B.C. 3000년대에 해당하고, 조몬 문화보다 앞선 무토기신석기의 연대는 B.C. 4000년 전후로 보았다.

1960년대에 이르자 일본 내에서도 이화학연구소(理化學硏究所), 학습 원대학(學習院大學) 등에 측정시설이 설치되고 본격적으로 활동하여

C^{14}연대가 축적되자, 와타나베(渡邊直經)는 총 114개의 자료를 근거로 한 조몬 및 야요이 시대의 연대를 제시했다. 그는 조몬시대 조기가 9,500~8,000 B.P., 전기가 5,500~4,700 B.P., 만기가 3,000~2,200 B.P., 야요이 문화가 2,500~1,200 B.P.가 되며 조기와 전 기간의 2,500년이란 긴 기간 격차를, 이 두 시기 사이에는 여러 토기형식이 존재하고 있으므로 아직 C^{14}측정연대의 조사부족으로 보고 있다. 또한 조몬시대 전기의 연대는 나이테에 의해 보정한다면 약 1,000년 정도 소급될 수가 있고, 조기의 연대는 C^{14}측정연대가 내려올 가능성이 있기에 그 두 시기 간의 폭이 줄어들 것이라고 보고 있다(渡邊直經, 1966: 157~158).

그러나 세리자와(芹澤長介)는 조몬시대 전기를 6,800~4,700 B.P.로 보고 조기를 1만~6,000 B.P. 그리고 1만 3,000~1만 B.P.의 시기를 중석기시대로 비정했다. 그는 중석기시대에 최고의 토기인 융선문토기(隆線文土器)가 출토된 장기현(長崎縣) 복정동굴(福井洞窟) 제3층(第三層)과 애원현(愛媛縣) 상흑암(上黑岩) 제9층(第九層) 등을 포함시키고 있다. 즉 토기의 출현을 약 1만 년 전 신석기시대 이전 단계인 중석기시대로 보는 견해가 대두된 것이다(芹澤長介, 1967). 이에 대해서 야마우치는 신석기시대인 조몬 토기의 연대가 세계에서 가장 오래되었다는 사실에 대해 부정하고 극단적인 연대 상승을 비판했다(山內淸男, 1969: 3~22).

오늘날 일본고고학계는 대체로 C^{14}연대에 의거한 조몬시대 편년을 그대로 사용하고 있다. 다만 복정동굴 유적과 상흑암 유적의 C^{14}연대에 대해서는 물리학적으로 보아 일본이 해양국가이고 화산지대이기 때문에 C^{14}농도가 육지보다 낮아 그 연대가 높게 측정될 가능성이 있다고 보고, 두 유적의 연대가 2,000~3,000년 정도 실제보다 높은 것이 아닌가 하는 견해가 있다. 그리고 세리자와의 견해는 중국의 신석기문화도 그 연대가 점차 올라가고, 태국의 선인동(仙人洞) 유적 제4층에서 나타나는 C^{14}연대가 10,910±580 B.P.(Fsu-316)으로 상당히 올라감에 따라 대륙에서도 보다 더 오랜 연대가 나타날 가능성이 있음을 지적했다.

일본고고학계에서는 고고학적 방법에 의한 상대편년이 잘 설정된 이후에 C^{14}연대가 등장했기 때문에 많은 논쟁이 일어날 소지가 있었으나 지금은 일단 C^{14}연대에 의한 연대의 설정이 보편화되고 있고, 또한 C^{14}연대의 신뢰성에 대한 연구가 비교적 많이 이루어지고 있다. 다만 일본의 고고학자들이 사용하고 있는 C^{14}연대에 대해 나이테에 의한 연대보정을 하지 않고 있는 것은 일본에서 현재 채용되고 있는 C^{14}연대가 물리학적으로 너무 높게 나타나서 실연대와 크게 차이가 날 수도 있다는 우려 때문으로 보인다.

3) 중국

유럽과 일본의 경우와는 달리 큰 논쟁 없이 편년에 C^{14}연대를 그대로 사용하고 있는 곳은 중국이다. C^{14}연대는 신석기문화인 앙소문화(仰韶文化)와 용산문화(龍山文化)의 편년이 1972년을 기준으로 변화되는 과정에서 이용되기 시작했다.

앙소문화는 1921년 스웨덴의 앤더슨(Anderson)에 의해 하남성(河南省) 승지현(澠池縣)의 앙소촌(仰韶村)에서 발견되었다. 앤더슨은 앙소문화에 대해 채도(彩陶)라는 토기를 대표적인 유물로 인식하고 감숙(甘肅)의 채도 유적을 신석기시대의 삼기(제가기, 앙소기, 마창기)와 청동기 초기의 삼기(신점기, 사와기, 사정기) 등 모두 여섯 시기로 나누어 편년했다. 또한 이 채도가 서아시아 문화의 파급에 의해 형성된 것이라고 생각한 앤더슨은 그 연대를 <표 2>와 같이 설정했다(松岐壽和, 1974).

흑도(黑陶)로 대표되는 용산문화는 오금정(吳金鼎)에 의해 1928년 산동성(山東省) 역성현(歷城縣) 용산진(龍山鎭)에서 처음 발견되었는데 이

<표 2> 중국의 감숙 채도유적

분기	절대연대(1925년설 및 1943년설, 이하 B.C.)	
濟家期	3,500~3,200	2,500~2,200
仰韶(半山)期	3,200~2,900	2,200~1,700
馬廠期	2,900~2,600	1,700~1,300
辛店期	2,600~2,300	1,300~1,000
寺窪期	2,300~2,000	1,000~ 700
沙井期	2,000~1,700	700~ 500

후 하남, 섬서, 산서, 하북 등지에 넓게 분포되어 있는 것이 밝혀졌다.

그동안 중국의 신석기문화 연구에서는 크게 두 가지 문제점을 연구의 대상으로 잡고 있었다. 첫째는 앙소문화의 기원문제이고, 둘째는 앙소문화와 용산문화와의 관계 및 연대설정 문제이다(量博滿, 1982).

첫째의 문제에 대해 중국학자들은 앤더슨의 전파론을 부정했다. 즉 서안(西安)의 반파촌(半坡村), 섬현(陝縣)의 묘저구(廟底溝), 보계(寶鷄)의 북수령(北首嶺) 유적이 새로 발견되고 중원의 앙소문화가 감숙의 앙소문화보다는 층위적으로 하층이라는 것이 밝혀졌기 때문에 문화의 흐름이 서→동이 아닌 동→서로 전파되었다는 것이 증명됨으로써 앤더슨의 서아시아 문화의 전파론이 부정된 것이다.

둘째 문제는 처음 양대 문화론이 대두되었는데 하남 섬현의 묘저구와 삼리교(三里矯) 유적의 발굴로 묘저구 2기문화(廟底溝二期文化)의 존재가 밝혀지자, 이것을 안지민(安志敏)은 앙소문화와 용산문화의 중간단계로 보아 앙소문화→용산문화라는 계통으로 설명했다.

이상이 C^{14}연대가 이용되기 이전의 연구 성과이다.

1955년 처음으로 C^{14}연대측정법이 소개되었고, 1965~1966년경 측정기재가 설치되었다. 그 후 1972년부터 ≪고고(考古)≫, ≪문물(文物)≫ 등 고고학 잡지가 복간되자, C^{14}연대가 발표되기 시작했으며, 신석기문화에 대한 연구도 새로워졌다.

먼저 앙소문화의 기원문제가 달려 있는 감숙 앙소문화와 중원 앙소
문화의 연대가 C^{14}연대에 의거해 각각 B.C. 2100~1700년과 B.C. 4100
~3500년으로 나타나고 있어서 중원 앙소문화의 연대가 올라감이 밝혀
졌다(安志敏, 1972).

이상에서 언급한 제 문화의 연대에 대해 장광즈(張光直)는 중국 전
지역에서 측정된 C^{14}연대 87개를 기초로 절대연대를 비정하고 있다.
그는 C^{14}측정연대에 대해서 나이테에 의한 연대보정으로 랄프의 방법
을 사용했고 그 결과 중국 신석기문화의 연대는,

① 앙소기 이전 중원 신석기시대 문화: 약 B.C. 5000년 이전
② 앙소기: 약 B.C. 5000~3200년
③ 묘저구 2기문화기: 약 B.C. 3200~2500년
④ 용산기: B.C. 2500~1850년

으로 일단 설정하고 있다(張光直, 1975).

1970년대 후기에 와서 앙소문화보다 더 빠른 시기의 신석기문화가
발견되었는데 황하 유역의 하북성 남부에 있는 자산문화(磁山文化)와
하남성 신정현의 배이강문화(裴李崗文化)가 그것이다. 이들 문화는 그
내용이 앙소문화에 비해 조잡할 뿐 아니라 C^{14}연대가 또한 높게 나타나
고 있었다.

하내(夏鼐)는 이러한 각 문화의 연대를 정리했는데 그도 역시 나이테
에 의한 연대보정으로 다몬(Damon)의 방법을 이용하고 있다. 그의 편년
에 의하면,

① 황하중류의 자산·배이강문화: B.C. 7000~6000년

② 앙소문화: B.C. 4800~3000년

③ 용산문화: B.C. 3000~2300년

④ 장강하류의 하모도문화: 약 B.C. 5000~4750년

⑤ 마가빈문화: B.C. 4750~3700년

⑥ 양저문화: B.C. 3300~2250년

으로 규정하고 있다(夏鼐, 1979).

이밖에 중국의 제 문화도 모두 C^{14}연대에 의거해 시간적인 위치가 설정되고 있다. 중국고고학에서는 C^{14}연대가 출현한 이후 신석기문화를 다원론(多元論)에 기초를 두고 설명하고 있다.

중국에서는 현재 약 20개의 연구소에 의해 모두 2,000여 개에 달하는 C^{14}연대가 발표되었다. 특히 이들 C^{14}연대는 모두 5,730년의 반감기를 사용하고 있으며 편년에 이용할 때에는 반드시 나이테에 의한 연대보정을 하고 있는 것이 특색이라고 하겠다.

이상 몇 가지 예를 통해서 C^{14}연대가 편년에 미치는 영향을 살펴보았는데 여러 유적에서 추출된 시료의 C^{14}연대가 축적되면 각 시대나 문화기의 연대설정에 이용할 수 있음을 알 수 있다.

5. 방사성탄소연대와 한국고고학

우리나라에서 C^{14}연대측정법에 대해서는 우선 자연과학적인 면에서 연구가 없고, 이것을 이용하는 고고학에서도 아직 인식이 부족하다.

자연과학적인 면에서의 연구부족은 처음 기본원리가 발표된 1969년 이래로 전혀 그 방면에 대한 연구논문이 없다는 데에서 단적으로 볼 수 있다. 그리고 고고학 측면에서 최초로 선사시대의 편년과 연결시킨

논문도 역시 같은 해인 1969년에 발표되었다. 이 논문에서는 C^{14}연대가 당시까지로 보아 신석기시대의 편년에 이용될 수 있으나 청동기시대 이후가 되면 오차의 폭 때문에 세밀한 편년은 거의 효과가 없다고 보았으며 앞으로 연대상의 획일성·통일성 같은 것을 찾아 세부편년에 자료로 쓸 수 있다고 보았다(김원용, 1969). 이외에는 C^{14}연대에 대한 좀더 구체적인 검토가 없이, 다만 발굴 시 한두 개의 시료를 연대측정해서 보고하는 정도에 그쳤다.

그런데 외국에서는 1970년대에 들어서자 C^{14}연대측정법에 대한 연구가 눈부신 발전을 보였다. 즉 C^{14}농도의 변화를 확인했고 이를 통해 C^{14}연대를 실연대로 수정할 수 있는 방법이 발표되었다(이융조, 1975, 1977). 그러나 이들 논문에서 몇 가지 문제점이 발견되고 있는데 두 이론을 정확히 소개하지 못했고, 이것을 한국고고학에 적용하는 데에도 잘못이 있었다.

이러한 결과로 아직까지 연대보정의 필요성이 강조되지 못하여 C^{14}연대는 보정되지 않은 채 그대로 편년에 참고되고 있다. 더욱이 최근에 발간되는 보고서에서 취급하는 C^{14}연대의 수가 1~2개에 지나지 않거나 아예 취급하지 않는 경향이 많아지고 있다. 이는 대개의 경우 C^{14}연대가 유적의 절대연대를 산출해 내는 데 중요한 방법으로 인식되고 있지 않는 데 기인하는 것으로 생각된다.

지금까지 발표된 한국고고학의 연대관을 살펴보면 다음과 같다. 먼저 방사성탄소연대가 본격적으로 발표되기 이전의 한국고고학에서의 연대는 주변국가와 비교하여 상대적인 연대를 추정하는 데 그쳤다(김원용, 1973). 1970년대 후반 방사성탄소연대가 어느 정도 축적되자 이를 참고하여『한국고고학개설』(2판)에서는 신석기시대(B.C. 4000~700), 청동기시대(B.C. 700~A.D. 1), 원삼국시대(A.D. 1~300) 등으로 제시되었다(김원용, 1977).

이후 보정연대의 필요성을 인식하고 한국의 선사문화를 방사성탄소연대에 의거해 신석기시대(B.C. 5000~1300), 청동기시대(B.C. 1300~200), 초기철기시대(B.C. 200~) 등으로 제시한 바 있고(최성락, 1982), 역시 보정연대에 의해 신석기시대의 연대를 B.C. 6000~1000년으로 보려는 견해도 제시되었다(임효재, 1983). 이를 받아들인 『한국고고학개설』(3판)에서는 신석기시대(B.C. 5000~1000), 청동기시대(B.C. 1000~300), 초기철기시대(B.C. 300~A.D. 1), 원삼국시대(A.D. 1~300) 등으로 제시되었다(김원용, 1986).

그 후 한국고고학의 연대문제도 검토된 바 있으나(최성락, 1989; 강형태 외, 1993) 신석기시대의 상한을 제주 고산리 유적에 의거해 B.C. 8,000년경으로 보는 것 이외에는 아직까지 전체적인 틀이 바뀌지는 않았다고 생각된다. 왜냐하면 최근 방사성탄소연대가 좀더 축적되었지만 아직 별다른 변화를 보여주지 않기 때문이다. 그리고 지금까지도 우리나라에서는 방사성탄소연대가 신석기시대의 편년에 활발하게 이용되고 있으나, 청동기시대 이후의 편년에는 적극적으로 이용되지 않고 있다.

6. 맺음말

방사성탄소연대측정법이 발견되어 고대유적으로부터 많은 방사성탄소연대가 알려지자, 그 결과 고고학의 편년에 커다란 영향을 미치면서 세계 각지의 고고학 편년을 바꾸어놓기도 했다. 또한 방사성탄소연대측정법은 고고학에 있어서 절대연대측정법과 과학적 분석법의 사용을 시작하게 했다고 볼 수 있다. 즉 방사성탄소연대측정법에 뒤이어서 포타시움·아르곤(K/Ar)연대측정법, 가열발광(TL)연대측정법, 횟선 트랙연대측정법 등 수많은 절대연대결정법이 연구되었고, 고고학에 사용되는 통계적 분석의 효시가 되기도 했다. 이것은 방사성탄소연대 그 자체가 통계적인 의미를 가진 것으로 고고학자들로 하여금 통계학에 관심을 가지게 하는 데 일조했다.

그러나 방사성탄소연대측정법이 절대적인 방법은 아니다. C^{14}연대의 신빙성에 대한 검토는 계속 연구되고 있다. 그러나 지금까지의 결론은 C^{14}연대측정법이 여러 가지 제한점을 지니고 있다고 하더라도 후기 구석기시대 이래로 고고학의 편년에 절대연대를 제시하는 가장 적합한 연대측정법이라고 말할 수 있겠다.

우리나라에서는 아직 C^{14}연대측정법에 대한 일반적인 인식이 부족하여 다른 나라에 비해서 그 사용 예가 적을 뿐 아니라 한국고고학의 선사시대 편년과 C^{14}연대를 결부시키는 데 있어서 많은 문제점이 노출되고 있다. 심지어 역사시대에는 C^{14}연대측정법의 무용성이 강조되는 인상을 주기도 한다.

이를 극복하기 위해서는 첫째, 단지 C^{14}연대의 중앙값만을 편년에 참고할 것이 아니라 C^{14}연대가 갖는 통계적인 의미가 추구되어야 한다. 둘째, 나이테연대에 의한 연대보정이 필요하고 보정된 연대에 의한 편년이 정확히 제시되어야 한다. 셋째, 유적조사 시 적극적으로 시료를 채집해야 하고, 또한 그 채집방법도 정확히 해야 한다.

방사성탄소연대에 대한 신뢰도를 갖고 유적조사 시 꾸준히 시료를 채집하여 이를 측정한다면 선사시대 편년뿐만 아니라 역사시대의 유적 편년에도 도움이 될 것이다.

참고문헌

강형태 외. 1993. 「방사성탄소연대측정과 고정밀 보정방법」. ≪한국고고학보≫, 30.

김원용. 1969. 「한국고고학에서의 방사성탄소연대」. ≪고고학≫, 2.

_____. 1973. 『한국고고학개설』(1판). 일지사.

_____. 1977. 『한국고고학개설』(2판). 일지사.

_____. 1986. 『한국고고학개설』(3판). 일지사.

김정학. 1967. 「웅천패총연구」. ≪아세아연구≫, 10-4. 고대아세아연구소.

이융조. 1975. 「방사성탄소연대측정과 한국 선사시대편년」. ≪역사학보≫, 68. 53~92쪽.

_____. 1977. 「한국고고학의 편년에 대한 연구」. ≪한국사연구≫, 15. 3~44쪽.

임효재. 1983. 「서해안 지역의 즐문토기문화」. ≪한국고고학보≫, 14·15.

채병서. 1961. 「방사능에 의한 새로운 연대결정법」. ≪고고미술≫, 2-2.

최성락. 1982. 「방사성탄소측정연대문제의 검토: 이론적 검토 및 그 활용방법에 대하여」. ≪한국고고학보≫, 13.

_____. 1989. 「한국고고학에 있어서 연대문제」. ≪한국고고학보≫, 23.

渡邊直經. 1966. 「繩文および彌生時代のC^{14}年代資料」. ≪第四期研究≫, 5-3·4.

芹澤長介. 1967 「日本石器時代 C^{14}年代」. ≪第四期研究≫, 6-4.

山內淸男. 1969. 「繩文早創期の諸問題」. *Museum*, 224.

遠藤邦彦. 1978. 『C^{14}年代測定法』. 考古學ライブラリ-1. ニュー・サイエンス社.

松岐壽和. 1974. 『中國考古學槪說』. 學生社. pp.158~168.

量博滿. 1982. 「新石器時代の展開」. ≪中國歷史學界の新動向≫, 9.

安志敏. 1972. 「略論我國新石器時代文化的年代問題」. ≪考古≫, 6.

張光直. 1975. 「中國考古學上的放射性炭素年代及其意義」. ≪考古人類學刊≫, 37-8. pp.29~43.

夏鼐. 1979. 「三十年來中國考古學」. ≪考古≫, 5. pp.385~392.

Aiken, M. J. 1990. *Science-based dating in archaeology*. Longman.

Libby, W. F. 1955. *Radiocarbon Dating*, 1st ed. Chicago: University of Chicago Press.

_____. 1961. "Radiocarbon Dating." *Science*, 133. pp.621~629.

_____. 1968. "Carbon 14, Nuclear clock for Archaeology." *UNSCO Courier*, 7·8. pp.22~30.

Libby, W. F., E. C. Anderson and J. R. Arnold. 1949. "Age determination by Radiocarbon content: Worldwide assay of natural Radiocarbons." *Science*, 109. pp.227~228.

Michels, J. W. 1973. *Dating Methods in Archaeology*. Seminar Press.

Phillips, P. 1980. *The Prehistory of Europe*. London: Allen Lane.

Renfew, C. 1973. *Before Civilization*. London: Jonathan Cape.

_____. 1979. *Problems in European Prehistory*. Edinburgh University Press.

추천문헌

강형태 외. 1993. 「방사성탄소연대측정과 고정밀 보정방법」. ≪한국고고학보≫, 30.

최성락. 1982. 「방사성탄소측정연대문제의 검토: 이론적 검토 및 그 활용방법에 대하여」. ≪한국고고학보≫, 13.

_____. 1989. 「한국고고학에 있어서 연대문제」. ≪한국고고학보≫, 23.

Aiken, M. J. 1990. *Science-based dating in archaeology*. Longman.

Michels, J. W. 1973. *Dating Methods in Archaeology*. Seminar Press.

제8장_ 윌리와 취락고고학

| 박양진 |

1. 머리말

현대 고고학의 이론과 방법론을 제대로 이해하기 위해서는 고고학의 학문적 역사를 면밀히 검토하는 것이 중요하다. 구미 지역의 고고학, 특히 미국고고학의 경우, 이전과는 다른 새로운 시각으로 과거 문화를 이해하고 설명하려는 노력들이 본격적으로 등장하여 고고학의 학문적 성격을 크게 바꾸어놓은 것은 1960년대 무렵부터라고 할 수 있다(제10 장 참조). 하지만 이러한 커다란 학문적 변화를 예고하는 조짐들은 바로 그 직전 시기인 1940년대와 1950년대 동안에 이루어진 연구에서도 어렵지 않게 찾아볼 수 있다. 이 시기에는 고고학의 목적과 고고학 연구의 과정을 재검토하고 새로운 실험적 접근을 시도하려는 노력들이 이루어지는데, 취락고고학(settlement archaeology)의 발전도 그러한 새로운 모색 중의 하나라고 할 수 있다.

1940년대 이전까지의 미국고고학은 고고학적 유물 및 문화의 분류와 기술에 치중하면서 무엇보다도 편년에 가장 큰 관심을 기울여왔다 (Willey and Sabloff, 1993). 이때까지 미주 각 지역에서의 축적된 연구 성과를 바탕으로 새로운 고고학적 접근방법이 대두되기 시작하는데, 이러한 새로운 학문적 경향들의 공통적인 특징은 고고학 유물과 유적이 발견되는 맥락(context)과 그 기능(function)에 대한 관심이었다(Willey and Sabloff, 1993). 이제 고고학자들은 유물을 과거 인간의 행위를 반영하는 물질적 증거라고 점차 인식하기 시작한 것이다. 또한 인간이 살고 있는 공간에 자신들을 배열하는 방식과 자연환경 및 다른 인간들과의 관계가 당시의 사회경제적 적응과정이나 사회정치적 조직을 이해하는 데 중요한 단서를 지니고 있다는 것을 인식하기 시작했다. 이에 따라 고고학 문화와 자연환경과의 밀접한 관계를 본격적으로 연구하기 시작했는데 이러한 시기에 새롭게 등장한 것이 취락고고학이라고 할 수 있다.

취락고고학은 이전의 연구에서도 그 이론적 토대의 기원을 찾을 수 있다. 예를 들면 모건(Lewis Henry Morgan, 1818~1881)은 19세기 중엽 이미 취락의 형태와 사회적 진화와의 관계를 최초로 간략하게 논의한 바 있다(Morgan, 1877). 19세기 말과 20세기 전반에는 지표 위에 널려져 있는 유사한 유물과 유적들의 분포를 근거로 특정집단의 영역을 설정하려는 연구들이 시도되었는데, 그 대표적인 학자로는 독일의 코시나(Gustaf Kossinna, 1858~1931)를 들 수 있다. 20세기 초 영국에서는 폭스(Sir Cyril Fox, 1882~1967)가 고고학 유적과 유물의 분포와 식물상과 같은 환경적 양상의 분포의 상호관계를 처음으로 논의했으며(Fox, 1922), 크로포드(O. G. S. Crawford, 1886~1957)는 선사시대를 연구하는 데 지리학적 접근의 가치를 인정하고 항공사진을 이용한 유적의 발견과 조사를 권장했다.

하지만 1940년대 이전에는 취락유형(settlement pattern)에 대한 본격적인 고고학 연구는 거의 존재하지 않은 상황이었다고 할 수 있다. 이제까지의 취락에 대한 고고학적 조사는 대부분 발굴을 위해 유적을 확인하는 것이 주요 목적이었으며, 이른바 '취락'에 대한 연구는 집과 같은 개별 건축물의 연구와 대부분 동일시되었다. 일부 고고학자들은 지표조사와 발굴을 실시하는 동안 유적의 지도를 제작하거나 유적이 어떤 지형지물과 관련되어 있는지에 대해 관심을 기울인 적은 있었지만, 한 유적이 보다 넓은 전체 지역 안에서 어떻게 자리 잡고 있는지, 혹은 한 유적 내에서 유구들이 상호 어떻게 연관되는지에 대한 본격적인 연구는 전혀 이루어지지 않았다.

　이런 배경에서 취락고고학의 성립과 발전에 결정적 기여를 한 학자는 금세기 가장 영향력 있는 미국 고고학자 중의 한 사람인 월리이다. 그는 1940년대에 페루의 비루 계곡(Viru Valley)에서 취락유형의 조사를 실시하여 광범위한 지역을 대상으로 장기간에 걸친 문화의 변화를 파악하려고 시도했다는 점에서 현대적 취락고고학 연구의 선구자로 인정받고 있다.

2. 월리와 취락고고학

　취락고고학이 발전하게 된 과정을 언급하기 전에 월리의 생애와 업적을 간단히 살펴보도록 하겠다. 고든 랜돌프 월리(Gordon Randolph Willey, 1913~2002)는 1913년 3월 7일 미국 아이오와 주 차리톤에서 프랭크 월리와 아그네스 케롤라인 윌슨의 아들로 태어났다. 그는 애리조나 대학(University of Arizona)을 졸업한 후 컬럼비아 대학(Columbia University) 대학원에서 인류학과 고고학을 전공하여 1942년 철학박사 학위를 취득했다. 이후 1942~1943년까지 컬럼비아 대학에서 잠시 강의를 한 후, 1943~1950년까지는 스미스소니언연구소(Smithsonian Institution) 미주민족학국(Bureau of American Ethnology)의 연구원으로 근무했다. 월리는 1950년 이래 1983년까지 하버드 대학 인류학과의 바우디치 중미 및 멕시코 고고학 및 민족학 석좌교수(Charles P. Bowditch Professor of Central American

윌리(G. R. Willey)

and Mexican Archaeology and Ethnology)로 근무했고, 1983년부터 1987년까지는 인류학 선임교수로 재직하면서 고고학 교육과 연구에 주력했다. 윌리는 1987년부터 2002년 4월 28일 사망할 때까지 하버드 대학 인류학과 바우디치 명예교수(Bowditch Professor Emeritus)로 재직하며 연구 및 저술 활동을 계속했다.

윌리는 탁월한 학문적 업적과 고고학 발전에 대한 공헌을 인정받아 1977년에는 케임브리지 대학, 1981년에는 애리조나 대학, 1984년에는 뉴멕시코 대학 등으로부터 명예박사 학위를 수여받았으며, 미국고고학회(Society for American Archaeology) 회장 등 미국 인류학계의 여러 요직도 맡은 바 있다. 또한 워너-그랜 재단, 과테말라 정부, 미국고고학연구소(Archaeological Institute of America), 미국인류학회(American Anthropological Association), 영국왕립인류학연구소(Royal Anthropological Institute of Great Britain) 등 여러 기관과 단체로부터 각종 상을 받았다. 윌리는 고고학뿐만 아니라 영문학과 문학비평에 상당한 흥미를 가지고 있었으며, 작가로서의 개인적 취미와 소질도 살려 1993년에는 고고학자를 주인공으로 한 단행본 추리소설을 출간하기도 했다(Willey, 1993). 1938년 케터린 윈스턴 웨일리와 결혼하여 딸 둘을 두었다.

윌리의 최초의 주목할 만한 업적은 제임스 포드(James A. Ford)와의 공동 논문이라고 할 수 있다(Ford and Willey, 1941). 당시의 고고학계는 편년을 주요 과제로 삼고 지역적 종합연구에 노력하고 있었는데, 포드와 윌리의 이 논문은 미국 동부 지역의 편년과 문화 분류체계를 다룬 것이었다. 이 논문은 문화변화를 설명하는 데 지나치게 전파론에 의존하고 절대연대 추정에서도 상당한 오차가 있음이 나중에 밝혀지긴 했지만, 이후 이 지역의 편년체계 수립에 중요한 기초가 되었다. 윌리는 이후 플로리다 주의 서해안 지역에 대한 자신의 연구를 단행본으로 출간했다(Willey, 1949).

1950년대에는 윌리의 여러 가지 중요한 저서들이 출간되었는데, 페루의 비루 계곡에서 1940년대 실시한 취락유형 조사에 대한 결과가 발표되었고(Willey, 1953), 1955년에 개최된 취락고고학에 대한 세미나의 결과도 그에 의해 편찬 출간되었다(Willey, 1956). 윌리는 고고학의 목적, 이론, 방법론 등에 대해서도 깊은 관심을 가지고 있었는데, 필립스(P. Phillips)와 함께 저술한 두 편의 논문이 수정·보완된 후 단행본으로 출간되어, 고고학의 학문적 성격에 대해 점차 심도 있는 논의를 벌이고 있던 당시 학계에 커다란 영향을 미쳤다(Willey and Phillips, 1958). 이후 취락고고학 분야의 연구를 계속하는 한편(Willey et al., 1965), 미주대륙 전체에 대한 종합적 연구 고찰에 노력을 기울여 두 권으로 된 미주고고학 개설서를 집필했다(Willey, 1966, 1971). 또한 미국고고학의 학문적 발전과정을 체계적으로 고찰한 고고학사를 사블로프(Jeremy Sabloff)와 함께 저술한 뒤 일정한 시간이 지날 때마다 개정판을 출간함으로써 현대 미국고고학의 역사적 맥락을 이해하는 데 가장 중요한 기본문헌을 제공하고 있다(Willey and Sabloff, 1974, 1980, 1993).

1946년 윌리가 페루 북부 태평양 연안의 조그만 계곡인 비루 계곡에 대한 고고학 연구조사를 기획할 당시 그는 스미스소니언연구소의 미주민족학국의 연구원으로 재직하고 있었다. 이 지역이 채택된 이유는 비루 계곡이 고고학적으로 이미 잘 알려진 지역이며 페루의 북부 해안 지역에 대한 초보적인 토기 편년체계가 이미 확립되어 있기 때문이었다(Willey and Sabloff, 1993: 172). 조사단은 비루 계곡의 모든 지역에 대한 세부지도를 준비하고 실지측량에는 항공사진을 광범위하게 활용한 후 세부사항은 지표조사를 통해 직접 확인했다. 또한 건물과 건축유구 등에 대해서는 현장조사를 실시했다. 그 결과 발견된 유적들은 발굴과 지표채집 토기에 대한 분석을 통해 편년을 실시하여, 현존하는 토기 편년체계를 수정·보완하면서 지역 전체와 개별 유적에 대한 연대 추정을 실시했다. 비루 계곡 취락조사의 최대 목표는 선사시대 비루 계곡의 공동체들이 서로 다른 시기 동안 어떻게 상호교류하고 작용했는지를 맥락과 기능이라는 측면에서 파악하고자 하는 것이었는데, 그 결과는 이 지역의 취락유형을 깊이 있게 논의한 단행본으로 출간되었다(Willey, 1953).

이 보고서에서 윌리는 먼저 비루 계곡의 취락 조사가 실험적 성격을 띠고 있음을 인정하고 있다. 고고학 유적과 유구는 각 시기별로 그 기능에 따라 주거 유적(dwelling sites), 의례 혹은 공공기능을 지닌 피라미드 언덕(pyramid mounds), 주거와 공공의례 기능을 겸한 피라미드-주거 복합건물(pyramid-dwelling-construction complexes), 묘지(cemetery), 그리고 요새(fortifications) 등으로 분류하여 서술되고 있다. 이러한 시기별 유적 고찰에 이어서 다양한 기능의 유적 집단들의 발전 혹은 진화에 대한 고찰이 이루어진다. 즉 비루 계곡에 있어서 지난 1,500여 년 동안 일어난 주거유적과 정치적·종교적 구조 등의 변화를 고찰했다. 그 다음 '공동체 유형(community patterns)'에 관한 부분에서는 어떻게 서로 다른 종류의 유적들이 각 시기별로 전체 생활유형에 통합되는지가 논의되고 있다. 취락과 사회에 대한 장은 취락과 인구규모, 사회·정치적 조직에 관한 추론 등을 포함하고 있어서 가장 이론적으로 대담하다고 할 수 있지만 가설의 제시 등에서는 조심스러운 자세를 보이고 있다. 마지막 장은 비루 계곡의 취락 형태를 페루의 다른 지역과 비교하고 있다(Willey, 1953).

이러한 비루 계곡의 연구에 대한 당시 고고학계의 반응은 전반적으로 호의적인 것이었다. 무엇보다도 보고서에 제시된 막대한 분량의 고고학

자료가 상당히 높은 수준의 것이었고, 이론적 언급도 논쟁을 일으킬 만한 것은 아니기 때문이었다. 이 보고서의 출간에 따라 비루 계곡에서 이루어진 취락유형 조사는 이후 취락고고학 연구의 모범이 되었다.

1950년대가 되자 윌리는 그의 관심을 마야 지역으로 옮겨 1954년에는 중미 온두라스의 벨리즈 계곡(Beliz Valley)에서 취락유형 조사를 시작했다(Willey et al., 1965). 다른 고고학자들도 1954년에 열린 취락유형을 주제로 한 심포지엄에 참가하여 논문을 발표하고 토론함으로써 윌리의 접근방법에 대한 그들의 관심을 표시했다(Willey, 1956). 이 심포지엄에서 발표된 논문 가운데 샌더스(William T. Sanders)의 중부 멕시코에 관한 연구와 메거스(Betty J. Meggers)와 에반스(Clifford Evans)의 아마존 저지대에 관한 논문은 과감하게도 과정(process)과 원인(cause)을 언급함으로써 신고고학의 등장이 멀지 않았음을 보여주고 있다.

취락고고학에 대한 이 시기의 관심은 또 다른 합동세미나라는 열매를 낳았는데(Meggers, 1956), 공동체(community)의 형식을 분류하고 그 기능적인 측면과 진화론적 측면을 고찰함으로써 이제까지 취락에 관한 자료를 이용한 연구 가운데서 가장 이론적으로 진보된 수준을 보여주었다. 이 시기에 발표된 논문들에서 비교적 논쟁을 유발할 만한 연구로는 장꽝즈(張光直)의 논문을 들 수 있다. 그는 결론적으로 "문화적 특성은 그 사회적 맥락 속에서 서술되지 않는 한 의미가 없는 것이기 때문에 고고학자들의 첫 번째 의무는 시공간적인 물질적 특성에 의해 고고학적 지역을 확인하는 것이라기보다는 세대, 공동체, 집단 등의 사회적 그룹의 범위를 정하는 것이다"(Chang, 1958: 324)라고 잘라 말하고 있다.

이처럼 1940년대와 1950년대 미국고고학계에서는 문화의 사회적 배경에 대한 주의를 환기시키고 취락유형의 연구의 중요성을 강조한 주장들이 대두되었다. 이에 따라 선사사회에서의 정치적·사회적 변화의 과정을 연구하려는 고고학적 조사에서 취락유형에 대한 연구는 필수적인 것으로 간주되었다.

취락고고학은 개별 유적에 대한 분석에서 벗어나 전체 지역을 연구 대상으로 하는 고고학의 한 분야로 발전했는데, 취락고고학의 기본적인 분석 대상은 이른바 취락유형이다. 윌리에 따르면 취락유형은 "인간이 자기가 살고 있는 공간에 자신을 배치했던 방식이다. 이는 집, 집들의 배치, 그리고 공동체 생활과 관련된 다른 건축물들의 성격과 배치 등을 가리킨다. 이와 같은 취락들은 자연환경, 당시의 기술수준, 그리고 문화가 유지했던 다양한 사회적 상호작용과 조절의 제도 등을 반영한다. 취락유형은 광범위한 문화적 수요에 의해 다분히 형성되기 때문에 고고학적 문화를 기능적으로 해석하는 데 전략적 출발점을 제공한다"(Willey, 1953: 1). 이처럼 유적들 사이의 공간적 유형을 지칭하는 취락유형의 개념은 나중에는 지역적 시각을 가진 고고학적 접근방법으로 확대되어 사용되기도 한다. 그에 따라 취락고고학의 분석 대상이 되는 고고학 자료는 일반적으로 한 지역에 대한 종합적 조사의 맥락에서 수집되며, 추구하는 연구과제들도 지역적 시각을 가지게 된다.

윌리가 취락고고학의 선구자가 될 수 있었던 데는 당시 스미스소니언연구소에서 인디언 연구를 총괄했던 스튜어드(Julian Steward, 1902~1972)가 취락유형을 분석하도록 설득한 때문이었다(Willey, 1974: 153). 미국 인디언 사회의 연구에 있어서 생태학적 접근방법을 주창했던 스튜어드는 미국 서부의 대분지(Great Basin) 지역에서 1930년대 실시한 인류학 조사에서 고대의 취락을 반영하는 고고학적 양상의 공간적 유형을 분석함으로써 환경의 이용, 자원의 활용, 사회적 관계 등을 복원할 수 있다고 인식했다(Steward, 1938). 이에 따라 스튜어드는 윌리에게 페루의 비루 계곡에 대한 취락유형의 연구와 분석을 하도록 권유함으로써 본격적인 취락고고학 연구가 시작될 수 있었다. 스튜어드는 문화생태학(cultural ecology)의 입장에서 특히 인간의 식생·취락체계와 자연환경과의 관계를 논의했다는 점에서 취락고고학의 중요한 이론적 기반을 제공했다.

하지만 자료에 대한 월리의 분석은 이제까지 스튜어드의 생태학적 접근과 상당히 다른 새로운 측면을 보여준다. 그 이전까지의 연구에서는 고고학 자료에서 보이는 취락유형은 인간집단과 자연환경과의 관계를 보여주는 증거로 간주되었다. 그 대신 월리는 취락유형을 고고학적 문화를 기능적으로 해석하는 데 있어 전략적인 출발점이라고 보았다. 그는 취락유형은 주변의 자연환경과 당시의 기술수준, 그리고 사회적 상호작용과 조절기능 역할을 한 여러 가지 사회적 제도 등을 반영한다고 주장했다(Willey, 1953). 그는 생태학적 요인이 취락유형을 결정하는 데 미친 영향을 부정하지는 않았지만, 고고학적 자료에는 다른 많은 사회적 혹은 문화적 요인이 반영되어 있다는 것을 관찰했으며, 이러한 요인들이 생태학적 적응이라는 일반적 유형의 단순한 반영이라고 보지는 않았다. 그 대신 월리는 취락유형이 인간행동의 여러 측면에 대한 정보의 원천이라고 생각했다. 또한 월리는 취락유형은 인간의 행위가 벌어진 배경에 대한 직접적 증거를 제공하고 있다고 보고, 취락유형에 대한 고고학 자료가 고대사회의 경제적·사회적·정치적 조직에 대한 체계적 연구에 많은 잠재력을 지니고 있음을 인식했다(Trigger, 1989: 279~286).

월리는 또한 비루 계곡에서 수천 년의 시기 동안 단절 없이 지속된 문화적 연속성을 관찰하면서 문화변동의 원인을 종래의 설명방법인 이주와 전파의 결과로 간주하기보다는 그 사회에서의 내적 변환(internal transformation)의 측면에서 이해할 것을 강조했다. 따라서 월리의 연구는 선사시대의 사회조직을 연구하는 분석적 틀을 제공했을 뿐만 아니라, 고고학적 자료를 사용하여 장기간에 걸친 사회적 변화를 해석하는 중요한 선구적 업적이었다고 할 수 있다(Trigger, 1989: 284).

3. 취락고고학의 발전

취락고고학에서는 개별 유적이 최종목적으로 연구되거나 어떤 문화나 지역의 대표적인 유적으로 간주되기보다는 각 유적이 서로 다른 보완적 역할을 담당한 연계망을 형성하는 것으로 생각된다. 지표조사의 목적 역시 발굴을 위해 가장 큰 유적이나 대표적인 유적을 찾는 데서 벗어나 고고학적 분석에 보탬이 되는 가치를 지닌 정보를 찾는 데 초점이 모아진다. 취락유형의 생태학적 연구는 여전히 사회적·정치적 해석을 위해 중요한 부분이긴 하지만, 취락유형 자체가 장기간에 걸친 인구의 변화와 고대사회의 사회적·정치적·종교적 제도들을 연구하는 데 중요한 정보를 제공한다고 인식되고 있다(Trigger, 1989: 284).

취락유형은 또한 서로 다른 공간적 차원의 위계적 측면이 강조된다. 다시 말하면, 공간적 유형은 그 규모에 따라 구조물 내의 행위영역(activity area), 구조물, 구조물과 연관된 행위영역, 공동체, 공동체의 지역 내 분포 등으로 구분된다. 이 같은 개개의 분석 차원들은 서로 다른 요인에 의해 형성되며, 과거 인간행위의 여러 측면을 설명해 주는 단서가 된다. 예를 들면, 개별 구조물들은 가족의 조직에 관한 정보를 제공해 주고, 취락들은 공동체의 구조에 관해 알려주며, 지역 내의 공간적 분포는 무역, 행정, 군사조직 등의 영향을 알려주는 것이다. 이 때문에 두 개 이상의 차원에서 자료를 분석하는 것이 고고학 문화에 대한 보다 많은 해석을 가능하게 해준다. 취락고고학은 이전까지의 기능주의적 해석에서 한걸음 더 나아가, 사회적 행위를 유추할 수 있게 하고 생태학적 결정주의를 배격한다는 점에서 가장 주목된다(Trigger, 1989: 284~285).

스튜어드의 문화생태학의 영향을 받은 윌리에 의해 주도되어 효과적인 고고학적 연구법으로 발전한 취락고고학 연구는 선사사회의 사회

적·정치적 변화 과정과 관련된 고고학적 연구에서는 거의 필수적인 첫
번째 단계로 간주되었다(Willey and Sabloff, 1993: 176). 그에 따라 페루
비루 계곡에서 이루어진 월리의 취락고고학 연구는 중미와 근동 지방
을 중심으로 한 세계 각지에서의 취락유형의 변천에 대한 심도 있는
연구를 촉진하는 계기가 되었다.

먼저 구대륙에서는 아담스(Robert M. Adams)가 이라크 남부에서의 오
랜 연구를 통해 정치적 변화의 주요 원인이 관계체계의 변동이라기보
다는 정치적 변화의 영향으로 관계체계가 발전하거나 쇠퇴한다는 것을
증명했다(Adams, 1965; 1981; Adams and Nissen, 1972). 장광즈는 북중국
에서 신석기시대부터 하·상·주대에 이르기까지 사회적·정치적 체계의
발전에 있어서 연속성을 주장했다(Chang, 1963). 부처(Karl Butzer)는 고
대 이집트 문명의 발생에 있어서 인구압력(population pressure)의 역할을
나일 강 상류와 하류 유역의 환경을 비교하면서 논의했다(Butzer, 1976).
트리거(Bruce Trigger)는 주로 무덤 자료를 이용하여 기술, 자연환경, 무
역, 전쟁 등에서의 변화가 누비아 저지대(Lower Nubia)의 인구 규모와
분포에 어떤 영향을 미쳤는지를 분석했다(Trigger, 1965).

신대륙에서는 블랜튼(Richard E. Blanton)이 멕시코 오아하카 지역에서
의 취락유형의 변화와 정치적 조직의 형태와의 상호관계를 고찰했다
(Blanton, 1978). 샌더스(William T. Sanders)는 생태학적 관점에서 멕시코
계곡의 고고학 문화를 구체적으로 연구했는데, 정치적·경제적 조직의
형태에서 보이는 변화가 이 지역의 취락의 크기와 분포를 결정하는 중
요한 요인이었음을 밝혀냈다(Sanders et al., 1979). 이와 같은 연구들은
인구의 증가 혹은 관개농업 같은 단일요소가 복합사회의 발전에 결정
적 역할을 했고 문화변화가 천천히 점진적으로 일어난다고 보는 이제
까지의 단순한 견해들에 심각한 이의를 제기하게 되었다.

취락고고학은 또한 특정 지역의 선사문화가 시간이 지남에 따라 어

떻게 유지되고 변화했는가를 구조적이고 기능적인 관점에서 역동적으로 바라보고자 했다는 점에서 신고고학의 중요한 요소인 문화과정적인 접근방식을 보여주었다(Trigger, 1989: 288). 취락고고학은 1960년대 이후에는 신고고학자들에 의해서 이루어진 이론과 방법론에서의 혁신을 적극 활용하면서 연구 주제도 생활방식, 식생경제, 기술, 교역, 사회조직 등 당시 사회의 문화적·경제적·사회적·정치적 성격을 폭넓게 다루고 있다.

한편 영국에서도 미국의 취락고고학의 연구경향과 유사한 새로운 시각이 클라크(David Clarke, 1937~1976)에 의해 제기되는데(Clarke, 1972, 1977a), 그는 당시 영국의 신지리학의 공간분석과 관련된 여러 이론을 응용하여 고고학 자료에 보이는 공간적 유형과 분포를 설명하려고 시도했다(제11장 참조). 클라크는 공간고고학(spatial archaeology)이라는 용어를 사용하면서, 이는 "고고학적 공간 관계에서 정보를 추출하고 유구 및 구조 등과 이들의 유적, 유적체계 및 환경 내에서의 접합 등에서 인류의 행위유형의 공간적 결과를 연구하는 것이며, 구조물, 유적, 자원 공간 등에서의 인간행위의 흐름과 통합을 집합의 미시적, 반미시적, 거시적 차원에서 연구하는 것"이라고 정의했다(Clarke, 1977a: 9). 클라크의 공간고고학은 취락뿐만 아니라 묘지, 거석 무덤, 동굴, 바위그늘 유적, 광산, 채석장과 자원획득지점 등 인간 행위가 일어난 모든 지점을 포함하는데, 그는 공간고고학이 취락고고학과 동의어는 아니며 이를 포함한다고 주장했다. 하지만 그가 지적한 유적들도 기본적으로는 넓은 의미의 취락고고학에 포함된다고 할 수 있다. 클라크가 주장한 고고학 자료의 공간적 분석이 끼친 직접적 영향은 호더(Lan Hodder) 등에 의한 여러 가지 공간분석 방법에 관한 저서(Hodder and Orton, 1976)와 클라크가 편집한 책(Clarke, 1977b)에서 찾아볼 수 있다.

1960년대 이래로 이루어진 취락고고학의 대표적인 연구사례 중 주목되는 것으로는 우선 윌리의 칠순을 기념하여 출간된 선사시대의 취락유형에 관한 논문집에 실린 연구들을 들 수 있다(Vogt and Leventhal, 1983). 그밖에도 선사 주민들의 자원획득 유형을 분석하기 위해 유적자원영역분석(site catchment analysis)과 유적활용영역분석(site exploitation territory analysis) 등을 논의한 힉스(Higgs, 1975)와 플래너리(Flannery, 1976)의 초기 업적을 비롯하여 다수의 사례 연구가 있다(Bailey and Davidson, 1983; Findlow and Ericson, 1980; Jarman et al., 1982). 취락의 분포 특히 취락의 집중도를 계량적으로 설명하는 틀로는 최근인접분석(nearest-neighbor analysis) 등을 비롯한 여러 방법들이 제시되고 있다(Whallon, 1974; Hodder and Orton, 1976).

취락고고학이 유적과 유물의 분포에 대한 공간적 분석을 목적으로 하기 때문에 인접 학문인 지리학에서 개발된 방법론들이 많이 응용된다. 예를 들면, 경제 활동에 따른 마을의 입지와 규모에 관한 중력모델(gravity model: Reilly, 1931)이 고고학 자료에도 활용되어, 두 유적 사이의 무역과 같은 상호교류도가 인구집단의 크기에 비례하고, 유적 사이의 거리에 반비례한다는 모델이 제시되었다. 취락 사이의 위계관계와 취락의 성격을 취락의 규모에 의해 분석한 등위크기분석(rank-size analysis: Berry, 1961)도 고고학 자료에 적극 활용되었다. 경제 활동에 따른 중심지와 주변지의 입지 요인을 설명하는 중심지이론(central place theory: Christaller, 1966)을 적극적으로 활용한 연구도 또한 발표되었다(Johnson, 1972; Bray, 1983). 이 중심지이론의 결점을 보완하여 중심지의 크기에 따라 그 영역을 설정하는 새로운 모델도 또한 제시되었다(Renfrew and Level, 1979).

최근에는 고고학 자료를 지리정보체계(Geographic Information System: GIS)와 결합하여 분석하려는 노력도 대두되고 있다. 지리정보체계란 특정 지역의 지형, 토양, 기후, 도로, 수리체계, 토지이용 현황 등 2, 3차원의 공간적 정보를 모두 집약한 데이터베이스 운용체계로서 환경보존, 군사, 지역개발, 재난방지 등의 분야에서 다양하게 활용되고 있는데 그 고고학적 효용성도 인정되고 있다(Allen et al., 1990; Lock and Stancic, 1995). 이와 같은 분석은 취락고고학 연구의 분석방법이 인접 학문과의 밀접한 교류에 따라 갈수록 다양화·전문화되고 있음을 보여주는 것이다.

4. 맺음말

윌리의 선구적 업적에 의해 시작된 취락고고학은 종래의 단순한 유적 발굴 중심의 연구나 유물과 유적분포도에 근거한 문화전파론적 시각에서 벗어나, 고고학적인 현상으로 보이는 모든 공간정보를 분석할 수 있는 체계적인 이론과 방법 및 모델을 정립했다는 점에서 커다란 의의가 있다. 취락고고학은 장기간에 걸친 사회적 변화를 고찰할 수 있을 뿐만 아니라, 사회조직을 연구하는 데 분석적 틀을 제공하고 주거유형의 자료를 위계적 관점에서 고찰할 수 있다는 점에서 중요하다.

취락고고학은 개별 유적에 대한 분석에서 벗어나 전체 지역을 연구대상으로 하기 때문에 고고학자들이 보다 넓은 지역적 시각을 가지고 유물과 유적, 고고학 문화 등을 접근하도록 유도했다. 이에 따라 고고학 조사도 일정 지역에 대한 종합적 조사가 필요하게 되었으며, 추구하는 연구과제들도 지역적 시각을 가지게 되었다.

미국을 중심으로 한 서구에서 발전한 취락고고학은 우리나라에도 그 이론과 방법론이 본격적으로 소개되기 시작했다(권학수, 1994; 추연식, 1994). 하지만 이제까지 우리나라에서의 취락에 대한 조사는 그다지 활발하지 못한 편이며 특히 취락유형을 알 수 있는 대규모 지역조사는 거의 전무한 실정이다. 집자리 발굴이나 여러 개의 집자리에 대한 조사는 북한의 경우 1950년대와 1960년대 여러 유적에서 진행되어서 상대적으로 남한보다 앞서 나갔다고 할 수 있다. 하지만 최근에는 남한에서의 조사연구가 훨씬 활발한데, 마을 규모의 대규모 발굴조사까지 진행되어 경북 울산 검단리에서는 우리나라 최초로 환호(環濠)를 비롯하여 100여 기의 주거지를 포함한 무문토기시대 마을이 조사되었다(부산대학교박물관, 1995). 또한 충남 부여 송국리 유적에서는 70여 기에 이르는 주거지가 야외 화덕자리, 토기 요지, 석기 제작장 등과 함께 발굴되어 마을의 규모와 구조를 알 수 있게 되었다(김길식, 1993). 취락고고학에 대한 관심도 점차 증대되고 있어서 1994년에는 "마을의 고고학"이라는 주제로 학술대회도 개최된 바 있다(한국고고학회, 1994).

하지만 우리나라 취락고고학이 앞으로 가야 할 길은 아직도 요원하다고 할 수 있는데, 무엇보다도 발굴 조사된 주거지 숫자가 아주 적고, 전면적인 발굴이나 계획발굴이 희소한 상황은 최소한의 취락고고학 자료 확보조차 어렵게 하고 있다. 취락유형에 대한 연구는 우선 주거지의 시간적·공간적 분류와 성격 파악이 이루어진 다음에야 가능한데, 취락의 위계적 관계에 대한 분석이나 당시 사회조직의 고찰 등은 아직 기대하기 어려운 실정이라고 할 수 있겠다(최몽룡, 1983).

참고문헌

권학수. 1994. 「역사시대 마을고고학의 성과와 과제」. 한국고고학회 엮음.
『마을의 고고학』. 27~44쪽.

김길식. 1993. 『松菊里 Ⅴ: 木柵(1)』. 국립공주박물관.

부산대학교박물관. 1995. 「울산 검단리 마을 유적」. ≪부산대학교박물관연
구총서≫, 17.

최몽룡. 1983. 「주거생활」. 국사편찬위원회 엮음. ≪한국사론≫, 13(上).
152~168쪽.

추연식. 1994. 「취락고고학의 세계적 연구경향」. 한국고고학회 엮음. 『마을
의 고고학』. 45~62쪽.

한국고고학회 엮음. 1994. 『마을의 고고학』. 제18회 한국고고학전국대회
발표요지.

Adams, Robert M. 1965. *Land Behind Baghdad: A History of Settlement on the
Diyala Plains*. Chicago: University of Chicago Press.

_____. 1981. *Heartland of Cities*. Chicago: University of Chicago Press.

Adams, Robert M. and H. J. Nissen. 1972. *The Uruk Countryside*. Chicago:
University of Chicago Press.

Allen, K. M. S., S. W. Green and E. B. W. Zubrow(eds.). 1990. *Interpreting
Space: GIS and Archaeology*. London: Taylor & Francis.

Bailey, G. N. and I. Davidson. 1983. "Site Exploitation Territories and
Topography: Two Case Studies from Palaeolithic Spain." *Journal of
Archaeological Science*, 10. pp.87~115.

Berry, B. J. L. 1961. "City Size Distributions and Economic Development."
Economic Development and Cultural Change, 9. pp.573~588.

Blanton, Richard E. 1978. *Monte Alban, Settlement Patterns at the Ancient Zapotec
Capital*. New York: Academic Press.

Bray, Warwick. 1983. "Landscape with Figures: Settlement Patterns, Locational
Models, and Politics in Mesoamerica." in E. Z. Vogt and R. M. Leventhal
(eds.). *Prehistoric Settlement Patterns: Essays in Honor of Gordon R. Willey*.
Harvard University: University of New Mexico Press & Peabody Museum.
pp.167~193.

Butzer, Karl W. 1976. *Early Hydraulic Civilization in Egypt*. Chicago: University of Chicago Press.

Chang, Kwang-chih. 1958. "Study of the Neolithic Social Grouping: Examples from the New World." *American Anthropologist*, 60-2. pp.298~334.

_____. 1963. *The Archaeology of Ancient China*. New Haven: Yale University Press.

_____(ed.). 1968. *Settlement Archaeology*. Palo Alto: National Press Books.

_____. 1972. "Settlement Patterns in Archaeology." *Modules in Anthropology*, 24. Mass.: Addison-Wesley, Reading.

Christaller, Walter. 1966. *Central Places in Southern Germany*. Translated by T. W. Baskin. N.J.: Prentice-Hall. Englewood Cliffs.

Clarke, David L(ed.). 1972. *Models in Archaeology*. London: Methuen.

_____. 1977a. "Spatial Information in Archaeology." in D. L. Clarke(ed.). *Spatial Archaeology*. London: Academic Press. pp.1~32.

_____(ed.). 1977b. *Spatial Archaeology*. London: Academic Press.

Findlow, F. J. and J. E. Ericson(eds.). 1980. *Catchment Analysis: Essays on Prehistoric Resource Space, Anthropology UCLA*, 10-1·2. Los Angeles: University of California Press.

Flannery, Kent V(ed.). 1976. *The Early Mesoamerican Village*. New York: Academic Press.

Ford, James A. and Gordon R. Willey. 1941. "An Interpretation of the Prehistory of the Eastern United States." *American Anthropologist*, 43-3. pp.325~363.

Fox, Cyril. 1922. *The Archaeology of the Cambridge Region*. Cambridge: Cambridge University Press.

Higgs, E. S(ed.). 1975. *Palaeoeconomy*. Cambridge: Cambridge University Press.

Hodder, Ian and C. Orton. 1976. *Spatial Analysis in Archaeology*. Cambridge: Cambridge University Press.

Jarman, M. R., G. N. Bailey and H. N. Jarman(eds.). 1982. *Early European Agriculture: Its Founations and Development*. Cambridge: Cambridge University Press.

Johnson, Gregory A. 1972. "A Test of the Utility of Central Place Theory in Archaeology." in P. J. Ucko, R. Tringham and G. W. Dimbleby(eds.). *Man, Settlement and Urbanism*. London: Duckworth. pp.769~786.

Karen, Rebecca Yamin and Bescherer Metheny(eds.). 1996. *Landscape Archaeology: Reading and Interpreting the American Historical Landscape*. Knoxville: University of Tennessee Press.

Lock, Gary and Zoran Stancic(eds.). 1995. *Archaeology and Geographic Information Systems: A European Perspective*. London: Taylor & Francis.

Meggers, Betty J. 1956. "Functional and Evolutionary Implications of Community Patterning." in R. Wauchope(ed.). *Seminars in Archaeology 1955*. Memoir 11. Washington, D.C.: Society for American Archaeology. pp.129~157.

Morgan, Lewis H. 1877. *Ancient Society*. New York: Holt.

Reilly, William J. 1931. *The Law of Retail Gravitation*. New York: Pilsbury.

Renfrew, Colin and E. V. Level. 1979. "Exploring Dominance: Predicting Polities from Centers." in C. Renfrew and K. L. Cooke(eds.). *Transformations: Mathematical Approaches to Culture Change*. New York & London: Academic Press. pp.145~167.

Rossignol, J. and L. Wandsnider(eds.). 1992. *Space, Time, and Archaeological Landscape*. New York: Plenum.

Sanders, William T., J. R. Parsons and R. S. Santley. 1979. *The Basin of Mexico: Ecological Processes in the Evolution of a Civilization*. New York: Academic Press.

Steward, Julian. 1938. "Basin-Plateau Aboriginal Sociopolitical Groups." *Bureau of American Ethnology*, 120. Washington, D.C.: Smithsonian Institution.

Trigger, Bruce G. 1965. "History and Settlement in Lower Nubia." *Yale University Publications in Anthropology*, 69. New Haven.

_____. 1989. *A History of Archaeological Thought*. Cambridge: Cambridge University Press.

Vogt, Evon Z. and Richard M. Leventhal(eds.). 1983. *Prehistoric Settlement Patterns: Essays in Honor of Gordon R. Willey*. Harvard University: University of New Mexico Press & Peabody Museum.

Whallon, Robert. 1974. "Spatial Analysis of Occupation Floors, II, The Application of Nearest Neighbor Analysis." *American Antiquity*, 39-1. pp.16~34.

Willey, Gordon R. 1946. "The Viru Valley Program in Northern Peru." *Acta Americana*, 4-4. pp.224~238.

_____. 1949. "Archaeology of the Florida Gulf Coast." *Smithonian Miscellaneous Collections*, 113. Washington, D.C.

_____. 1953. "Prehistoric Settlement Patterns in the Viru Valley, Peru." *Bureau of American Ethnology*, Bulletin 155. Washington, D.C.

_____. 1956. "Prehistoric Settlement Patterns in the New World." *Viking Fund Publications in Anthropology*, 23. New York.

_____. 1966. *An Introduction to American Archaeology* 1(North and Middle America). Englewood Cliffs. N.J.: Prentice Hall.

_____. 1968. "Settlement Archaeology: an Appraisal." in K. C. Chang(ed.). *Settlement Archaeology*. Palo Alto: National Press Book. pp.208~226.

_____. 1971. *An Introduction to American Archaeology* 2(South America). Englewood Cliffs. N.J.: Prentice Hall.

_____. 1974. "The Viru Valley Settlement Pattern Study." in G. R. Willey(ed.). *Archaeological Researches in Retrospect*. Cambridge: Winthrop. pp.149~179.

_____. 1991. "Horizontal Integration and Regional Diversity: an Alternative Process in the Rise of Civilizations." *American Antiquity*, 56. pp.197~215.

_____. 1993. *Selena*. New York: Walker.

Willey, Gordon R., W. R. Bullard, Jr., J. B. Glass and J. C. Gifford. 1965. "Prehistoric Maya Settlements in the Belize Valley." *Papers of the Peabody Museum of Archaeology and Ethnology*, 54. Mass.: Cambridge.

Willey, Gordon R. and Philip Phillips. 1958. *Method and Theory in American Archaeology*. Chicago: University of Chicago Press.

Willey, Gordon R. and Jeremy A. Sabloff. 1974. *A History of American Archaeology*. New York: Freeman.

_____. 1980. *A History of American Archaeology*, 2nd ed. New York: Freeman.

_____. 1993. *A History of American Archaeology*, 3rd ed. New York: Freeman.

추천문헌

한국고고학회 엮음. 1994. 『마을의 고고학』. 제18회 한국고고학전국대회
    발표요지.

제9장_ 서비스와 사회조직의 연구

| 박양진 |

1. 머리말

고고학 연구에서 가장 흥미 있는 주제 가운데 하나는 고대사회의 사회적 성격에 관한 연구라고 할 수 있다. 사회구성원 사이의 관계, 사회조직의 성격이나 규모, 지배자나 권력의 성격 등에 대한 연구는 당시의 사회를 종합적으로 이해하는 데 필수불가결한 요소라고 할 수 있다.

고고학의 발달사를 살펴보면 과거 사회의 사회적 측면에 대한 연구가 본격적으로 시작된 것은 그렇게 오래되지 않았다고 할 수 있다. 20세기 전반까지만 해도 고고학자들은 유물과 유적에 대한 일차적인 관찰 및 분석에 몰두하고 있었고, 유사한 유물의 분포가 일정한 민족집단의 존재를 시사할 가능성을 추정하는 초보적인 수준에 머무르고 있었다. 고고학 자료가 고대사회의 사회조직에 관한 풍부하고 다양한 정보를 가지고 있다는 잠재력을 고고학자들이 인식하게 된 것은 1960년대 이후라고 할 수 있다.

고대사회의 사회조직을 연구하는 데 있어서 이론적인 측면에서 질적 발전에 중요한 계기를 제공한 학자로는 미국의 사회인류학자인 엘만 서비스(Elman R. Service)를 들 수 있다. 하지만 그의 대표적인 이론인

신진화론에 기초한 사회형식론(social typology)이 등장하게 된 배경을 이
해하기 위해서는 고고학과 인류학에서 문화진화론(cultural evolutionism)
이 발전하게 된 과정을 먼저 살펴볼 필요가 있다.

2. 신진화론의 역사적 배경

　문화진화론에 근거한 인류문화의 설명과 해석은 인류학 및 고고학의
출현과 발전의 역사와 밀접한 관련을 지니고 있다. 고전적 의미에서의
문화진화론이 등장한 것은 다윈(C. Darwin, 1809~1882)의 생물학적 진화
론이 발표된 직후였다. 다윈이 『종의 기원(The Origin of Species)』(1859)에서
주장한 진화의 개념은 19세기 중엽 서구의 과학과 지성계에 커다란 영
향을 미쳤으며 인류학과 고고학의 성립에도 중요한 역할을 담당했다.
다윈의 진화론적 개념은 먼저 영국고고학자 러복(John Lubbock, 1834~
1913)의 사회적 다윈주의(social darwinism)에 의한 인류문화의 설명에 커
다란 영향을 주었다. 그는 『선사시대(Pre-historic Times, as Illustrated by Ancient
Remains, and the Manners and Customs of Modern Savages)』(1865)에서 인류는 오랜
기간에 걸친 자연선택(natural selection)의 결과 문화적으로 뿐만 아니라
생물학적 능력에서도 집단 간에 차이가 발생하게 되었다고 주장했다.
　진화의 개념을 적용하여 인류의 다양한 문화를 설명한 본격적인 연
구로는 또한 인류학자 타일러(Edward B. Tylor, 1832~1917)의 『원시문화
(Primitive Culture)』(1871)와 모건(Lewis Henry Morgan, 1818~1881)의 『고대
사회(Ancient Society)』(1877) 등을 들 수 있다. 이들은 역사상에 출현했던
사회들과 민족지로 확인된 사회들을 비교해 보면 야만(savagery: 원시적
사냥)과 미개(barbarism: 단순 농경)의 단계를 거쳐 문명(civilization)의 상태
로 발전한다고 주장했다. 단선진화론(unilinear evolutionism)적 관점에 입

각한 이들의 주장은 사회주의 사상의 형성에도 영향을 끼쳐서 마르크스(Karl Marx, 1818~1883)와 엥겔스(Friedrich Engels, 1820~1895)의 사적 유물론적 진화론의 사회발전단계에도 그 기본개념이 반영되어 있다.

이와 같은 19세기 후반의 진화론적 설명은 인류의 문화적 변화와 발전을 지나치게 단순화하고 문화의 다양성을 외면했을 뿐만 아니라 문화 접촉과 전파 등을 무시한 채 일률적인 단계적 진화를 강조했다는 점에서 많은 학자들에 의해 그 한계가 지적되었다. 이에 따라 19세기 말과 20세기 초에는 인류학 및 고고학계에서 진화론의 퇴조가 두드러지고 반진화론적 입장에 선 각종 이론들이 발전했다. 그러한 대표적인 예로는 극단적 전파주의와 역사적 전파주의 등 전파론에 입각한 설명과 문화의 기능적 측면을 강조한 기능주의 등을 들 수 있다. 이와 함께 보다 구체적이고 서술적인 새로운 연구방법이 미국에서 등장하게 되는데, 사실 증거를 중시하는 미국인류학자 보아즈(Franz Boas)의 역사적 특수주의(historical particularism)가 바로 그것이다. 인류학계에서의 이러한 경향을 반영하듯 미국고고학계에서는 이미 실증된 역사시대에서 선사시대로 거슬러 올라가는 직접적인 역사적 접근(direct-historical approach)에 의한 고고학 연구방법 등도 발전했다(Willey and Sabloff, 1993: 125~127).

이러한 반진화론적 설명과 접근방법이 문화변동을 간과하고 있다는 문제점이 1940년대 미국의 인류학자 화이트(Leslie White, 1900~1975)와 스튜어드(Julian Steward, 1902~1972)에 의해 지적되면서 새롭게 보완된 진화론적 관점이 등장했다. 이른바 신진화론(neo-evolutionism) 혹은 다선진화론(multilinear evolutionism)이라 불리는 이론을 주장한 이들은 타일러와 모건의 지성적 계승자라고 할 수 있는데 보아스의 영향을 받은 당시 인류학계의 연구방법을 비판하면서 장기간에 걸친 문화의 변화와 발전을 설명하고 이를 일반화하려고 시도했다.

화이트는 먼저 반진화론적 조류가 미국 인류학계를 압도하고 있을 때『문화의 진화(*The Evolution of Culture*)』(1959)를 통해 외롭게 문화진화론을 주장했다. 그는 문화체계는 기술, 사회조직, 이념의 아체계로 구성되며 문화는 환경에 적응하는 수단이라고 간주했다. 화이트는 당시 인류학계의 역사적 특수주의, 심리학적 환원주의, 자유의지에 대한 믿음 등을 배격하면서, 문화발전에서 일반적으로 발견되는 규칙성을 문화진화라는 일반 진화(general evolution)로 설명했다. 스튜어드는『문화변동의 이론(*Theory of Culture Change*)』(1955)에서 19세기의 진화론을 단선진화론, 차일드나 화이트의 진화론적 도식을 보편진화로 규정하고 자신의 견해를 다선진화론이라고 설명했다. 특히 스튜어드는 미주 대륙의 인디언 연구를 총괄하면서 고고학적·민족학적 문화를 의미 있는 유형으로 분류할 필요를 느끼게 되었고, 문화생태학과 다선진화론을 강력하게 주장하게 되었다. 그는 문화발전에 있어서 규칙성이 발견되는데 문화체계의 서로 다른 차이를 규정하는 것은 생태학적 적응이라고 설명했다. 그는 특히 생업경제체계 및 취락체계와 자연환경과의 밀접한 관계를 강조했다.

하지만 생태학적 적응을 강조하면서 문화진화론적 입장에 선 스튜어드의 견해가 본격적인 영향을 미치기 이전의 고고학 연구에서도 진화론적 사고의 단서를 몇 군데서 찾아볼 수 있다. 스핀든(H. J. Spinden)은 『멕시코와 중미의 고대문명(*Ancient Civilizations of Mexico and Central America*)』 (1928)이라는 책에서 유목(수렵·채집), 고졸(농경), 문명의 세 단계로 이 지역의 선사문화를 구분했다. 윌리(Gordon R. Willey)와 필립스(Philip Phillips)의 저작인 『미국고고학의 이론과 방법(*Method and Theory in American Archaeology*)』(1958)에서도 진화론적 관점이 반영되어 있다. 이 책에서는 고(古)인디언과 다른 후기 홍적세의 유적, 대형동물 사냥꾼들의 문화를 석기시기(Lithic), 수렵과 채집 등의 단계를 고졸시기(Archaic), 정착생활과 취락의 형성단계를 형성시기(Formative), 도시의 발전과 초기문명을 고전시기(Classic), 이후의 문명과 제국 단계의 국가들을 후고전시기(Postclassic)로 각각 명명하는 등 진화론적 사고의 영향을 찾을 수 있다.

화이트와 스튜어드의 영향을 받아 문화진화론에 의거한 본격적인 고고학적 연구가 다수 발표된 것은 1950년대에서 1960년대 초에 걸친 시기 동안이다. 이들의 영향을 받은 메거스(B. J. Meggers), 포드(J. A. Ford), 킴비(G. I. Quimby), 하그(W. G. Haag) 등은 진화론을 실질적으로 고고학에 적용할 때 일어나는 문제점들을 논의했다. 브레이드우드(R. J. Braidwood)는 신대륙과 구대륙 고고학 연구에서의 진화론의 역사를 검토하고 다윈의 진화론 개념이 어떻게 변화했는지를 고찰했다(Braidwood, 1959). 그의 제자인 아담스(Robert Adams)는 메소포타미아와 중미에서 일어난 사원 중심의 사회에서 도시사회로의 질적 도약의 진화를 논의했다(Adams, 1960, 1966).

사회인류학자 중에서 신진화론을 더욱 발전시킨 학자로는 미국의 살린스(M. Sahlins)와 서비스 등을 들 수 있다. 이들은 진보라는 일반진화와 적응이라는 특수진화의 개념을 발전시키고, 특수진화란 적응을 증대시키는 것이고 일반진화란 적응능력을 증대시키는 것이라고 설명했다(Sahlins and Service, 1960). 인류사의 일반적 양상으로서 진보가 문화적 변동을 규정짓는다고 주장했다. 이후에 등장한 이론적으로 보다 복잡한 진화론적 견해는 해리스(Marvin Harris)에 의해 제시된 문화유물론을 들 수 있다. 그는 기술, 인구, 경제적 관계 등과 같은 물질적 조건이 문화체계를 형성하는 데 중요한 역할을 한다고 보고, 음식물의 금기, 종교적 믿음, 그 밖의 문화적 특이성 등과 같은 사회문화적 현상의 기원을 경제적 측면에서 설명하려고 시도하고 있다(Harris, 1979).

이 같은 신진화론의 등장은 한편으로는 사회과학 연구에서 과학적 접근을 지양하는 전반적인 경향과 제2차 세계대전 후 초강대국으로 성장한 미국 사회의 자신감을 반영하는 것이다. 또한 이전까지 진화론이 마르크시즘과 연결되면서 이를 기피하던 사회·정치적 상황도 바뀌게 되어 학문 외적 변수와 관련 없이 자유롭게 진화론을 논의할 수 있게 되었다(Willey and Sabloff, 1993: 220). 신진화론에 근거한 고고학 연구는 이제까지 문화사에 초점을 맞춘 전통적인 고고학이나 문화적 현상을 심리학적으로 설명하던 당시의 사회인류학계의 분위기에서 탈피한 것으로서 신고고학(New Archaeology)의 등장에 유리한 환경을 제공했다.

3. 서비스와 신진화론

엘만 서비스는 1915년생으로 컬럼비아 대학 인류학과 대학원에서 1950년 철학박사 학위를 취득했다. 그는 미시간 대학 등에서 가르쳤고 1968년 이래 샌타바버라 소재 캘리포니아 주립대학(University of California Santa Barbara) 인류학과에서 오랫동안 교육과 연구에 종사했다. 서비스는 남미, 멕시코, 서인도제도의 마티니크(Martinique) 등지에서 현지조사활동을 벌였으며, 현재는 은퇴하여 위 대학의 명예교수로 있다.

서비스는 이미 언급한 것처럼 1950년대 미국인류학계에 새롭게 등장한 이론인 화이트의 일반진화론과 스튜어드의 생태학적 다선진화론의 영향을 받았다. 서비스는 이들의 주장을 보다 발전시켜 살린스와의 공동 저술에서 진보라는 일반진화와 적응이라는 특수진화의 개념을 제시함으로써, 진화라는 개념이 자동적으로 진보와 연결되는 것은 아님을 보여준 바 있다(Sahlins and Service, 1960). 서비스가 고대사회의 사회조직을 연구하는 데 커다란 역할을 한 이론을 제공한 것은 1962년 출간된 『원시사회조직: 진화론적 관점(*Primitive Social Organization: An Evolutionary Perspective*)』이라는 저서에서 민족지적 자료를 사용하여 고도로 일반화된 단선진화론적 발전 순서를 수립한 것이 결정적인 계기가 되었다. 그는 민족지적 자료에서 보이는 다양한 사회조직 형태를 군집(band), 부족 (tribe), 족장사회(chiefdom), 국가의 네 단계로 분류하고, 그중 앞의 세 단계의 사회구조와 지위, 사회적 통합수준 등을 민족지적 사례를 중심 으로 구체적으로 논의했다.

서비스는 이어서 1971년 발표한 『문화진화론: 실제의 이론(Cultural Evolutionism: Theory in Practice)』이라는 연구에서 자신이 설정한 네 가지 사 회조직 형식이 현존하는 민족지적 사회의 분류에 유용하지만 선사고고 학에서처럼 고대사회의 계기적 발전에는 적용하기 어려운 것이라는 견 해를 피력하고(Service, 1971: 304), 군집과 부족을 묶어서 평등사회(egali- tarian society) 혹은 분절사회(segmental society)라고 부르며, 족장사회와 원시국가(primitive state)와의 관계도 모호함을 인정했다. 이후 서비스는 고고학 및 인류학 자료를 함께 논의한 『국가와 문명의 기원: 문화진화 의 과정(Origins of the State and Civilization: The Process of Cultural Evolution)』에서 는 사회·정치적 조직의 진화에 대한 그의 입장을 세 단계로 수정·정리 하여 원시국가와 고대문명(archaic civilization)이 족장사회 혹은 계층사회 (stratified society)로부터 발전한 것이며 이들은 다시 분절평등사회(seg- mental egalitarian society)로부터 성장한 것이라고 설명했다(Service, 1975: xii~xiii).

이러한 서비스의 주장에 대해 신진화론을 옹호하는 또 다른 사회인 류학자인 프리드(M. Fried)는 진화론적 관점에는 동의를 하면서도 그 내 용에 대해서는 많은 비판을 하고 있다. 그는 먼저 서비스가 설정한 네 단계가 사회조직의 성격을 본질적으로 규정하는 계층화(stratification)를 기준으로 볼 때 그 효용성이 의심되며, 권력(power), 권위(authority), 지위 (status) 등의 개념을 제대로 고찰하지 못했다고 지적했다. 특히 서비스 가 설명한 군집이나 부족사회에서는 계층화 현상이 발견되지 않음을

<표 1> 사회의 분류

	군집	부족	족장	국가
총인구	100 이하	수천	5,000~2만	2만 이상
사회 조직	평등 임의적 지도력	분절 사회 범부족 간 연합	혈연에 의한 위계 세습지도자	계급에 의한 계 층화, 왕과 군대
경제 조직	수렵·채집	정착농경, 유목	재분배에 의한 경 제력 집중, 수공 생산	공물에 의한 세 제, 시장, 관료제
취락 유형	임시 야영지	상시 취락	요새 중심지 의례 중심지	도시, 도로망 변경 요새
종교 조직	샤먼	종교지도자, 의례	종교적 의무를 가 진 세습적 수장	사제 계급, 다신 혹은 유일신 종교
유적	임시 집터	가옥, 무덤	대규모 건축물	궁전, 사원, 공공건물
고고학에 서의 예	구석기시대의 모든 사회	초기 농경민	초기 금속 문화	이집트, 근동, 인 디아, 중국, 중미, 페루 등 고대 문명
현대의 예	에스키모, 부시 맨, 호주 원주민	푸에블로 인디안 뉴기니 고산주민 아프리카 누어족	미국 서북부 인 디안, 18세기의 통가, 타히티, 하 와이 수장사회	모든 근대 국가

지적하면서, 이에 대한 대안으로 단순평등사회(simple egalitarian society), 서열사회(rank society), 계층사회(stratified society)의 세 가지 단계에 의한 구분을 제시했다(Fried, 1967). 프리드는 또한 서비스가 언급한 부족(tribe) 개념이 원주민 사회가 서구의 발전된 문화와 접촉하면서 형성된 이차적 현상임을 지적했다(Fried, 1975).

서비스가 애초에 제시한 네 단계 사회조직의 구분은 그 자신이 후에 여러 차례 수정과 보완을 거듭할 정도로 많은 한계가 있었다. 하지만 이러한 구분이 고고학 자료의 해석에서 가지는 실용적 장점 때문에 고대사회의 사회조직을 연구하는 데 중요한 해석적 틀로 지속적으로 사용되고 있다. 특히 군집사회와 부족사회가 사회조직의 성격상 별다른 차이가 없음에도 불구하고, 고고학 자료의 고찰이라는 측면에서 볼 때, 취락구조와 경제형태 등에서 뚜렷한 구별을 관찰할 수 있음에 근거하여 여전히 유용한 범주로 간주되고 있다. 서비스가 제시한 네 가지의 사회조직을 그 특성에 따라서 구체적으로 비교하여 보면 <표 1>과 같다(Renfrew and Bahn, 1991: 155).

4. 사회조직의 고고학적 연구

서비스의 네 단계나 프리드의 세 단계에 의한 정치사회조직의 구분은 당시 화이트와 스튜어드가 주창한 신진화론의 영향을 받고 있던 고고학자들에 의해 재빨리 수용되었다. 또한 신진화론은 신고고학(New Archaeology)의 출현(제10장 참조)에 따른 체계이론과 생태학적 견해와 결합하여 고대사회의 사회조직을 연구하는 데 중요한 이론적 기반이 되었다. 이에 따라서 신진화론에 입각하여 사회조직의 성격과 규모를 연구한 사례들이 발표되었는데, 예를 들면 샌더스(William T. Sanders)와 프라이스(Barbara J. Price)가 중미 멕시코 지역에서의 문명의 진화과정을 서비스가 제시한 네 단계의 사회조직에 의거하여 구체적으로 고찰한 연구가 있다(Sanders and Price, 1968). 이들의 연구를 통해 신진화론에 의한 사회발전단계론이 고고학 자료의 해석에 유용한 틀이 될 수 있음이 확인되었다.

이와 함께 신진화론자들이 제시한 여러 사회조직 가운데 특히 국가사회에 관해서는 그 출현 원인에 대한 학자들의 관심이 집중되면서 여러 가지 국가의 '기원론'들이 제시되었다(Cohen and Service, 1978). 이들 국가의 기원에 관한 설명들은 철학적 배경에 따라 크게 통합론과 갈등론의 두 갈래로 나눌 수 있다(Haas, 1982). 갈등론자들은 고전적인 정치학설과 계층이론으로부터 연유한 것으로 계급 간의 갈등에 의한 계층화를 국가형성에 선행하는 전제조건으로 인식하고 있다. 한편, 서비스를 중심으로 하는 통합론자들은 사회계층과 국가형성을 동일한 범주의 현상으로 인식하면서 사회구성원의 통합이 가져오는 여러 가지 혜택을 강조하고 있다.

이들 국가의 '기원'에 관한 설명들은 그 가운데 가장 중요한 역할을 한다는 '원동력(prime mover)'에 따라서 여러 종류가 있다. '관개이론(irrigation theory)'은 비트포겔(Karl A. Wittfogel)에 의해 주장되었는데, 그는 국가는 대규모의 관개체계를 관리하기 위해 등장한 조직이라고 본다(Wittfogel, 1957). 카네이로(Robert Carneiro)는 지리적 장애물에 의해 한정된 지역 내에서 인구가 증가하게 되면 제한된 자원을 이용하기 위해 집단과 집단 사이의 갈등이 발생하게 되고 이들 사이의 전쟁은 국가형성 과정의 가장 중요한 요인이 된다고 주장한 '한정이론(circumscription theory)'을 제기했다(Carneiro, 1970). 라트지(William Rathje)는 중미의 저지대와 고지대 사이의 장거리 무역에 의해 지역 간의 계층화가 발생하는 과정을 고찰했다(Rathje, 1971). 라이트(Henry Wright)와 존슨(Gregory Johnson)은 서남 이란 지역의 고고학 연구를 통해 지역 내의 교역은 통합의 메커니즘을 통해 국가형성을 유도한다고 주장했다(Wright and Johnson, 1975).

이러한 국가의 기원에 관한 설명들은 점차 국가의 형성 '과정'에 대한 연구로 그 성격이 바뀌게 되는데 이는 신고고학의 등장 이후 체계이론의 영향을 받아 관찰 가능한 여러 변수들 간의 상호관계를 규명하는 노력으로 나타난다. 그 결과 국가의 형성과정을 강조하는 연구는 그 가설 및 모델 설정 등에 상당한 변화가 일어나게 된다.

신고고학의 체계이론적 틀을 국가의 등장에 관한 전통적 설명에 적용한 획기적인 연구로는 플래너리(Kent Flannery)의 논문이 있다(Flannery, 1972). 그는 국가발전의 전통적 단수 원인들을 사회환경적 압력(socio-environmental stresses)이라고 부르고 서로 다른 문화사적 상황에서 이런 압력에 대응하기 위해서 선택되는 공통적 과정과 메커니즘을 논의하면서 이들이 어떻게 체계적으로 연결되어 있는가를 연구하는 것이 중요하다고 주장했다. 그는 국가라는 정치체계의 형성과정에 대한 가설적 모형으로서 평등사회(egalitarian society), 족장사회(chiefdom), 계층사회(stratified society)의 세 단계를 제시했다. 그는 국가발생의 원동력에 대한 연구현황을 검토한 뒤, 체계론적 분석의 틀을 제공했는데, 보편적으로 나타나는 진화론적 메커니즘, 병리, 과정 등과 비보편적으로 나타나는 사회·환경적 조건 등을 구체적으로 논의했다. 플래너리는 사회인류학자인 서비스나 프리드의 신진화론적 차원에서가 아니라 국가라는 정치 체계의 '형성과정'이라는 문제에 초점을 맞추고, 특히 족장사회의 연구의 중요성을 제기했다는 점에서 사회조직의 연구에 큰 공헌을 했다. 플래너리의 연구 이후에 이루어진 복합사회의 등장과정에서의 규칙성에 대한 탐구는 이제까지의 단일 원인에 의한 설명에서 벗어나 보편적인 과정과 메커니즘에 대한 연구로 변화하게 되었다.

1980년대에 들어와서 일어난 사회조직의 연구에 있어서의 중요한 변화 중의 하나는 국가의 기원에 관한 연구가 국가 직전단계인 족장사회까지도 포함한 복합사회(complex society)에 대한 연구로 확대되었다는 점이다. 특히 국가의 전조로서 족장사회에 대한 고고학자들의 관심은 일층 확대되어, 이전의 단순한 평등사회에서 계층화가 발생하여 계층사회가 등장하게 된 최초의 사회·정치적 현상을 설명하려고 많은 학자들이 노력하고 있다(Carneiro, 1981; Earle, 1987, 1991).

최근에는 신고고학에 대한 비판이 거세어지고 후기과정고고학(post-processual archaeology)의 주장이 많은 영향을 미치면서, 신진화론과 신고고학의 한계를 극복하려는 본격적인 노력이 대두되고 있다. 신고고학에서 주장하는 진화론은 생태학적 입장에 서서 문화변화를 자연환경이나 주변 혹은 경쟁관계에 있는 문화체계에서의 변화에 대한 적응적 대응이라고 보기 때문에, 주요 문화변화를 유도할 수 있는 독립적 세력으로서의 인간의 창조력이나 개혁의 가능성을 배제하고 있다. 또한 서비스의 모델에서와 같이 고대사회의 사회문화적 진화를 설명하는 대부분의 이론들은 정체적 사회형태인 진화론적 단계들을 하나씩 거쳐 가는 방향적 발전에 초점을 맞추기 때문에 부적절하다는 것이 밝혀졌다. 이러한 현상을 극복하기 위한 노력으로, 족장사회나 국가와 같은 정치·행정적 조직들이 사회·환경적 압박에 대한 대응으로 이루어진 정치적 중앙화의 결과라고 인식하고 환경적 요인만을 지나치게 강조한 초기의 연구에서 벗어나, 사회·정치적 요인과 이념적 요인도 중요시하는 학자들의 연구가 발표되었다(Jones and Kautz, 1981).

또한 사회조직의 성격을 규명하려는 노력도 보다 구체화되어 고고학자들의 최근의 주된 관심은 사회 계층화(social stratification), 사회적 불평등(social inequality), 권력(power), 권위(authority), 매개인(agency), 이념(ideology) 등에 대한 분석과 설명이 시도되고 있다(Blanton et al., 1996; DeMarrais et al., 1996; Price and Feinman, 1995; Joyce and Winter, 1996; Mithen, 1989; Paynter and McGuire, 1991).

최근 고고학자들의 또 다른 관심은 권력의 근원에 대한 연구로 정치적 주역들이 어떤 다양한 방법을 사용하여 정치체와 사회·문화적 제도들을 형성·유지하는가를 조사하려는 시도를 하고 있다. 그 결과 복합사회의 권력의 기초로서 경제라는 하부구조와 이념이라는 정당화의 도구에 대한 연구가 증대되고 있다(Earle, 1991). 여기에 발표된 논문들은 중앙의 지도자의 출현이 특정 생태학적·경제적 문제에 대한 사회적 해결책이라는 기왕의 견해에서 한 걸음 더 나아간 것이다.

일반적으로 신진화론에서는 족장과 국가와 같은 정치·행정적 조직들이 사회·환경적 압박에 대한 대응으로 이루어진 정치적 중앙화의 결과라고 보지만, 이러한 설명들이 특히 정치적 경쟁관계에 처한 인간의 다양한 행위에 대해 납득할 만한 설명을 제공하지 못하고 있다는 점은 자주 지적되고 있다. 사회적 불평등의 원인을 찾는 데 환경이나 생업경제 이외의 요인에 주목하고 있는 것은 기후, 환경, 인구 등과 같은 외부적 요인과 사회 내부적 변화와의 직접적 상호관계를 비교문화적으로 정립하는 것이 불가능하기 때문이다. 또한 신진화론의 단순한 사회발전단계 형식론은 비슷한 사회적 복합성과 규모를 가진 사회들의 다양성(diversity)과 변이성(variability)을 제대로 설명하지 못한다는 점도 지적할 필요가 있다(Feinman and Neitzel, 1984; Flanagan, 1989; Spencer, 1990).

5. 맺음말

이상에서 살펴본 것처럼 인류문화의 변화와 발전을 진보라는 일반진화와 적응이라는 특수진화로 구별하면서 이를 생태학적 시각에서 접근하려 했던 신진화론적 시각은 서비스에 의해 계기적 발전도식이 제시된 이후 과거 사회의 사회·정치적 성격에 대한 연구를 크게 촉진하는 계기가 되었다. 1960년대 신진화론에 근거한 사회발전단계 형식론이 등장한 이후 상당한 변화와 발전을 거듭한 과거의 사회조직에 대한 연구는 단순한 발전단계의 인식에서 벗어나 최근에는 여러 가지 사회조직이나 권력, 권위 등의 성격을 규명하려고 노력하거나 도식적 틀로는 설명하지 못하는 문화의 다양한 모습이나 지역적 특수성에 대해 관심을 집중하고 있다.

한편 서비스와 프리드 등에 의해 제시된 정치·사회 조직의 여러 형태들에 대한 분류와 해석은 그 이용과 남용에 대해서 국내에서도 상당한 논의가 진행됐다(한국고대사연구회, 1990; 한국상고사학회, 1996). 하지만 한국고대사를 단계적 발전 과정으로 보는 것은 오랜 역사적 배경을 지니고 있다. 예를 들면 "부족국가 — 부족연맹 — 고대국가"의 모델은 모간과 마르크스의 영향 아래 백남운과 손진태에 의해 개발되었고, "성읍국가 — 연맹왕국 — 귀족국가"의 모델은 천관우와 이기백에 의해 제시되었다. 북한 학계에서는 원시사회 — 고대노예제사회 — 중세봉건사회라는 사회주의 유물론에 입각한 사회발전단계론을 채용하고 있다.

이와 같은 배경에서 신진화론의 사회발전 모델을 한국고고학과 고대사 자료에 적용하여 한국 고대사회를 연구하려는 시도가 나타난 것은 어쩌면 자연스러운 현상이라고도 볼 수 있다. 특히 서비스의 "군집사회 — 부족사회 — 족장사회 — 초기국가"의 네 단계 모델을 사용하여 한국 고대사의 복합사회 단계를 설명하려는 노력들이 적극적으로 이루어졌다. 신진화론의 사회발전 도식과 관련된 우리나라의 연구들은 대체로 초기의 적극적 적용 연구 사례와 그 이후의 부정론 혹은 신중론, 그리고 최근의 긍정적 수용론 등으로 크게 구별할 수 있다.

서비스의 신진화론적 이론과 샌더스와 프라이스의 고고학적 적용의 선례를 따라서 한국고대사에서 복합사회 단계라고 할 수 있는 군장사회와 고대국가의 발전을 설명하려는 시도가 최초로 이루어진 것은 1970년대의 일이다(김정배, 1973, 1986). 한국 최초의 고대국가로서 위만조선을 상정하고 그 형성과정을 논의한 연구(최몽룡, 1983, 1985)와 고인돌사회를 족장사회로 고찰한 연구(최몽룡, 1990; 윤내현, 1987; 이종욱, 1982) 등도 고대 한국사회의 사회발전단계에 대한 본격적인 토론을 자극하는 계기가 되었다.

이렇게 서비스의 사회발전도식을 한국의 고고학 자료의 해석과 고대사회의 설명에 적극적으로 적용한 연구에 대해 부정적 혹은 회의적인 입장을 표명하면서 신중한 접근을 주장한 논문들이 뒤이어 발표되었다. 국가형성에 관한 인류학적 이론과 모형을 본격적으로 소개하면서 한국 고대사에의 적용 가능성에 신중한 입장을 취한 논문도 있고(김광억, 1985, 1988), 사회발전형식론이 서비스 자신에 의해 일부 수정되거나 부정됨을 지적하고 인류학이론을 맹목적으로 한국고대사와 고고학에 적용하는 것을 경고하면서 나름대로 한국고대사의 국가형성과정을 설명하려고 시도한 글도 발표되었다(전경수, 1988). 일부 고대사학자들도 이러한 비판적 견해에 동조하면서 인류학적 이론의 적용에 신중을 기할 필요성을 강조했다(이기동, 1984, 1989; 이현혜, 1995).

최근에는 서비스 등의 사회발전형식이 여전히 유용한 설명적 틀임을 지적하는 긍정적 수용론이 다시 제기되고 있다(강봉원, 1995; 최정필, 1994). 이들은 신진화론이 제시하는 사회발전도식이 비록 비판을 받아왔음에도 불구하고 여전히 한국의 고대사회를 체계적으로 연구하는 데 유용하다는 입장을 표명하고 있다.

앞으로 한국 선사 및 초기 역사시대의 사회조직에 대한 연구가 생산적인 발전을 성취하기 위해서는 여러 가지 해결해야 할 과제가 놓여 있다. 가장 우선적인 과제로서 고대사회의 사회적 제 측면을 고고학 자료를 통해 연구하기 위해서는 지표조사 방식에서부터 발굴과 표본추출 방식, 환경 자료를 포함한 각종 자료의 체계적 분석 방법 등에서 새로운 접근 자세가 필요하다고 하겠다. 이론적으로는 기왕의 단순한 사회발전단계론에서 벗어나 사회변화를 설명하는 새로운 대안을 모색할 필요가 있다고 할 수 있다. 사회의 계층화 과정을 설명하기 위해서는 해당 지역의 특수한 역사적 요인들을 고찰할 필요성이 최근 서구에서 강조되고 있는 점도 이러한 대안의 모색 과정에서 고려되어야 한다. 다시 말하면 우리나라의 초기 사회발전 과정에 대한 연구를 위해서는 한 지역에서의 장기간에 걸친 고고학적 순서(archaeological sequence)에 대한 연구가 필요하다고 할 수 있다. 또한 한반도 내에서의 서로 다른 문화 발전의 과정을 인식함으로써 사회조직의 성격에 있어서도 지역차를 규명하는 노력이 필요하다고 하겠다.

이러한 연구 과정에서, 한국고대사에서 '언제' 군장사회나 국가와 같은 복합사회가 등장했는가를 단순히 주장하기보다는, '어떻게', '왜' 불평등이 강화되고 제도화되었는가에 대한 연구가 진전되어, 사회적 계층화의 발전에 기여한 행위자들의 역할이 논의되고 그와 함께 복합사회의 등장과정에서 종교나 이념과 같은 요인의 역할도 적극적으로 검토되어야 한다고 생각한다.

참고문헌

강봉원. 1995. 「국가와 군장사회 사이의 중간 단계에 대한 고찰」. ≪한국고고 학보≫, 33. 7~28쪽.

김광억. 1985. 「국가형성에 관한 인류학적 이론과 한국고대사」. ≪한국문화 인류학≫, 17. 17~33쪽.

_____. 1988. 「국가형성에 관한 인류학 이론과 모형」. ≪한국사시민강좌≫, 2. 일조각. 165~186쪽.

김정배. 1973. 「한국고대국가의 기원론」. ≪백산학보≫, 14. 59~83쪽.

_____. 1986. 『한국고대의 국가기원과 형성』. 고려대학교출판부.

윤내현. 1987. 「한국상고사체계의 복원」. ≪동양학≫, 17. 199~233쪽.

이기동. 1984. 「회고와 전망: 한국사학계 - 고대」. ≪역사학보≫, 104. 162~ 179쪽.

_____. 1989. 「한국 고대 형성사 연구의 현황과 과제: 신진화론의 원용문제를 중심으로」. ≪산운사학≫, 3. 41~69쪽.

이종욱. 1982. 『신라국가형성사연구』. 일조각.

이현혜. 1995. 「신진화론의 이해와 적용을 둘러싼 몇 가지 문제」. ≪역사학 보≫, 146. 271~283쪽.

전경수. 1988. 「신진화론과 국가형성론: 인류학 이론의 올바른 적용을 위해」. ≪한국사론≫, 19. 서울대학교 국사학과. 569~604쪽.

최몽룡. 1983. 「한국고대국가 형성에 대한 일고찰」. 『김철준 박사 회갑기념 사학논총』. 지식산업사. 61~77쪽.

_____. 1985. 「고대 국가 성장과 무역: 위만조선의 예」. 역사학회 엮음. 『한국 고대의 국가와 사회』. 일조각. 57~76쪽.

_____. 1990. 「호남지방의 지석묘사회」. ≪한국고고학보≫, 25. 175~188쪽.

최정필. 1994. 「신진화론과 한국 상고사 해설의 비판에 대한 재검토」. ≪한국 상고사학보≫, 16. 7~37쪽.

한국고대사연구회. 1990. 『한국 고대 국가의 형성』. 민음사.

Adams, R. M. 1960. "The Evolutionary Precess in Early Civilizations." in Sol Tax(ed.). *Evolution After Darwin*, 2. Chicago: University of Chicago Press. pp.153~168.

_____. 1966. *The Evolution of Urban Society, Early Mesopotamia and Prehispanic*

Mexico. Chicago: Aldine.

Blanton, R. E., G. M. Feinman, S. A. Kowalewski and P. N. Peregrine. 1996. "A Dual-procussual Theory for the Evolution of Mesoamerican Civilization." *Current Anthropology*, 37-1. pp.1~14.

Braidwood, R. T. 1959. "Archaeology and the Evolutionary Theory." in *Evolution and Anthropology: A Centennial Appraisal*. Washington, D.C.: Anthropological Society of Washington. pp.76~89.

Carneiro, R. 1970. "A Theory of the Origin of the State." *Science*, 169. pp.733~738.

_____. 1981. "The Chiefdom: Precursor of the State." in G. Jones and R. Kauts(eds.). *The Transition to Statehood in the New World*. Cambridge: Cambridge University Press. pp.37~79,

Cohen, Ronal and E. R. Service(eds.). 1978. *Origins of the State: The Anthropology of Political Evolution*. Philadelphia: Institute for the Study of Human Issues.

De Marrais, Elizabeth, L. J. Castillo and T. Earle. 1996. "Ideology, Materialization, and Power Strategies." *Current Anthropology*, 37-1. pp.15~31.

Earle, T. 1987. "Chiefdoms in Archaeological and Ethnohistorical Perspective." *Annual Review of Anthropology*, 16. pp.279~308.

Earle, T(ed.). 1991. *Chiefdoms: Power, Economy, and Ideology*. Cambridge: Cambridge University Press.

Feinman, G. M. 1995. "The Emergence of Inequality: a Focus on Strategies and Processes." in T. D. Price and G. M. Feinman(eds.). *Foundations of Social Inequality*. New York: Plenum. pp.255~279.

Feinman, G. M. and J. Neitzel. 1984. "Too Many Types: an Overview of Prestate Societies in the Americas." in M. B. Schiffer(ed.). *Advances in Archaeological Method and Theory*, 7. Academic Press. pp.39~102.

Flanagan, J. G. 1989. "Hierarchy in Simple 'Egalitarian' Societies." *Annual Review of Anthropology*, 18. pp.245~266.

Flannery, K. V. 1972. "The Cultural Evolution of Civilizations." *Annual Review of Ecology and Systematics*, 3. pp.339~426.

Fried, M. 1967. *The Evolution of Political Society: An Essay in Political Anthropology*.

New York: Random House.

_____. 1975. *The Notion of Tribe*. CA: Menlo Park.

Haas, J. 1982. *The Evolution of the Prehistoric State*. New York: Columbia University Press.

Johnson, A. W. and T. Earle. 1987. *The Evolution of Human Societies: From Foraging Group to Agrarian State*. Stanford University Press.

Jones, G. D. and R. R. Kautz(eds.). 1981. *The Transition to Statehood in the New World*. Cambridge: Cambridge University Press.

Joyce, A. A. and M. Winter. 1996. "Ideology, Power and Urban Society in Pre-Hispanic Oaxaca." *Current Anthropology*, 37-1. pp.33~47.

McGuire, R. H. and R. Paynter. 1991. *The Archaeology of Inequality*. Blackwell.

Mithen, S. 1989. "Evolutionary Theory and Post-processual Archaeology." *Antiquity*, 63. pp.483~494.

Morgan, L. H. 1877. *Ancient Society*. New York: Henry Holt.

Paynter, R. and R. H. McGuire(eds.). 1991. *The Archaeology of Inequality*. Oxford: Blackwell.

Price, T. D. and G. M. Feinman(eds.). 1995. *Foundations of Social Inequality*. New York: Plenum Press.

Rathje, W. 1971. "The Origin and Development of Lowland Classic Maya civilization." *American Antiquity*, 36-3. pp.275~285.

Renfrew, C. 1984. *Approaches to Social Archaeology*. Edinburgh: Edinburgh University Press.

Renfrew, C. and P. Bahn. 1991. *Archaeology: Theories, Methods, and Practice*. New York: Thames and Hudson.

Sahlins, M. D. and E. R. Service(eds.). 1960. *Evolution and Culture*. Ann Arbor: University of Michigan Press.

Sanders, W. and B. Price. 1968. *Mesoamerica: The Evolution of a Civilization*. New York: Random House.

Service, E. R. 1962. *Primitive Social Organization: An Evolutionary Perspective*. New York: Random House. 신형식 옮김. 1986. 『원시시대의 사회조직』. 삼지원.

_____. 1971. *Cultural Evolutionism: Theory in Practice*. New York: Holt, Rinehart & Winston.

_____. 1975. *Origins of the State and Civilization: The Process of Cultural Evolution*. New York: Norton.

Spencer, C. S. 1990. "On the Tempo and Mode of State Formation: Neo-evolutionism reconsidered." *Journal of Anthropological Archaeology*, 9. pp.1~30.

Steward, J. 1955. *Theory of Culture Change: The Methodology of Multilinear Evolution*. Urbana: University of Illinois Press.

Trigger, B. 1989. *A History of Archaeological Thought*. Cambridge: Cambridge University Press.

White, L. 1959. *The Evolution of Culture*. New York: McGraw-Hill.

Willey, G. R. and P. Phillips. 1958. *Method and Theory in American Archaeology*. Chicago: University of Chicago Press.

Willey, G. R. and J. Sabloff. 1993. *A History of American Archaeology* (3rd ed.). New York: Freeman.

Wittfogel, K. 1957. *Oriental Despotism*. New Haven: Yale University Press.

Wright, H. T. and G. Johnson. 1975. "Population, Exchange, and Early State Formation in Southwestern Iran." *American Anthropologist*, 77. pp.267~289.

추천문헌

역사학회 엮음. 1985. 『한국고대의 국가와 사회』. 일조각.

Haas, J. 1982. *The Evolution of the Prehistoric State*. 최몽룡 옮김. 1989. 『원시국가의 진화』. 민음사.

Service, E. R. 1962. *Primitive Social Organization: An Evolutionary Perspective*. 신형식 옮김. 1986. 『원시시대의 사회조직』. 삼지원.

ARCHAEOLOGY

제 **3** 부

신고고학의 등장과 논쟁

제10장_ 빈포드와 신고고학

| 박양진 |

1. 머리말

　1960년대는 미국을 비롯한 유럽고고학의 이론과 방법론의 발전에 있어서 획기적인 전환점이었다고 할 수 있다. 그 이전까지 시행되던 고고학 연구의 이론과 방법론에 대한 불만은 이전에도 간간이 소수의 학자들에 의해 표출된 바 있는데, 이러한 불만들은 발굴방법과 기술 혹은 새롭게 이용하게 된 자연과학적 분석방법에 대한 것이라기보다는 이로부터 연구 결론이 내려지는 과정에 관한 것이었다. 다시 말하자면 고고학자들이 고고학의 목적 및 성격과 고고학적 추론의 방법과 과정에 대한 의문을 본격적으로 제기하게 된 것이다.

　제2차 세계대전 이후 개발된 방사성탄소연대측정법이 광범위하게 이용됨에 따라서 이제는 오랜 기간 고생하여 유적과 유물을 비교 편년하지 않고서도 연대 추산이 신속하게 이루어지게 되었다(제7장 참조). 따라서 더 이상 편년수립이 고고학 연구의 최종목표가 될 수 없게 되었다. 고고학자들이 이제까지의 유적과 유물의 단순한 연대 규명에서 한 걸음 더 나아가 보다 복잡한 학문적 질문들을 추구할 수 있는 환경이 형성되었던 것이다.

일부 고고학자들이 전통적인 고고학에 만족하지 못하게 된 또 다른 중요한 이유는 이른바 개인의 발명이나 집단의 이주, 문화적 전파 등과 같은 구태의연한 설명으로는 고고학 문화의 변화와 다양성을 제대로 설명하지 못한다는 점이었다. 1948년에 미국 고고학자 테일러(Walter W. Taylor)는 기존 고고학의 연구 행태를 정면으로 비판하면서 전통고고학의 단순한 분류와 기술을 거부하고 고고학 자료를 설명하는 데 문화체계의 모든 영역을 고려하는 새로운 연구방법을 주장했다. 윌리(Gordon R. Willey)와 필립스(Philip Phillips)는 1958년 발행된 『미국고고학의 이론과 방법(Method and Theory in American Archaeology)』에서 신대륙에서의 여러 문화적 발전이 궁극적으로 문명의 출현에 도달함을 관찰했다. 이들은 고고학 자료가 시사하는 선사사회의 사회적 측면을 중시하고 문화사에서의 문화변동을 서술하려고 노력했다. 이들은 또한 사회문화적 인과관계 법칙을 찾기 위한 종합적 연구의 필요성을 지적했다.

1950년대에서 1960년대 초에 걸친 시기 동안에는 화이트(Leslie White)와 스튜어드(Julian Steward)의 영향을 받아, 문화진화론(cultural evolutionism)에 입각한 고고학적 연구가 여러 학자들에 의해 발표되었다(제9장 참조). 이러한 연구는 문화사(culture history)에 초점을 맞춘 전통적인 고고학이나 문화적 현상을 심리학적으로 설명하던 당시 사회인류학계의 경향에서 벗어나 문화진화의 보편성을 강조함으로써 새로운 성격과 내용의 고고학이 형성될 수 있는 유리한 환경을 조성했다.

이러한 학문적 분위기에서 빈포드를 중심으로 한 일부 소장학자들은 고고학적 해석에서의 새로운 연구방법을 강력하게 주장하면서 전통적인 고고학을 정면으로 비판하기 시작했는데 이 같은 움직임에서 등장한 것이 이른바 신고고학(New Archaeology)이다. 신고고학자들은 과거 사회의 문화변동을 체계적으로 연구할 것을 주장하고, 고고학 자료가 과거 사회의 사회적·경제적 측면을 연구하는 데 막대한 잠재력을 가지고 있음을 지적했다. 따라서 이들은 이전의 고고학자들에 비해 훨씬 낙관적이고 긍정적인 입장에 서 있는데 이들에 의해 시작된 새로운 학문 연구태도는 이후 미국고고학뿐만 아니라, 전 세계 고고학의 성격을 크게 바꾸어놓았다.

2. 빈포드와 신고고학의 등장

신고고학의 창시자라고 말할 수 있는 루이스 빈포드(Lewis R. Binford)는 1930년 태생으로 버지니아 공과대학에서 야생물학(wildlife biology)을 전공했다. 그는 제2차 세계대전으로 징집되어 일본에서 통역으로 근무하던 중 이오지마, 사이판 등지 주민의 정착을 돕고 있던 인류학자들과 함께 일하게 되었다. 빈포드는 오키나와 미군 기지의 건설에 따라 파괴되는 무덤들의 발굴에 관여하게 됨으로써 고고학과 처음으로 인연을 맺게 되었다. 그는 군 복무를 마친 후 노스캐롤라이나 대학 인류학과에서 문학사와 문학석사 학위를 취득한 뒤, 미시간 대학 대학원에서 수학하여 1964년 철학박사 학위를 받았다. 빈포드는 시카고 대학, 샌타바버라 소재 캘리포니아 주립대학(UCSB), 로스앤젤레스 소재 캘리포니아 주립대학(UCLA) 등에서 가르친 후, 1969년부터 뉴멕시코 대학에서 근무했다. 빈포드는 현재 이 대학의 레슬리 스파이어 명예교수(Leslie Spier Professor of Emeritus)와 텍사스 달라스 소재 남부감리교 대학의 저명방문교수를 겸임하고 있다.

빈포드 이전에도 전통고고학의 단점을 지적하고 새로운 대안을 모색한 시도가 있었는데, 가장 대표적인 학자는 테일러라고 할 수 있다. 그는 『고고학의 연구(A Study of Archaeology)』에서 당시의 고고학 연구경향에 대한 불만을 토로하고, 문화사에 치중한 당시 고고학의 공헌과 단점들

빈포드(L. R. Binford)

을 철저히 평가하면서, 왜 어떻게 문화 변화가 발생하는지에 대한 전통고고학의 무관심을 비판했다. 그는 고고학 자료가 발견되는 맥락에 대한 연구를 통해 문화의 모든 영역이 고려되는 이른바 '결합적 접근(conjunctive approach)' 방법을 채용할 것을 주장했다(Taylor, 1948). 테일러는 연역적 추론에 의한 가설 검증과 문화의 체계적 견해를 피력했다는 점에서 빈포드를 비롯한 신고고학자들의 주장과 상당 부분 일치한다.

하지만 빈포드는 문화진화론적 입장에서 문화변동의 연구를 강조하고, 이를 바탕으로 문화의 체계적 인식을 견지하며, 새로운 과학적 방법, 기술과 기법 등을 사용했다는 점 등에서 테일러의 견해보다 훨씬 발전된 모습을 보여준다(Willey and Sabloff, 1993: 222~223). 빈포드는 1962년에 발표된 「인류학으로서의 고고학(Archaeology as Anthropology)」과 1965년에 발표된 「고고학적 체계론과 문화과정의 연구(Archaeological Systematics and the Study of Cultural Process)」라는 두 논문에서 앞에서 열거한 새로운 요소들을 바탕으로 신고고학의 방법론적 지침을 제시했다 (Binford, 1962). 빈포드는 먼저 체계이론(system theory)에 입각하여 문화의 주요 아체계(subsystem)인 기술적·사회적·이념적 아체계 사이의 상호관계에 대해 주목할 것을 지적했다. 과거에 대한 전통고고학의 관점과 그들의 연구방법이 부적절하다고 비판하면서, 가설의 검증을 근간으로 정형화된 방법론에 근거한 완전히 새로운 고고학적 연구, 특히 인류학적 고고학의 시행을 호소한 빈포드의 이 논문들은 신고고학의 출현을 신호하는 효시라고 할 수 있다.

빈포드는 이후 계속 발표된 여러 중요한 논문들을 통해, 서술과 편년에 치중한 전통적인 고고학을 신랄하게 비판하고, 문화진화론과 환경의 역할을 강조한 견해들을 수용하면서, 이를 체계이론, 연역적 추론과 종합함으로써 신고고학의 가장 중요한 주창자가 되었다(Binford, 1962, 1963, 1964, 1965, 1967, 1968b, 1968c, 1968d). 전통고고학에 대한 테일러의 비판과 달리 빈포드의 문화사적 고고학에 대한 신랄한 비평은 커다란 반향을 불러일으켰다. 테일러의 비판이 대체적으로 무시되었다고 한다면, 미시간과 시카고 대학을 거점으로 한 빈포드와 다른 소장학자들의 주장은 이후 미국에서 가설 검증의 연구법과 문화과정에 주목하는 새로운 고고학의 형성에 획기적인 역할을 담당했다.

신고고학은 전통적인 고고학과 완전히 다른 성격의 학문을 지양했기 때문에 뚜렷하게 대조되는 점이 여러 가지가 있다(Renfrew and Bahn, 1991: 35). 먼저 이전의 전통적인 고고학은 과거 문화를 서술하고 편년하여 과거 인류가 어떻게 살았는지 규명하는 등 문화사의 복원에 만족했다. 하지만 신고고학은 과학철학에 기반하여 사회적·경제적 체계에서 어떻게 변화가 일어나는지에 대한 문화과정(culture process)을 설명해야 한다고 주장했다. 이러한 문화과정에 대한 관심에 따라서 분명하게 표현된 이론의 사용이 필요하게 되고 문화변동 원리를 일반화하는 결과를 낳게 된다. 빈포드가 옹호하는 인류학적 고고학의 가장 큰 과제는 문화과정(culture process)의 해명이었다.

전통고고학이 단편적인 정보를 하나씩 모아서 과거를 복원하는 귀납적인 추론방법을 사용했다면, 신고고학은 가설을 정립하고 모델을 세워서 그 결과를 연역하는 추론방법을 사용했다. 이에 따라 가설은 검증을 통해서 결론에 도달하게 되는데, 전통고고학이 학자들의 권위나 지위에 근거하여 그 결론의 타당성을 확인했던 것과는 크게 다르다.

신고고학자들은 객관적인 과거가 존재했고 이를 연구하는 것이 고고학의 목적이라고 주장했다. 그들에 따르면 모든 문화과정은 일반이론에 의해 설명이 가능하다는 것이다. 특히 이들이 채용한 논리적 방법은 헴펠 식의 논리실증주의 과학철학에서 주장하는 가설 연역법칙적인 설명(deductive-nomological explanation) 이론이었다(Binford, 1968; Watson et al., 1971).

신고고학에서는 가설연역법(hypothetico-deductive method)에 의한 추론을 실시하게 됨으로 어떻게 연구를 진행할지를 설계하는 것이 매우 중요하다(Binford, 1964). 여러 가지 고고학 자료나 정보를 무작정 많이 축적하는 것보다 중요한 것은 특정 문제에 대한 해답을 찾을 수 있도록 연구 계획을 수립하는 것이다. 고고학 자료도 컴퓨터나 통계학적 방법을 사용하여 수집함으로써 표본 추출이나 유의도 분석과 같은 계량적 분석이 가능하도록 노력한다. 이는 별다른 기준 없이 연구자가 중요하다고 생각되는 질적 자료를 수집했던 전통고고학의 단점을 보완하고자 하는 것이다.

전통적인 고고학은 고고학 자료의 한계성을 흔히 지적하면서 당시의 사회조직이나 인식체계 등을 복원하기에는 불충분하다고 비관적으로 말했다. 하지만 신고고학자들은 보다 낙관적인 입장에서 적절한 방법론만 개발된다면 이러한 문제들도 충분히 연구할 수 있다고 주장했다.

3. 신고고학의 주요 특징

빈포드를 비롯한 신고고학자들은 이제까지의 전통고고학자들과 달리 자신들의 학문적·이론적 입장을 분명하게 밝히면서 자신들의 특징을 강조했는데, 이전의 고고학과 비교하여 이론적 측면에서 다음과 같은 여러 가지 특징을 지니고 있다.

첫째, 신고고학자들은 신진화론에 입각하여 과거 문화변화의 규칙성을 설명하고 있다. 신진화론은 기술과 환경이 문화체계 나아가 인간의 행위를 결정하는 가장 중요한 요인이라고 보고, 문화는 환경에 적응하는 비육체적 수단이라고 정의한다(White, 1959; Binford, 1965). 문화변화의 요인으로는 주로 환경, 생태계, 인구 등 비문화적·외부적 요소를 들 수 있으며 이들 요소의 변화에 대해 적응하는 과정에서 문화가 변화한다고 간주하고 있다. 한 사회의 문화 변동의 원인을 전파나 이주 등에 의한 외적 요인에 두지 않고 사회체계 내의 기술, 사회적 행위, 이념, 가치 등 새로운 형식을 창조하는 인간의 능력을 인정하고 있다(Trigger, 1989: 289~294). 이러한 신진화론적 입장에서 출발한 군집(band), 부족(tribe), 족장(chiefdom), 국가(state) 등의 사회발전단계론(Service, 1962; Fried, 1967)은 사회조직의 고고학적 연구에 있어서 새로운 지평을 열었다(제9장 참조).

둘째, 신고고학의 중요한 설명의 틀은 이른바 체계이론(system theory)이다. 체계이론에 따르면 문화는 하나의 체계(system)로 파악되었고, 이 체계 속에 정치, 경제, 기술, 사회조직, 이념 등의 내부요소와 환경 등 외부요소를 포함하는 여러 아체계(subsystem)들이 있다. 초기의 빈포드의 연구에서는 환경과 관련한 문화체계의 총체적 견해는 아직 발달하지 않았다. 빈포드는 고고학 자료로 남게 되는 물질문화는 과거 인간행위를 반영하고 있어서, 먼저 이들 아체계와 관련되는 고고학 자료를 먼저 확인하고 그 기능적 맥락을 밝히는 것이 필요하다고 주장했다. 그에 따르면, 이들 물질문화와 다른 아체계와의 변화하는 상호관계를 밝힘으로써 고고학자는 문화체계의 변동 혹은 진화를 이해할 수 있다는 것이다. 체계이론의 고고학적 적용에 크게 공헌한 학자로는 빈포드 외에도 켄트 플래너리(Kent V. Flannery, 제12장 참조)와 데이비드 클라크(David Clarke, 제11장 참조)가 있다(Flannery, 1968a; Clarke, 1968).

셋째, 신고고학자들은 문화와 환경의 관계에 주목하여 환경과 관련된 고고학 자료의 수집에 노력했다. 이전의 연구에서처럼 환경이 문화에 영향을 끼친다는 단선적인 사고에서 벗어나 인간 집단을 생태계의 부분으로 간주하는 체계적 사고로 변한 것이다. 인간과 환경의 관계에 대한 총체적인 접근 이론의 개발에 가장 큰 공헌을 한 사람은 플래너리이다. 그는 인간과 환경의 적응적 변화를 고찰하는 가장 기본적 모델로 생태계(ecosystem)를 설정하고 그 구체적인 연구로 멕시코 오아하카 계곡의 고고학 자료를 조사·연구했다(Flannery, 1968b, 1976, 1986; Flannery and Marcus, 1983). 이는 문화를 내부적으로는 하나의 체계로 보고 외부적으로는 생태계의 일부로 간주한다는 점에서 주목되는데, 과학에서의 일반체계이론과 관련되어 고고학적 유용성이 증대된다.

넷째, 신고고학에서는 통계학적 분석방법을 사용하고 표본추출법과 컴퓨터를 광범위하게 이용한다. 자료를 저장하고 분석하는 수단이 쉽게 확보되고, 연대의 정리, 유물의 분류, 유적의 표본추출, 과거 문화유형의 다변수 분석 등을 위한 통계학적 분석방법 등이 고고학 연구에서 용이하게 사용되었다. 체계 분석의 수단으로서 컴퓨터 시뮬레이션도 사용되었다(Hodder, 1978).

다섯째, 신고고학자들은 과학적 접근법을 지양하는데, 가정의 뚜렷한 명시, 문제의식과 잘 조직된 연구계획의 수립, 가설의 검증, 특히 연역법칙적 형태에서의 가설 검증, 실증적 철학관 등을 강조하고 있다. 신고고학자들은 문화과정을 설명하기 위한 논리적 장치로서 가설연역법을 채용했는데, 이는 연역법칙적 설명(deductive-nomological explanation)과 일반법칙(general law)의 수립을 주장한 과학철학자 헴펠(Hempel, 1966)의 논리적 실증주의 시각의 영향을 받은 것이다. 신고고학자 가운데는 고고학적 설명을 예측과 동일시하는 극단적인 경향까지 대두되었다(Watson et al., 1971). 가설을 고고학 자료에서 검증하기 위한 수단으로 신고고학자들은 객관적인 표본추출 방식을 채택하고 컴퓨터와 계량적 통계학 방법을 적극 이용하게 되었다. 신고고학자들은 또한 가설을 수립하기 위해 제일성(uniformitarianism) 원리에 입각하여 민족지 자료를 광범위하게 활용하게 된다.

이상과 같이 신고고학자들은 고고학의 연구에 있어서 단계적인 문화변동에 대한 설명을 생태학적 시각 속에서 체계이론과 문화진화론에 입각하여 더욱 발전시켰다. 이렇게 새로운 성격의 고고학을 주장한 신고고학자들은 실제적인 고고학 연구에 있어서도 많은 영역에서 새로운 연구방법을 개발했다. 빈포드는 과거 사회에서의 사회적 지위의 차별에 대한 사례 연구에서, 화이트의 문화진화론에 대한 견해, 일반체계이론에 입각한 접근법, 가설검증에 있어서 연역적인 추론 등을 통합하여 위스콘신 오대호 지역의 고동문화(Old Copper Culture)에서의 지위의 상징물(status symbol)에 대해 논의했다(Binford, 1962).

무덤에서 출토된 고고학 자료를 통해 과거 사회의 사회적 측면을 유추할 수 있다는 점은 신고고학자들에 의해 처음으로 인식되었다. 시어스(William H. Sears)의 초기 연구(Sears, 1961)에 이어서 빈포드는 묘제의 연구와 그 잠재력에 대해 전 세계적인 관점에서 논의했다(Binford, 1971). 묘제 자료에 대한 분석을 통해 사회조직을 추론한 연구논문집도 출간되었다(Brown, 1971). 라트지(William L. Rathje)는 마야 지역에서의 점증하는 계층 간의 격차와 마야 문명의 몰락 과정을 무덤 자료를 통해 설명했다(Rathje, 1970, 1973).

주거유형에 대한 분석을 통해 사회조직을 연구한 신고고학자들의 논문도 등장했는데, 이 분야의 선구자라고 할 수 있는 디츠(James J. F. Deets)는 집자리에서 출토된 토기의 장식적 속성과 집자리 크기 등을 컴퓨터를 통해 분석하여 모계제 사회와 토기 문양과의 체계적 관계를 증명했다(Deets, 1965). 이후 선사시대 사회의 주거유형(모계제 혹은 부계제)과 사회조직, 사회교류 등의 측면을 논의한 논문들이 다른 신고고학자들에 의해 잇달아 발표되었다(Longacre, 1968; Hill, 1968; Whallon, 1968; Leone, 1968).

　문화와 환경과의 관계를 분석함으로써 당시의 경제 및 인구와 관련된 여러 측면을 추론하는 생태학적 연구도 발표되었다. 샌더스는 멕시코의 테오티우아칸 계곡(Teotihuacan Valley)에서의 지속적인 조사를 통해 문화적·생물학적·물리적 환경 사이의 상호작용에 의해 문화체계의 변화가 발생하는 과정을 설명했다(Sanders, 1962, 1965; Sanders et al., 1970). 맥니쉬는 중미에서의 정착농경의 시작에 지대한 관심을 가지고 있었는데, 자연과학과의 학제적 협력을 통해 생업경제와 취락유형과의 관계를 설명하면서, 멕시코 테후아칸 계곡(Tehuacan Valley)에서 정착 마을이 등장하고 농경이 출현하는 과정에 대한 가설을 증명했다(Mac-Neish, 1964, 1967). 그리고 플래너리의 멕시코 고산지대에서의 식생경제와 취락유형의 변화과정에 대한 자세한 설명(Flannery, 1968b)은 1960년대 이루어진 가장 뛰어난 생태학적 연구라고 할 수 있겠다.

4. 신고고학의 발전

　1960년대는 빈포드를 비롯한 소장학자들에 의해 새로운 고고학적 연구 주장이 제기되어 그에 따른 구체적인 사례연구들이 발표되던 시기라고 할 수 있다. 하지만 신고고학의 등장을 둘러싼 극단적인 논의가 점차 사라지고 과거 인간의 행위와 물질문화를 연결하는 실제적 문제점들이 본격적으로 제기된 것은 1970년대 초 이후의 일이다. 이 시기에는 신고고학의 실증주의적 입장이나 학문에 대한 자신감에 대한 회의가 나타나기 시작하는데, 이는 미국사회의 전반적 위기, 특히 베트남전쟁의 패배에 따른 기술에 대한 믿음의 회의, 경제적 위기, 사회적 모순 등과 어느 정도 관계가 있다(Trigger, 1989: 319). 이 시기에는 신고고학의 가장 중요한 성격이 문화과정(culture process)에 대한 관심이라고 인정되면서 그 이름도 과정고고학(processual archaeology)으로 변화하게 되었다.

신고고학이 주장하는 과제를 달성하기 위해 필요한 가장 성급한 과제 중의 하나는 고고학 자료가 가지는 한계성의 극복에 관한 것이었다. 이에 대한 연구로는 쉬퍼(Michael B. Schiffer)의 저서가 있는데, 그에 따르면 고고학 자료가 형성되는 과정(site formation process)은 크게 두 가지로 분류할 수 있다(Schiffer, 1976, 1987). 자연적 형성과정(n-transforms)은 고고학 자료의 보존에 관여하는 자연적 요인들을 지칭하며, 문화적 형성과정(c-transforms)은 고고학 자료의 형성에 있어서 인간의 의식적, 무의식적 행위와 관련된다. 이와 같은 개념은 과거 문화의 변화과정에 대한 이론적 하부구조를 수립하려는 시도에 중요한 토대가 되었다.

고고학 자료의 한계성에 대한 인식은 또한 신고고학에서 자주 이용하는 표본추출방법이 가지는 문제점을 인식하면서 드러났다. 표본의 대표성에 대한 회의가 제기되면서 전체 지역 연구의 중요성도 인정되는데, 결과적으로 문화체계의 규칙성에 대한 신고고학 초기의 평가가 과장되었음을 알게 된 것이다.

고고학 자료의 형성과정에 대한 연구는 또한 고고학 자료의 의미에 대한 논의와 밀접하게 관련되어 있다. 빈포드는 고고학 자료에서의 의미를 찾기 위한 노력을 중위이론(middle-range theory)의 수립이라고 명명했다(Binford, 1977, 1978a, 1978b). 그는 일반법칙을 수립하기 이전에 수많은 중위이론을 수립할 필요성을 강조했다(Binford, 1983a, 1983b). 그의 이러한 주장은 신고고학자들이 이전에 주장했던 연역적 가설검증법에 의한 일반법칙의 수립에 대한 비판이 제기되자 이론과 고고학적 실제의 격차를 줄이기 위한 노력의 일환으로 나온 것이다. 고고학 자료는

'정적인 물질문화'를 '과거의 동적인 행위'와 연계하기 위해서는 민족지적 상황 속에서의 관찰을 토대로 중위이론을 만들 수 있다는 것이었다(Binford, 1981b: 21~34; Binford, 1983a, 1983b).

이에 따라 과거 행동에 대한 이해를 증진하기 위해 민족지 자료에서 보이는 문화 양상과 고고학 자료에서 보이는 물질문화 양상과의 비교에 의한 민족지적 유추(ethnographic analogy)가 새롭게 조명을 받게 되었고, 그 결과 현대 민족지고고학(ethnoarchaeology)이 새로운 고고학 분야로 등장하게 되었다. 빈포드는 실제로 알래스카 북부에 살고 있는 누나미웃 에스키모족(Nunamiut Eskimo)이라는 수렵채집단계에 있는 사회가 남긴 여러 가지 물질문화에 대해 직접적 관찰과 야외 조사를 실시했다(Binford, 1978a, 1978b, 1981b). 그는 누나미웃과 부시맨의 조사에서 도출된 모델을 사용하여 구석기시대의 고고학적 유적을 해석하려고 시도했다(Binford, 1983a: 144~192).

과정고고학이 발전함에 따라 그 중요한 이론적 기둥의 하나인 문화진화론에도 변화가 일어났다. 화이트나 스튜어드가 주장한 문화진화라는 용어 대신 문화과정(culture process)이나 문화변동(culture change)이라는 용어가 빈번하게 사용되었다. 초기의 문화진화론이 환경 혹은 환경과 기술의 상호관계가 문화변화에 중대한 요인이었다고 보았던 견해가 가지는 설명상의 한계가 자주 지적되었다.

체계이론의 적용에 있어서도 새로운 변화가 일어났다. 문화변화의 원인과 결과에 대한 연구에서 문화체계의 복잡성 때문에 동일한 변수도 다른 결과를 가져오거나 서로 다른 변수들이 작용하여 동일한 결과를 가져올 수 있다고 알게 되었다. 이에 따라 연역적 체계이론보다 귀납적 체계이론이 문화적 다양성을 설명하는 데 보다 유용함이 인식되었다(Trigger, 1989: 308~310).

복합사회(complex society)의 연구에 있어서는 복합사회의 출현에 이르는 과정에서 보이는 규칙성을 찾으려는 노력이 제기되었다. 플래너리는 단일 요인에 의해 국가의 기원을 설명하려는 기왕의 연구에서 더 나아가 보편적인 과정과 메커니즘을 찾을 것을 주장하고 그 가운데 정보와 정보 흐름의 과정에 대한 이해의 중요성을 지적했다(Flannery, 1972). 이후의 연구에서는 일정 지역에서의 장기간의 문화적 변화를 관찰하면서 복합사회의 등장을 설명했다(Early, 1987, 1991; Drennan and Uribe, 1987).

과정고고학은 1970년대 후반 이후로는 미국고고학의 주류로 수용되었다고 할 수 있다(Willey and Sabloff, 1993: 257~297). 이러한 변화는 고고학 연구계획의 수립에 있어서 보다 명확하게 문제점을 규정하려는 노력이나 문화사를 문화과정과 함께 이해하려는 노력 등에서 엿볼 수 있다. 이로써 신고고학의 주장들은 지난 30여 년 동안 은연중에 무의식적으로나마 부분적으로 주류 학문으로 수용되었다고 할 수 있다. 이렇게 문화사에 대한 예전의 관심이 문화과정에 대한 새로운 관심과 결합하여 각 지역과 시기를 망라한 미국고고학의 모든 분야의 연구에서 나타나고 있다고 할 수 있다.

5. 맺음말

1980년대에 접어들면서 문화사와 문화과정을 강조하는 고고학에 대한 비판이 특히 호더(Ian Hodder)를 중심으로 한 영국고고학자들로부터 제기되었다(제13장 참조). 호더는 먼저 고대사회에서의 상징의 역할을 제대로 인식하지 못하는 과정고고학의 한계에 불만을 피력했다(Hodder, 1982a). 과정고고학에서는 문화는 적응의 전략으로 간주되고, 문화의 변동은 환경에 있어서의 변화에 대한 대응이라고 간주되는 것과 달리,

호더는 보다 인문학적 접근을 주장하며 인류의 생활에 있어서 세계관의 우월한 역할을 강조했다. 이전의 과정고고학이 인류문화를 수동적인 매개체로 보는 데 반해 호더 등은 보다 능동적이고 활동적인 형태로 본다.

문화과정고고학의 개념적 틀에 대한 비판과 함께 고고학 자료의 한계성을 인식하여 고고학 자료로부터 인간행위를 추론하거나 사회·문화체계를 재구성하는 데 많은 제약과 한계가 있음을 지적했다. 특히 호더(Hodder, 1982b, 1985, 1986; Shanks and Tilley, 1987)는 과정고고학에서 주장하는 이른바 범문화적 일반법칙은 존재하지 않는다고 주장하면서, 각 지역과 시기에 독특한 사회·정치적 맥락의 중요성을 강조했다. 이와 같이 최근 새로 등장한 고고학 연구경향을 일컬어 후기과정고고학(post-processual archaeology)이라고 한다.

이러한 후기과정고고학의 등장은 서구의 사회과학계 내에서의 포스트모더니즘과 신마르크시즘의 등장과 인류학 내에서 구조주의와 상징주의 학파의 성장 및 비판이론(Critical Theory)의 발전과 밀접하게 관련되어 있다(제13장 참조).

이들 후기과정고고학은 이전의 과정고고학이 개인의 기능과 역할을 간과했음을 지적하고, 과거 인간행위에 대한 일반법칙을 수립할 수 있다는 햄펠 식의 논리적 실증주의에 대한 회의를 피력했다. 이들은 과정고고학의 지나친 학문적 자신감과 실증주의를 비판하면서, 연구자의 학문적 배경 등에 따라 해석이 편향되게 나타날 가능성을 지적하는 비판이론으로 대두되었다.

문화진화론에 입각한 과정고고학은 문화의 기술·경제적 영역이 문화변화의 일차적 결정 요인이라고 보고 사회적·이념적 영역은 이와 부수적으로 변화하는 것으로 보고 있다. 후기과정고고학자들은 이 같은 과정고고학의 시각의 편협성을 지적하면서, 종교와 이념의 역할을 강조했다. 또한, 고대사회의 연구에 있어서나 고고학 연구 종사자들의 역할에 있어서 이른바 사회적 성(gender)의 역할에도 우리의 주의를 환기하고 있다. 이들은 또한 문화생태학에 의한 유물론적 결정론에서 벗어나야 한다고 주장하고 유물의 상징적인 의미를 중요시했다.

후기과정고고학은 문화과정을 중점적으로 연구하면서 일어났던 여러 가지 부작용을 지적하는 반사적 작용으로서 등장했으며, 여러 다양한 접근방법들을 후기과정고고학이라는 이름으로 동일시하기보다는 이전의 고고학적 이론과 방법론들을 새롭게 보완하려는 다양한 노력이라고 간주해야 하겠다. 이러한 후기과정고고학의 지적에 따라 이념, 계급, 권력과 같은 이제까지 경시되었던 주제에 대한 연구가 증가하고 있다.

최근에 진행되고 있는 과정고고학과 후기과정고고학의 격렬한 논쟁에도 불구하고, 신고고학이라고 초기에 일컬어졌던 과정고고학의 발전은 미국고고학뿐만 아니라 전 세계 고고학의 성격을 크게 변화시킨 고고학사 중의 가장 중요한 일이라고 할 수 있다. 신고고학의 가장 영향력 있는 주창자인 빈포드는 기존의 고고학적 이론과 방법론이 부적절함을 뛰어난 논쟁력으로 지적하고 새로운 고고학 목적을 달성하기 위해 논리정연한 연구계획을 수립했다는 점에서 미국고고학사는 물론 세계 고고학의 발전에 커다란 공헌을 했다고 할 수 있다. 그의 주도 아래 형성된 신고고학은 문제의식, 가설 검증, 논증의 명시성 등을 통해 고고학 학문의 과학화에 크게 기여했을 뿐만 아니라, 고고학 연구의 영역을 확대하고 새로운 이론과 방법론적 지평을 열었다는 점에서 현대고고학의 형성에 가장 중요한 역할을 담당했다고 할 수 있다. 신고고학에서 시작된 과거를 과학적으로 이해하려는 노력은 후기과정고고학의 비판과 통합을 통해 계속해서 발전하고 있는 것이다.

참고문헌

Binford, Lewis R. 1962. "Archaeology as Anthropology." *American Antiquity*, 28-2. pp.217~225.

_____. 1963. "'Red Ochre' Caches from the Michigan Area: A Possible Case of Cultural Drift." *Southwestern Journal of Anthropology*, 19-1. pp.89~108.

_____. 1964. "A Consideration of Archaeological Research Design." *American Antiquity*, 29-4. pp.425~451.

_____. 1965. "Archaeological Systematics and the Study of Cultural Process." *American Antiquitiy*, 31-2. pp.203~210.

_____. 1967. "Smudge Pits and Hide Smoking: The Use of Analogy in Archaeological Reasoning." *American Antiquity*, 32-1. pp.1~12.

_____. 1968a. "Archaeological Perspectives," in S. R. Binford and L. R. Binford(eds.). *New Perspectives in Archaeology*. Chicago: Aldine. pp.5~33.

_____. 1968b. "Post-Pleistocene Adaptations." in S. R. Binford and L. R. Binford(eds.). *New Perspectives in Archaeology*. Chicago: Aldine. pp.313~341.

_____. 1968c. "Methodological Considerations of the Archaeological use of Ethno-graphic Data." in R. B. Lee and I. Devore(eds.). *Man the Hunter*. Chicago: University of Chicago Press. pp.268~273.

_____. 1968d. "Some Comments on Historical Versus Processual Archaeology." *Southwestern Journal of Anthropology*, 24-3. pp.267~275.

_____. 1971. "Mortuary Practices: Their Study and Potential." in J. A. Brown (ed.). *Approaches to the Social Dimentions and Mortuary Practices*. Washington D.C.: Society for American Archaeology. Memoir 25. pp.58~67.

_____. 1972. "Comments on Evolution." in L. R. Binford(ed.). *An Archaeological Perspective*. Chicago: Aldine. pp.105~113.

_____. 1977. "General Introduction." in L. R. Binford(ed.). *For Theory Building in Archaeology: Essays on Faunal Remains. Aquatic Resources, Spatial Analysis and Systematic Modeling*. New York: Academic Press. pp.1~10.

_____. 1978a. "Dimensional Analysis of Behavior and Site Structure: Learning from an Eskimo Hunting Stand." *American Antiquity*, 43. pp.330~361.

_____. 1978b. *Nunamiut Ethnoarchaeology*. New York: Academic Press.

_____. 1981a. "Behavioral Archaeology and The 'Pompeii Promise'." *Journal of Anthropological Research*, 37. pp.195~208.

_____. 1981b. *Bones: Ancient Men and Modern Myths*. New York: Academic Press.

_____. 1983a. *In Pursuit of the Past*. London: Thames and Hudson.

_____. 1983b. *Working at Archaeology*. New York: Academic Press.

_____. 1989. *Debating Archaeology*. New York: Academic Press.

Binford, L. R(ed.). 1977. *For Theory Building in Archaeology: Essays on Faunal Remains, Aquatic Resources, Spatial Analysis and Systematic Modeling*. New York: Academic Press.

Binford, L. R. and W. J. Chasko, Jr. 1976. "Nunamiut Demographic History: A Provocative Case." in B. W. Zubrow(ed.). *Demographic Anthropology, School of American Research Advanced Seminar Series*, Alberquerque: University of New Mexico Press. pp.63~143.

Binford, L. R. and J. B. Bertram. 1977. "Bone Frequencies-and Attritional Processes." in L. R. Binford(ed.). *For Theory Building in Archaeology*. New York: Academic Press. pp.77~156.

Binford, L. R. and J. A. Sabloff. 1982. "Paradigms, Systematics and Archaeology." *The Journal of Anthropological Archaeology*, 38. pp.137~153.

Binford, Sally R. and Lewis R. Binford(eds.). 1968. *New Perspectives in Archaeology*. Chicago: Aldine.

Brown, James A(ed.). 1971. *Approaches to the Social Dimensions of Mortuary Practices*, Washington, D.C.: Society for American Archaeology. Memoir 25.

Clarke, David L. 1968. *Analytical Archaeology*. London: Methuen.

Deets, James J. F. 1965. *The Dynamics of Stylistic Change in Arikara Ceramics*. University of Illinois Series in Anthropology, 4, Urbana.

Drennan, R. D. and C. A. Uribe(eds.). 1987. *Chiefdoms in the Americas*. Lanham: University Press of America.

Earle, Timothy K. 1987. "Chiefdoms in Archaeological and Ethnohistorical Perspective." *Annual Review of Anthropology*, 16. pp.279~308.

Earle, Timothy K(ed.). 1991. *Chiefdoms: Power, Economy, and Ideology*. Cambridge:

Cambridge University Press.

Flannery, Kent V. 1968a. "Archaeological Systems Theory and Early Meso-america, in B. J. Meggers(ed.). *Anthropological Archaeology in the Americas*. Washington, D.C. pp.67~87,

_____. 1968b. "The Olmec and the Valley of Oaxaca: a Model for Inter-Regional Interaction in Formative Times." in E. P. Benson(ed.). *Dumbarton Oaks Conference on the Olmec*. Washington, D.C. pp.79~110.

_____. 1972. "The Cultural Evolution of Civilizations." *Annual Review of Ecology and Systematics*, 3. pp.399~426.

_____. 1986. *Guila Naquitz: Archaic Foraging and Early Agriculture in Oaxaca, Mexico*. Orlando: Academic Press.

Flannery, Kent V(ed.). 1976. *The Early Mesoamerican Village*. New York: Academic Press.

Flannery, Kent V. and Joyce Marcus(eds.). 1983. *The Cloud People: Divergent Evolution of the Zapotec and Mixtec Civilizations*. Orlando: Academic Press.

Fried, Morton H. 1967. *The Evolution of Political Society*. New York: Random House.

Hempel, Carl G. 1966. *Philosophy of Natural History*. N.J.: Prentice-Hall. Englewood Cliffs.

Hill, James N. 1968. "Broken K Pueblo: Patterns of Form and Function." in S. R. Binford and L. R. Binford(eds.). *New Perspectives in Archaeology*. Chicago: Aldine. pp.103~143.

Hodder, Ian. 1982a. "Theoretical Archaeology: A Reactionary View." in I. Hodder(ed.). *Symbolic and Structural Archaeology*. Cambridge: Cambridge University Press. pp.1~16.

_____. 1982b. *Symbols in Action: Ethnoarchaeological Studies of Material Culture*. Cambridge: Cambridge University Press.

_____. 1985. "Post-processual Archaeology." in M. Schiffer(ed.). *Advances in Archaeological Method and Theory*, 8. New York: Academic Press. pp.1~26.

_____. 1986. *Reading the Past: Current Approaches to Interpretation in Archaeology*. Cambridge: Cambridge University Press.

Hodder, Ian(ed.). 1978. *Simulation Studies in Archaeology, New Directions in Archaeology.* Cambridge: Cambridge University Press.

Leone, Mark P. 1968, "Neolithic economic autonomy and social distance," *Science*, 162-3858. pp.1150~1151.

Longacre, William A. 1968. "Some Aspects of Prehistoric Society in East-central Arizona." in S. R. Binford and L. R. Binford(eds.). *New Perspectives in Archaeology.* Chicago: Aldine. pp.89~102.

MacNeish, Robert S. 1964. "Ancient Mesoamerican Civilization." *Science*, 143-3606. pp.531~537.

_____. 1967. "A Summary of Subsistence." in D. S. Byers(ed.). *Prehistory of the Tehuacan Valley,* 1. Austin: University of Texas Press. pp.290~309.

Rathje, William L. 1970. "Socio-political Implications of Lowland Maya burials: Methodology and Tentative Hypotheses." *World Archaeology*, 1-3. pp.359~374.

_____. 1973. "Classic Maya Development and Denouement: A Research Design." in T. P. Culbert(ed.). *The Classic Maya Collapse*, School of American Research, Advanced Seminar Series. Albuquerque: University of New Mexico Press. pp.405~454.

Sanders, William T. 1962. *Teotihuacan Valley Project, 1960-61, Mexico.* University Park: Pennsylvania State University.

_____. 1965. *The Cultural Ecology of the Teotihuacan Valley.* University Park: Pennsylvania State University.

Sanders, William T. et al. 1970. *The Natural Environment, Contemporary Occupation and Sixteen-Century Population of the Valley, The Teotihuacan Valley Project, Final Report*, 1, Department of Anthropology Occasional Papers, 3. University Park: Pennsylvania State University.

Schiffer, Michael B. 1976. *Behavioral Archaeology.* New York: Academic Press.

_____. 1987. *Formation Processes of the Archaeological Record.* Albuquerque: University of New Mexico Press.

Sears, William H. 1961. "The Study of Social and Religious Systems in North American Archaeology." *Current Anthropology*, 2-3. pp.223~231.

Service, Elman R. 1962. *Primitive Social Organization*. New York: Random House.

Shanks and Tilley. 1987. *Re-constructing Archaeology*. Cambridge: Cambridge University Press.

Taylor, Walter W. Jr. 1948. *A Study of Archaeology, Memoir Series of the American Anthropological Association*, 69. Wis: Menasha.

Watson, Patty Jo, S. A. LeBlac and Charles L. Redman. 1971. *Explanation in Archaeology, an Explicitly Scientific Approach*. New York: Columbia University Press.

Whallon, Robert Jr. 1968. "Investigations of Late Prehistoric Social Organization in New York State." in S. R. Binford and L. R. Binford(ed.). *New Perspectives in Archaeology*. Mexico: Aldine. pp.223~244.

Willey, Gordon R. and Philip Phillips. 1958. *Method and Theory in American Archaeology*. Chicago: University of Chicago Press.

Willey, Gordon R. and Jeremy Sabloff. 1993. *A History of American Archaeology*, 3rd ed. New York: Freeman.

추천문헌

네드 우달. 1984. 『신고고학개요』. 최몽룡 옮김. 동성사.

Binford, Lewis R. 1962. "Archaeology as Anthropology." *American Antiquity*, 28-2. pp.217~225.

_____. 1968a. "Archaeological Perspectives." in S. R. Binford and L. R. Binford(eds.). *New Perspectives in Archaeology*. Chicago: Aldine. pp.5~33.

_____. 1983a. *In Pursuit of the Past*. London: Thames and Hudson.

_____. 1983b. *Working at Archaeology*. New York: Academic Press.

_____. 1989. *Debating Archaeology*. New York: Academic Press.

제11장_ 클라크와 분석고고학

| 김승옥 |

1. 머리말

1960년대 신대륙에서 빈포드를 중심으로 한 신고고학의 열풍이 일어날 즈음 구대륙에서 신고고학의 제창을 주도한 학자는 데이비드 클라크(David Clarke)라고 할 수 있다. 잘 알려진 바와 같이 전통고고학의 목적이 형식분류와 편년, 전파론에 근거하여 문화사(Culture History)를 귀납적으로 기술하는 데 있었다면, 신고고학의 궁극적인 목적은 문화체계 내의 역동적인 문화변천과정(Culture Process)을 연역적으로 설명하는 데 있었다. 전통고고학의 문화사적 접근 방법은 오늘날까지도 민족의 기원 문제나 문화 편년이 요구되는 지역에서는 그 효율성과 가치가 인정되지만, 이 접근은 기본적으로 과거 문화가 어떤 기능을 했고 어떻게 변천했는가에 대한 해답을 제시해 줄 수 없었다. 신고고학자들은 문화사적 접근의 한계를 극복하고 문화변천과정의 논리적 설명을 위해 문화의 개념에 대한 정의를 먼저 시작한다. 이들에 의하면 문화란 내부요소(정치, 경제, 기술, 이념 등)와 외부요소(환경)로 구성된 하나의 체계이고, 문화변동이란 이러한 다양한 문화요소들의 인과관계적 상관관계의 적응적 결과로 발생한다. 따라서 신고고학은 체계이론과 밀접한 관계를 맺으며 발전했다고 할 수 있다. 대부분의 초창기 신고고학자들도 체계이론의 소개와 고고학적 적용가능성을 제시했다고 할 수 있으나 가장 자세하고 본격적으로 논의한 학자는 영국의 고고학자 클라크라고 할 수 있다. 또한 빈포드를 중심으로 한 신대륙의 신고고학자와 달리 클라크는 영국 케임브리지 대학에서 형성되기 시작한 신지리학의 접근 방법을 적극 활용하여 체계이론을 본격적으로 논의한 고고학자라 할 수 있다.

클라크는 1960년대 이전의 고고학을 이론과 방법론이 존재하지 않는 경험적 분야로 간주하고 새로운 이론과 방법론의 개발만이 고고학이 독자적인 학문으로 도약할 수 있는 길이라고 주장한다. 따라서 체계이론은 고고학의 이론화에 기여할 수 있는 클라크의 혁신적인 시도라할 수 있다. 클라크는 또한 주관과 직관에 의한 당시 고고학의 방법론적 한계를 비판하고 고고학 자료를 객관적으로 분석하기 위한 방법론 개발에 심혈을 기울였다. 이를 위해 컴퓨터와 통계학의 방법을 동원하여 자료를 객관화·계량화하는 소위 '분석고고학(Analytical Archaeology)'을 정립시킨다. 고고학사상 클라크의 이러한 새로운 이론과 방법론은 고고학이 과거 인간 행위의 동인(動因)과 변천과정을 이해하는 데 획기적 발판을 마련해 준 패러다임의 대전환이라 할 수 있다.

이 장은 유럽 신고고학의 열풍을 주도한 클라크의 생애와 일생, 학문적 업적을 학사적 입장에서 검토하는 데 목적이 있다. 클라크는 1976년 39세의 젊은 나이에 요절하기까지 짧은 생애였지만 이론과 방법론에 관한 주옥같은 글들을 남기게 된다. 학사를 연구하는 목적은 이론 및 방법론의 형성과 발전이란 측면에서 대상 연구자의 학사적 역할과 의의를 살펴봄으로써 학문의 향후 발전을 모색하는 것이다. 여기서도 학문적 업적을 연대기적으로 나열하기보다는 학문적 패러다임의 전환에 클라크가 어떤 기여를 했는가에 논의의 초점을 맞추고자 한다. 이를 위해 체계이론과 분석고고학을 중심으로 클라크의 고고학이 고고학 개념과 분석기술, 그리고 문화해석의 설명에 어떠한 기여를 했으며, 동시에 그 한계는 무엇이었는가를 살펴보고자 한다. 이러한 학사의 검토를 통해 우리는 고고학이 걸어온 발자취와 향후 고고학이 어떠한 방향으로 나아가야 할 것인가에 대한 단초를 얻을 수 있을 것이다.

2. 생애와 사회적 배경

클라크(1937~1976년)는 1957년 케임브리지 대학에 입학하면서부터 1976년 6월 28일 패혈증으로 요절하기까지 약 20년간 줄곧 케임브리지 대학에서 교육과 연구 활동에 전념했다. 1960년 케임브리지 대학에서 학사학위를 받은 클라크는 곧바로 박사과정에 입학하여 당시 세계적 환경고고학자인 그라함 클라크(Grahame Clark)의 지도학생이 된다. 대학원 재학 중 클라크는 영국 비커 토기(Beaker pottery)의 기원과 발달과정의 연구에 전념하게 된다. 클라크는 1962년에 당시까지 고고학에서 응용되지 않았던 행렬분석(matrix analysis), 군집분석(cluster analysis)과 같은 정교한 수학적 방법을 적용한 논문(Clarke, 1962)을 발표하게 된다. 이 논문이 발표된 1962년은 미국에서 커다란 반향을 일으킨 루이스 빈포드의 「인류학으로서의 고고학(Archaeology as Anthropology)」이란 논문이 발표된 해이다. 클라크는 비커 토기의 기원과 형성문제를 더욱 발전시켜 1964년에 박사학위를 받게 된다(Clarke, 1970).

클라크는 박사학위 취득 후 본격적으로 고고학의 위상과 방향 정립에 대해 고민하게 된다. 그는 당시의 고고학을 경험적 주관만이 난무하는 분야로 인식하고 고고학이 향후 독자적인 학문으로 발전하기 위해서는 명확하고 논리적인 이론과 방법론을 적극 개발해야 한다고 판단

클라크(D. Clarke)

하게 된다. 고고학의 이론과 방법론의 개발을 위해 클라크는 분석철학, 신지리학, 분석생물학 등 개념과 방법론에서 더 발전한 인접학문으로부터 이론과 방법론을 적극 수용해야 한다고 인식한다. 실제로 그는 케임브리지 대학 철학과의 비트겐슈타인(L. Wittgenstein)과 위스덤(J. Wisdom)에 의해 주도된 분석철학을 통해 고고학의 인식론적 전환을 모색했고, 분석생물학의 지식을 활용하여 고고학 분류의 새로운 방법을 제시한다. 또한 출리(R. Chorley) 등을 중심으로 제창되던 신지리학으로부터 일반 체계이론과 공간분석, 자료의 계량적 분석의 필요성을 배워, 과거 문화체계와 과정에 대한 객관적 설명의 시도를 모색하게 된다(추연식, 1996). 이러한 클라크의 새로운 이론과 방법론의 연구결과는 1968년에 발표된 『분석고고학』에 집대성된다(Clarke, 1968). 분석고고학이 발표된 같은 해에 미국에서는 빈포드에 의해 「고고학의 새로운 전망(New Perspectives in Archaeology)」이 발표되는데, 이 두 권의 책은 신고고학의 정립에 한 획을 긋는 역작으로 평가받게 된다. 클라크의 분석고고학은 이론과 방법론 자체가 어려운 데다가 당시 고고학자들이 이해하기 힘든 철학적 용어와 자신이 고안한 전문용어를 지나치게 많이 사용하고 있어 대다수의 영국 고고학자들에게 그다지 큰 호응을 받지 못했다. 일례로 1975년에 출판된 다니엘(Daniel, 1975)의 고고학사에는 고고학사상 주요 저술 중의 하나로 『분석고고학』이나 『고고학에서의 모델(Models in Archaeology)』을 언급하고 있지 않다. 클라크의 분석고고학은 오히려 미국을 중심으로 한 신대륙에서 많은 호응을 얻게 된다.

클라크는 1972년에 『고고학에서의 모델』이란 책을 편집하여 이론과 방법론 개발의 중요성을 다시 한 번 강조한다(Clarke, 1972b). 이 책은 클라크의 제자들과 빈포드, 토마스(D. H. Thomas) 등 클라크와 학문적 방향이 유사한 학자들의 논문을 모은 것인데, 편년에 대한 기초적인 모델에서부터 과거 경제행위에 대한 복원까지 다양한 연구주제와 지역을 포함하고 있다. 이 책에 수록된 클라크의 논문(Clarke, 1972b)은 철기시대 글라스톤버리 호수(Glastonbury Lake) 마을유적의 사회적·경제적 측면을 분석한 것으로서, 클라크의 새로운 고고학적 개념과 방법론을 기존에 발굴된 고고자료에 적용한 것이다. 1973년 클라크는 고고학이 낭만과 지적 유희의 대상에서 벗어나 이론과 방법이 정립된 하나의 독립 '학문'으로 나아가야 한다는 점을 강조한 논문(Clarke, 1973)을 발표하게 된다.

클라크의 고고학이 당시의 고고학계에서 그다지 지지를 받지 못한 가장 큰 이유는 아마도 그가 야외조사와 발굴경험이 거의 없었다는 점일 것이다. 야외조사의 부족은 클라크가 젊은 나이에 요절했고 케임브리지 대학에서 오랫동안 정식 교수의 지위를 갖지 못한 데에도 기인하고 있다. 그러나 클라크는 학부에서부터 대학원까지 발굴의 현장 책임자는 아니었을지라도 다양한 야외조사와 발굴에 참여하여 현장조사 경험의 폭을 넓혀 가고 있었다. 예를 들어, 클라크는 1959년 덴마크의 중석기와 철기시대 유적의 발굴에 참여했으며, 1964년에는 그리스에서 야외조사와 시굴을 통해 유럽 신석기시대의 가장 빠른 취락 유적 중의 하나인 니아 니코메디아(Nea Nikomedeia) 유적을 발견하는 성과를 올리기도 했다(Hammond, 1979: 8~9). 1965년에는 에릭 힉스(Eric Higgs)의 그리스 구석기유적 조사에 참가하여 카스트리싸(Kastritsa) 동굴을 발견하고 발굴에도 참여하게 된다. 클라크는 1975년에 케임브리지 부근의 신석기시대 유적의 발굴에 조사책임자로 참여한다. 습지에 위치한 이 유적은 정교한 분석기술을 사용하여 유적의 생태적 상황과 사회적 측면을 복원하기 위한 연차 발굴로 계획되었지만 1976년 클라크의 사망으로 1차 발굴로 그치고 만다. 이외에도 클라크는 1974년에서 1976년까지 멕시코와 남아공화국에 초청되어 강의를 하면서 두 지역에서의 야외조사의 가능성을 발견하기도 한다.

클라크는 1976년 요절할 때까지 줄곧 케임브리지 대학에서 학위를 취득하고 연구를 해왔지만 대학에서의 위치는 순탄하지 않았다. 클라크는 학위 취득 후 1974년 3년 계약제 전임교수가 될 때까지 10여 년 동안 공식적인 직위가 없는 유능한 강사에 지나지 않았다. 이 기간 동안 그는 다양한 강의에 초청되어 특별강연을 하거나 학과 교수가 안식년 휴가로 인해 강의를 할 수 없는 경우 수업을 대신하는 한시적 강사였다. 신분이 보장된 전임교수로서의 직위는 안타깝게도 1976년 자신이 사망한 해에 얻게 된다. 고고학의 천재로서 중요한 학문적 업적을 남긴 클라크였지만 전임교수의 직위를 얻는 데 고전한 이유는 아래에서 지적될 것처럼 그의 학문적 주장의 난해함과 대인관계 및 학술회의에서의 독선적 태도에 기인한다.

3. 학문적 업적과 영향

1) 패러다임의 전환과 분석고고학의 탄생

클라크에게 "고고학이란 불량 표본의 간접 흔적으로부터 선사인의 행위 패턴을 복원할 수 있는 이론과 실천을 지닌 분야이다"(Clarke, 1973: 17). 클라크는 1960년대 초반까지의 고고학을 '학문적 체계가 없는 경험적 학문'으로 규정하고, 당시까지의 이론의 발달이란 선(先)패러다임의 상태라고 주장하고 있다(Clarke, 1968: xiii). 그의 이러한 주장의 배경에는 당시의 고고학이 영화에 나오는 인디애나 존스 박사처럼 찬란한 문화유산에 관심 있는 학자들이 세계를 여행하며 값진 유물을 찾아 출처를 기록하고 연대를 추측하는 이른바 '낭만적인 고고학의 산책' 수준에서 벗어나지 못한 데 있다. 다시 말해 전통고고학자들의 목적은 유적과 유물의 시간·공간·형태의 세 요소를 기술하는 데 있었다. 예를 들어 전통고고학자들은 특정 지역에서 토기가 발견되면 발견 장소와 층위를 기록하고 이 유물의 당시 제작자가 누구이며 어디에서 발생하여 누구에 의해 전파되었는가를 기술한다. 전통고고학자들에게 한 지역에서 특정 유물 형식의 발견이란 곧 문화 영역과 민족의 발견을 의미한다. 다음 단계는 이들 유물 형식의 분포권을 조사하여 이의 근원지를 설정하는 것이다. 마지막으로 넓은 지역에 걸친 유사한 유물의 분포는 이주와 전파가 발생했음을 의미한다. 따라서 당시의 고고학은 유적·유물의 편년과 형식분류, 전파를 귀납적으로 기술하여 문화사를 복원하는 경험적 분야에 머물고 있었다.

전통고고학은 이론적인 한계 외에도 객관적 방법론이 존재하지 않는다는 근본적인 문제를 지니고 있었다. 전통고고학자들은 야외조사를 통해 자료를 수집하고 연구자 개인이 가지고 있는 주관적 식견과 경험에 의해 편년과 형식분류, 전파과정을 기술한다. 따라서 도출된 결론의 진위여부를 검증하거나 평가할 수 있는 객관적 방법이 결여되어 있었다. 또한 도출된 결론은 자신의 주장을 뒷받침할 수 있는 자료만을 임의적으로 선택하여 얻어지기 때문에 고고자료를 남긴 사람들의 체계적 행위를 복원했다고 보기 어렵다.

전통고고학이 지닌 또 하나의 본질적인 문제는 문화의 제 측면을 복원하기가 사실상 불가능하다는 수동적 사고에서 찾을 수 있다. 즉 고고학자들에 의해 발견되는 자료란 오로지 물질잔존물이기 때문에 당시 사람들의 물질적인 측면은 복원 가능하나, 비물질적 세계(이념, 상징, 과정 등)는 복원 불가능하다는 것이다. 전통고고학자들에게 복합사회의 등장은 하나의 사회적 과정(a social process)이라기보다는 일련의 고고학적 사건들(a sequence of events)의 발생으로 인식된다. 왜냐하면 고고학적 사건들은 유적과 출토유물로부터 추론 가능하지만 개개의 사건들을 체계적으로 연결하는 문화변천과정은 고고학적 잔존물에 남겨질 수 없다고 인식되기 때문이다.

클라크는 전통고고학의 이러한 인식론적 한계를 절감하고 새로운 고고학적 이론과 방법론의 모색을 시도하게 된다. 전통고고학에 대한 철학적 인식과 분석고고학으로 대표되는 클라크의 혁신적인 개념 및 방법의 필요성은 다음의 주장에 잘 요약되어 있다.

> 고고학은 체계가 잡혀 있지 않은 경험적 분야이다. 다시 말해 고고학은 명확하게 정의된 모델과 연구과정의 법칙에 기초한 체계적 연구의 틀을 가지고 있지 않다. 또한 물질잔존물 속에 포함된 각각의 요소를 분리하고 평가하는 식으로 자료 내의 일반법칙을 통합할 수 있는 핵심적인 이론들이 부족하다. 고고학자는 장소, 시간, 문화에 상관없이 유사한 대상(속성, 유물, 형식, 유물복합체, 문화, 문화집단)을 다루고 있지만 핵심적인 이론의 틀을 개발하지 못하고 있다. 이러한 실체들과 그들 사이의 논리적 관계, 그리고 변형과정을 설명할 수 있는 명확한 이론을 개발하지 않았기 때문에 고고학은 지금까지 직관과 주관만이 난무하는 분야로 남아 있다(Clarke, 1968: xiii).

2) 체계이론과 분석고고학

클라크는 전통고고학의 한계를 극복하기 위한 이론적 대안으로서 논리적 실증주의에 입각한 체계이론을 제시하게 된다. 애스비(Ashby,

1956)와 신지리학자 하게트(Haggett, 1965)의 영향을 받은 그는 저서『분석고고학』에서 체계이론을 본격적으로 논의한다. 체계이론에 따르면 문화체계란 다양한 구성요소를 지닌 통합체이다(Clarke, 1968: 42). 따라서 문화란 정치, 경제, 기술, 사회조직, 이념 등의 내부 요소와 환경과 같은 외부요소를 포함한 수많은 하부체계들로 구성된 하나의 역동적 체계이다. 이러한 하부 체계들은 서로 긴밀히 연결되어 있기 때문에 어떠한 문화현상이나 사실도 하나의 하부 체계로는 설명할 수 없다. 또한 하부 체계 간에는 어떠한 수직관계도 존재하지 않기 때문에 어떤 특정 요소, 예를 들어 환경이 문화의 제 양상을 결정한다거나, 상징적 요소가 정치나 경제적 요소보다 문화 형성에 더욱 중요한 영향을 미친다고 말할 수 없다.

문화체계는 항상 평형상태(equilibrium 또는 homeostasis)를 유지하려는 경향이 있어서 하부 체계에서 미세한 변이가 발생하면 피드백 과정을 통해 항상성을 유지한다. 문화체계의 피드백 과정은 부정적 피드백과 긍정적 피드백 과정으로 대별되는데, 전자는 체계 내의 변화를 상쇄하기 위해 평형상태로 되돌아가는 현상이다. 모든 생물체는 이러한 방식으로 평형상태를 유지하는데, 예를 들어 인간은 몸의 온도가 올라갈 때 땀을 흘림으로써 균형 상태로 되돌아간다. 긍정적 피드백 과정은 체계의 변화가 긍정적으로 수용되어 체계의 성장과 변화가 발생하는 경우(morphogenesis)이다. 이러한 긍정적 피드백이 발생할 때 문화의 순환과정에서 변동이 발생하는 경우이다. 클라크에 따르면 고고학이란 문화잔존물로부터 이러한 문화체계의 역동적 순환과정을 연역적으로 검증하여 문화현상을 설명하는 분야이다.

고고잔존물은 전체 문화체계의 총체적 소산이기 때문에 고고학자들은 먼저 자료에 통합되어 있는 각각의 하부 체계를 분리하여 독립적인 변수로 분석할 수 있어야 한다. 각 하부 체계를 과학적으로 분석하는 이유는 하부 체계 간의 복잡한 상관관계를 복원하여 전체 체계의 운용 원리를 설명하기 위한 것이다. 클라크에 따르면 고고학자는 고고학에서 어떤 종류의 체계가 존재하고 체계의 역할과 한계, 고유한 특성들은 무엇이며, 또한 각 하부 체계는 서로 어떻게 연결되어 있는가를 이해해야 한다(Clarke, 1968: 39).

문화 체계의 종류와 각 체계 간의 상관관계를 규명하기 위해 클라크는 '문화형태론(cultural morphology)'의 개념을 제시한다. 즉 고고학적 실체는 속성, 형식, 유물복합체, 문화, 문화집단 등의 형태로 나눌 수 있는데, 전자에서 후자로 갈수록 구조가 복잡해지고 많은 정보를 함축하는 동심원상의 위계조직을 보인다(Clarke, 1968). 따라서 문화과정에 대한 설명모델을 창출하기 위해서는 고고자료의 특성을 이해하고 고고자료에 내재되어 있는 각 하부 체계의 복잡한 관계를 객관적으로 분석할 수 있는 '새로운 방법론'의 개발이 필수적이다. 클라크는 전통고고학자들이 특정지역의 유적·유물에서 몇 가지 유사한 속성이 발견되면 이를 하나의 문화 혹은 '문화권'으로 단정하는 우를 범하고 있다고 강력하게 비판한다. 클라크에 의하면 고고학자는 주관적 결론을 도출하기 전에 각 하부 체계를 식별하고 이들 간의 복잡한 관계를 과학적으로 분석해야 한다.

고고자료를 객관적으로 분석하기 위해 클라크는 당시 비약적으로 발전하기 시작한 신(新)수학, 신생물학, 신지리학, 신건축학의 개념과 방법을 적극적으로 도입한다. 특히 확률, 통계, 분류, 게임이론 등 수학적 분석기술과 당시 획기적으로 발달하기 시작한 컴퓨터의 도움으로 엄청난 양의 자료 분석이 가능해지기 시작한다. 수학과 컴퓨터 분석은 육안으로 탐지할 수 없는 자료 속의 질서나 유형을 제시해 준다는 점에서 문화체계의 복잡한 관계를 일목요연하게 정리해 줄 수 있는 장점이 있다. 또한 화분분석과 같은 식물유존체 분석기술이나 각종 동물 뼈, 석기, 토기, 유리, 철 등의 과학적 분석을 가능하게 해주는 전자현미경, 발광분광분석(emission spectrometric analysis), 중성자방사화분석(neutron activation analysis), X선 형광분석(X-ray fluorescence analysis)의 발달도 이 시기에 있었다. 마지막으로 방사성탄소연대측정법이나 포타시움-아르 곤 연대측정법의 개발은 유적·유물의 절대연대 측정에 결정적 공헌을 하게 된다. 이상과 같은 과학의 발달은 고고자료의 객관적 분석을 가능 하게 했고, 과학적 방법의 소개와 적용은 클라크 분석고고학의 핵심을 이루고 있다.

클라크에게 고고학의 최종목적은 일반이론(general theories)의 창출이 다. 일반이론이란 사회현상의 주요 범주를 이해하기 위해 관련된 이론 적 명제들의 관계를 설명할 수 있는 추상적 법칙이다. 하지만 클라크는 발굴과정과 분석의 모든 단계 및 상황에 일률적으로 통용될 수 있는 고고학적 설명구조가 있다는 믿음은 잘못된 것이라고 비판한다. 따라 서 각각의 단계와 상황에 따라 적절한 설명구조가 필요한데, 이를 위해 클라크는 다섯 종류의 모델 및 이론화가 필요하다고 주장한다. 클라크 가 제시한 다섯 이론은 선퇴적 및 퇴적이론(Predepositional and Deposi-tional Theory), 후퇴적이론(Postdepositional Theory), 자료발견이론(Retrieval Theory), 분석이론(Analytical Theory), 해석이론(Interpretive Theory)이다 (Clarke, 1973: 16~ 17).

선퇴적 및 퇴적이론이란 고고자료를 남기는 사람들의 행위와 사회유 형, 환경요소와의 관계를 설명하는 이론이다. 후퇴적이론은 고고자료 의 형성에 영향을 미치는 땅의 침전, 붕괴, 지질이동, 홍수, 농작물의 경작 등과 같은 자연적·인공적 과정을 규명한다. 자료발견이론은 고고 자료의 조사방법과 출토유물의 관계를 설명하는 모델로서 야외조사 계 획, 자료의 수집, 발굴기술과 과정 등에 관한 이론이 이에 해당된다. 분석이론은 유적·유물의 편년, 분류, 평가, 검증, 실험연구와 같은 발굴

된 자료를 분석하기 위한 이론이다. 마지막으로 해석이론은 발견된 고
고자료의 분석을 통해 고대인의 다양한 사회적 행위와 환경 등을 논리
적으로 설명하는 것이다.

3) 공간분석, 사회조직 그리고 경제

『분석고고학』은 클라크 고고학의 대표 논저이지만 클라크는 1970년
대 초반부터 분석고고학에서 주장했던 '문화형태론'에서 벗어나 고고
학에 대한 철학적 인식의 지평을 넓혀 가고 있었다. 즉 그는 카알 헴펠
(Carl Hempel)의 영향을 받아 문화법칙과 질서의 발견만을 고집하던 논
리적 실증주의적 접근의 한계와 문제점을 극복하기 위한 시도를 모색
한다. 이러한 시도의 일환으로서 클라크는 발굴된 고고자료를 이용하
여 공간분석을 시도하고, 고대인의 사회조직과 경제행위에 대한 체계
적 복원을 모색한다.

클라크의 공간고고학은 그가 편집한 두 권의 책 『고고학에서의 모델』
(1972b)과 『공간고고학(*Spatial Archaeology*)』(1977)에 집대성되어 있다. 그는
이 저서들에서 신지리학의 공간분석에 관련된 제 이론을 응용하여 고고
자료에 보이는 공간유형과 분포의 설명을 시도한다. 클라크에 의하면
고고학적 공간은 문화적 행위와 사회조직을 반영한다. 문화는 공간에
관한 인간의 행위를 규정하고 공간의 사용은 건축환경이라는 측면에서
문화를 반영한다. 즉 공간의 사용은 문화의 형상화이다. 인간의 이념,
사회, 경제는 주거환경과 공동체를 조직하는 방식으로 표현된다. 따라
서 고고학의 공간자료는 선사시대 사회조직의 비밀을 푸는 열쇠로 작용
할 수 있다.

모든 사회는 공간 사용방식에 대한 일련의 규칙을 가지고 있기 때문
에 고고학적 유구와 유물의 공간유형은 사회적 의미를 지닌다고 볼 수

있고, 따라서 고고학에서의 공간분석은 사회조직의 구조와 변동에 대한 정보를 제공해 줄 수 있다. 예를 들어 클라크(Clarke, 1972a: 808)는 거주자가 문화적으로 규정된 건축 형성의 틀을 따르는 경향이 있기 때문에 취락의 배치형태는 정형성을 보여준다고 주장한다. 결과적으로 유적·유물의 공간분석은 고대인의 행위유형, 사회조직, 경제행위의 체적 복원을 가능하게 해준다.

클라크는 20세기 초 불레이드(Bulleid, 1924)에 의해 발굴된 영국 후기 철기시대 글라스톤버리 취락유적을 다시 분석하여 취락의 공간구조와 사회조직, 경제적 유형, 인구분포의 해석을 시도한다(Clarke, 1972a). 그는 먼저 전체 유적의 평면배치를 분석했는데, 각종 유물과 구조물이 공간적으로 어떻게 배치되어 있는가에 따라 취락의 구조물들을 주거단위 또는 '기준단위(modular units)'로 설정한다. 글라스톤버리 유적은 6단계의 소시기로 나누어지는데, 예를 들어 II기는 15채의 집과 기타 부속시설이 존재하고 이러한 구조물들은 다시 5개의 기준단위로 나누어지며 당시 거주 인구는 75명 정도로 추산할 수 있다.

클라크는 유구와 유물의 분석을 통해 각 기준단위 내에서 남성과 여성의 행위공간이 일정하게 분리되어 있다는 사실을 파악하게 된다. 즉 각 기준단위의 한쪽에는 주요 거주공간과 작업장, 마구간, 마차를 세우는 구조물이 특징적으로 배치되어 있는데 이는 남성과 관련된 영역으로 해석되고, 다른 한쪽에는 소형 거주공간, 빵을 굽는 시설, 곡물창고, 돼지우리 등이 위치하고 있어 이는 여성의 경제적 행위와 관련된 영역으로 설명된다. 클라크의 이러한 연구는 새로운 고고학적 이론과 방법론이 고대인의 사회경제유형을 복원하는 데 얼마나 중요한지를 보여주는 단적인 예이다.

선사인의 경제체계 변천에 대한 클라크의 시도는 유럽중석기 문화를 분석한 논문(Clarke, 1979a)에 잘 나타나 있다. 클라크는 이 논문에서 유럽

중석기시대 수렵채집사회에서 신석기시대 농업사회로의 생계경제의 변천을 설명하기 위해 동물 뼈 자료를 집중 분석한다. 또한 이 논문은 당시까지 시도되지 않았던 환경, 민족지, 인구, 경제의 다원적 측면에서 생계경제의 변천을 설명했다는 점에서 의의가 있다. 이러한 점에서 클라크의 고고학은 경제요소에 치중하여 고고학적 문화변동의 설명을 도모했던 힉스를 중심으로 한 케임브리지 고경제학파와 차이가 있다.

4) 클라크 고고학의 영향과 평가

오늘날의 기준으로 볼 때 클라크의 고고학은 이론과 방법론적인 측면에서 문제점이 없는 것은 아니다. 그러나 학사를 연구하는 목적이 연구 대상 인물의 학설이 당시의 학문 수준에서 어떻게 기여했는가를 검토한다는 점에서 클라크의 고고학을 오늘날의 관점에서 평가하는 것은 공정하지 않다. 예를 들어 대부분의 신고고학자들과 마찬가지로 클라크의 고고학도 문화체계 내에서의 개인과 상징적 이념의 능동적 역할을 문화변동의 핵심적 요소로 다루지 못하고 있다. 여기서는 1960년대 후반과 1970년대 초반 당시의 고고학계의 반응을 중심으로 클라크의 고고학을 검토해 보고자 한다.

1960년대 후반부터 시작된 클라크의 고고학은 신대륙의 빈포드에 못지않은 지대한 영향을 고고학자들에게 미쳤다고 평가할 수 있다. 클라크 고고학의 최대 업적은 새로운 이론과 방법론의 제창이라고 할 수 있다. 그는 형식분류와 편년, 문화전파를 주목적으로 하는 경험주의적 전통고고학을 거부하고 고고학에 대한 새로운 인식론적 전환을 촉구했다. 이론적인 면에서 클라크의 공헌 중의 하나는 체계이론을 고고학계에 본격적으로 소개했다는 데 있다. 물론 체계이론을 고고자료에 본격적으로 적용시킨 학자로 플래너리(Flannery, 1968)를 들 수 있지만, 체계이론의 고고학적 적용가능성을 이론적 입장에서 본격적으로 논의한 학자는 클라크였다. 클라크의 저서 『분석고고학』은 당시 체계이론에 대한 가장 뛰어난 역작이라 할 수 있다. 이 저서에서 논의된 체계이론은 당시의 구대륙과 신대륙의 고고학계에 기본적인 고고학 개념을 재정립하게 만들 정도로 일대 혁신을 일으켰다. 결과적으로 클라크의 분석고고학은 자료해석에 대한 새로운 통합적 개념구조를 제시함으로써 신고고학의 형성과 발전에 한 축을 형성했다고 평가할 수 있다(Willey and Sabloff, 1974: 259).

클라크가 제창한 이론과 방법론은 미국을 중심으로 한 신대륙에서는 많은 학문적 지지를 얻었지만 정작 자신이 활동했던 영국 고고학계의 반응은 상당히 냉소적이었다. 클라크의 획기적인 주장은 발표 당시보다 오히려 사후에 빛을 볼 정도로 많은 지지를 받지 못했는데, 그 이유는 무엇보다도 그의 학문적 주장이 너무 난해했다는 점일 것이다. 클라크의 고고학적 개념과 방법론을 '애매모호한 말장난'이라고 혹평하는 학자도 있다(Daniel, 1973: 93). 앞에서도 지적했듯이 클라크는 인접학문에서 발달한 이론과 방법론을 적극 활용하고 어려운 전문용어들을 대입하여 고고학적 현상을 설명했다. 또한 클라크 자신이 개발한 철학적 전문용어들도 그의 논저에 대한 이해를 더욱 어렵게 하고 있다. 고고학의 목적을 형식분류와 편년, 문화전파의 기술로 생각했던 대부분의 고고학자들에게 빈포드와 마찬가지로 클라크의 새로운 이론과 방법론도 이해하기가 어려운 측면이 있었을 것이다. 체계이론이 어느 정도 대중화된 오늘날에도 클라크의 분석고고학에 나타난 체계이론을 정확하게 이해하기란 상당히 어렵다.

클라크 고고학이 많은 지지를 얻지 못한 또 다른 이유는 제창한 대부분의 이론과 방법론이 고고자료를 기반으로 하지 않았다는 데 있다. 물론 글라스톤버리 호수의 마을을 분석한 논문은 유구와 유물의 공간분석을 시도한 탁월한 업적이었다. 그러나 경험주의적 귀납법으로 자료를 해석했던 당시 고고학자들에게 클라크의 이론과 방법론은 구체적인 자료에 근거하지 않고 연구실의 안락의자에 앉아서 문화현상과 진화를 탐색하는 소위 '안락의자 고고학자(armchair archaeologist)'로 비춰졌을 것이다. 또한 클라크는 학술회의 석상에서 기존 학자들의 견해를 너무 직설적인 표현으로 무시함으로써 학문뿐만 아니라 인간적으로 모독하는 행위를 빈발했기 때문에 그의 학설은 많은 지지를 받지 못했다.

이와 같이 클라크의 이론과 방법론은 고고학의 목적과 개념형성에 일대 전환을 이룬 계기가 되었지만 그의 학설을 피상적으로 이해한 일부 고고학자에 의해 와전되기도 했다. 예를 들어 일부 신고고학 추종자들은 빈포드와 클라크의 영향을 받아 고고학에서의 이론과 방법론의 개발이 지상과제라는 그릇된 인식을 하게 된다. 이들 고고학자들은 이론과 모델의 형성에 너무 집착한 나머지 오히려 고대 문화과정의 설명을 왜곡하는 기계적 이론과 모델을 양산하게 된다. 예를 들어 미국 벨 전화회사의 슬로건인 "체계는 (모든 문제에 대한) 해결이다"(Willey and Sabloff, 1974: 260)라는 식으로 체계이론이 모든 고고학적 현상을 설명해 줄 수 있다는 환상에 빠지게 된다.

그동안 고고학계에서 발생한 도식적 모델의 형성과 기계적 객관화의 양산은 클라크의 고고학적 개념과 방법론의 문제라기보다는 그의 주장을 제대로 소화하지 못한 후학들의 책임이 크다. 왜냐하면 클라크 자신은 고고자료에 관한 객관적 분석의 중요성을 역설했지만 동시에 기계적 객관화의 문제점을 인식하고 있었기 때문이다. 클라크가 역설하고자 했던 가장 중요한 점은 자료의 분석이란 역사적 상상력보다는 과학적 실증주의에 의해 이루어져야 하고, 이러한 과학적 분석만이 올바른 이론과 모델을 창출할 수 있다는 것이다. 다시 말해 클라크의 고고학은 고고학적 이론과 모델의 형성이 왜 필요하고, 어떻게 가능한가를 제시했다는 점에서 그 의의가 있다(Clarke, 1979b: 182). 그럼에도 불구하고 클라크의 고고학이 역사적 특수상황을 너무 무시했다는 비판은 상당 부분 설득력이 있다고 사료된다. 고대 사회의 문화법칙을 제시하고 설명하기 위해서는 그 사회의 정치, 경제, 사회조직, 기술, 환경뿐만이 아니라 그 사회가 처한 특수한 전통이나 역사적 상황을 고려해야 하기 때문이다.

4. 맺음말

이상에서 데이비드 클라크의 생애와 학문적 업적을 학사적 입장에서 검토해 보았다. 클라크는 고고학의 이론과 방법론에서 고고학이 독자적인 학문으로 비약할 수 있는 토대를 마련해 준 고고학자라고 평가할 수 있다. 다시 말해 클라크는 체계이론을 도입하여 문화의 제 변수 간의 상관관계를 연역적으로 설명하는 과정고고학의 형성과 발전에 지대한 공헌을 했다. 또한 그는 생물학, 지리학, 정보이론, 게임이론, 응용통계학 등에서 발전된 개념과 방법을 동원하여 고고학에서의 이론과 모델형성의 가능성을 모색했다. 클라크는 과학적 방법론의 개발에도 많은 심혈을 기울여 고고자료를 계량적으로 분석할 수 있는 기틀을 마련해 주었다.

클라크의 획기적인 이론과 방법론은 그가 30대의 젊은 나이에 요절했음에도 불구하고 많은 고고학자들에게 지대한 영향을 미쳤음은 두말할 필요가 없다. 신대륙의 빈포드, 플래너리와 함께 클라크는 1960년대 이후 전 세계 고고학의 대세를 형성한 과정고고학 사조(思潮)의 대표적 학자라 평가할 수 있다. 클라크는 자신이 천명했던 것처럼 1950년대의 순진무구한 낭만적인 고고학에서 탈피하여 '과학으로서의 고고학'을 확립하는 데 커다란 기여를 했다. 인식론적 패러다임의 전환을 촉구했던 클라크와 같은 고고학자의 공헌으로 이제 고고학은 관념과 사색, 낭만에서 벗어나 과거 인류의 문화행위와 변천을 체계적으로 연구하는 학문의 한 분야로서 자리를 잡아가고 있다.

참고문헌

추연식. 1996. 「케임브리지와 세계고고학」. ≪한국상고사학보≫, 22. 77~
116쪽.

Ashby, W. R. 1956. *An Introduction to Cybernetics*. London: Chapman and Hall.

Bulleid, A. 1924. *The Lake Villages of Somerset*. Yeovil: Glastonbury Archaeo-
logical Society.

Clarke, D. 1962. "Matrix Analysis and Archaeology with Particular Reference
to British Beaker Pottery." *Proceedings of the Prehistoric Society*, 28. pp.371~
383.

_____. 1968. *Analytical Archaeology*. London: Methuen.

_____. 1970. *Beaker Pottery of Great Britain and Ireland*. Cambridge: Cambridge
University Press.

_____. 1972a. "A Provisional Model of an Iron Age Society and its Settlement
System." in D. Clarke(ed.). *Models in Archaeology*. London: Methuen.
pp.801~869.

_____. 1972b. *Models in Archaeology*. London(editor): Methuen.

_____. 1973. "Archaeology: The Loss of Innocence." *Antiquity*, 47. pp.6~18.

_____. 1977. *Spatial Archaeology*. London(editor): Methuen.

_____. 1979a. "Mesolithic Europe: The Economic Basis." *Analytical Archaeo-
logists: Collected Papers of David L. Clarke*. London: Academic Press. pp.207
~262.

_____. 1979b. "Analytical Archaeology: Epilogue." *Analytical Archaeologists:
Collected Papers of David L. Clarke*. London: Academic Press. pp.181~191.

Daniel, G. E. 1975. *150 Years of Archaeology*. London: Duckworth.

Flannery, K. 1968. "Archaeological Systems Theory and Early Mesoamerica."
in B. J. Meggers(ed.). *Anthropological Archaeological in the Americas*.
Washington: Anthropological Society of Washington. pp.67~87.

Haggett, P. 1965. *Locational Analysis in Human Geography*. London: Edward
Arnold.

Hammond, N. 1979. "David Clarke: A Bibliographical Sketch." *Analytical
Archaeologists: Collected Papers of David L. Clarke*. London: Academic Press.

pp.1~13.

Willey, G. and J. Sabloff. 1974. *A History of Archaeology*. London: Thames and Hudson.

추천문헌

Clarke, D. 1968. *Analytical Archaeology*. London: Methuen.

_____. 1972. *Models in Archaeology*. London(editor): Methuen.

_____. 1973. "Archaeology: The Loss of Innocence." *Antiquity*, 47, pp.6~18.

_____. 1977. *Spatial Archaeology*. London(editor): Methuen.

_____. 1979. "Mesolithic Europe: The Economic Basis." *Analytical Archaeologists: Collected Papers of David L. Clarke*. London: Academic Press: pp.207~262.

제12장_ 플래너리와 과정고고학

| 김승옥 |

우리는 이 장에서 산 호세(San José)기의 사회가 불평등 위계사회였다는 점을 증명하기 위해 열 가지 이상의 다양한 고고학적 증거를 제시했다는 점을 강조하고 싶다. 우리가 이렇게 많은 증거를 제시한 이유는 어떤 한 종류의 고고학적 증거도 복합사회의 존재를 증명하는 데 충분하지 않기 때문이다.

옥으로 제작한 장식품을 가진 무덤과 가지지 못한 무덤을 발견하면 이를 '족장사회(chiefdom)'의 기준으로 속단하는 학자도 있는 것 같다. 그러나 이는 지극히 위험한 발상이며, 단순히 공공건물이 존재한다고 하여 이를 곧바로 복합사회의 증거로 해석하는 것도 곤란하다. 모든 이러한 고고학적 증거는 위계화를 이루지 못한 농업사회에서도 얼마든지 나타날 수 있다. 신분세습제의 증거를 포함하여 사회의 모든 측면에서 불평등관계에 관한 광범한 증거를 제시할 수 있을 때 세습적 복합사회가 존재했다고 주장할 수 있을 것이다.

Marcus and Flannery, 1996: 110.

1. 머리말

켄트 플래너리(Kent Flannery)는 근동 지방과 중남미 지역의 고고학을 연구하는 학자이다. 이 두 지역에서 1960년대 이후 왕성한 지표조사와 발굴을 수행한 플래너리는 문화진화이론과 체계이론에 근거하여 농업 기원과 복합사회의 발전과정에 대해 주옥같은 글들을 발표하고 있다. 1960년대 '신고고학(The New Archaeology)'의 대표적 주창자로 구대륙에 서는 클라크(D. Clarke), 신대륙에서는 빈포드(L. Binford)와 플래너리를 들 수 있을 것이다. 그러나 플래너리는 여러 가지 면에서 클라크나 빈 포드와 차이를 보인다. 예를 들어 클라크와 빈포드가 주로 이론과 방법 론의 개발에서 신고고학을 주도했다면, 플래너리는 활발한 고고학 조 사와 발굴을 통한 이론과 방법론의 제시로 유명하다. 플래너리는 신고 고학의 초창기부터 야외현장에서 발로 뛰지 않는 고고학자란 생각할 수 없으며, 고고학의 이론화란 체계적 발굴과 철저한 분석이 선행되지 않으면 불가능한 작업이라고 역설한다. 앞에서 제시한 인용문은 고고 학에 관한 플래너리의 이러한 시각과 철학을 대변하고 있다. 또한 간결 하지만 핵심을 놓치지 않는 플래너리의 글들은 많은 고고학자들이 그 를 존경하는 또 다른 이유이다.

이 장에서는 농업의 기원과 복합사회의 발전과정, 이론과 방법론의 개발에서 독보적 위치를 차지하고 있는 플래너리의 생애와 일생, 학문 적 업적 등을 살펴본다. 플래너리는 고고학 이론과 방법론의 개발 및 대중화란 측면에서 혁혁한 공헌을 했으나 이 책에 소개된 빈포드와 클 라크, 렌프루와 같은 신고고학자들과 많은 측면에서 공통점을 보이기 도 한다. 따라서 여기서는 플래너리의 학문적 업적을 중점적으로 살펴 보고, 이러한 그의 작업이 다른 신고고학자들과 어떠한 점에서 차이가 나는지를 논의한다. 다시 말해 이 글은 플래너리가 지금까지 수행한 고고학의 야외조사와 연구 활동을 중점적으로 소개하고, 이러한 그의 학문적 업적이 어떠한 점에서 과거 인류의 문화 행위와 변천과정의 설명에 기여를 했는가를 살펴본다. 잘 알려진 바와 같이 플래너리는 수많은 논문과 책을 발간하고 있으며 연구 지역 또한 매우 광범위하다. 따라서 그의 대표적인 연구 지역과 업적을 중심으로 이 글이 전개된다는 점을 미리 밝혀둔다.

2. 교육과정과 학문적 시각의 형성

미국 고고학과 인류학의 양대 산맥이라 할 수 있는 시카고 대학과 미시간 대학은 1960년대 초반 신고고학의 양대 석학인 빈포드와 플래너리를 배출하게 된다. 빈포드는 1950년대 후반 이후 미시간 대학에서 신고고학의 토대가 되는 새로운 개념과 방법론을 연구하고 있었다. 특히 미시간 대학에서 신진화론의 대표주자인 레슬리 화이트(Leslie White)와 엘만 서비스로부터 받은 학문적 영향은 훗날 빈포드가 신고고학을 주창할 수 있는 중요한 학문적 토대가 된다. 이 무렵 플래너리는 시카고 대학에서 고고학의 기초를 연마하고 있었고, 두 사람 모두 1964년에 각각의 대학에서 박사학위를 취득하게 된다. 빈포드는 1960년대 중반 시카고 대학에서 강의와 연구를 통해 신고고학을 주창하게 되고, 플래너리는 학위 취득 후 현재까지 미시간 대학의 교수로서 고고학을 연구하고 있는데, 이러한 두 석학의 학연과 경력은 신고고학의 형성과 발달이란 측면에서 매우 흥미롭다.

플래너리는 1954년에 대학을 졸업하게 되는데 학부 전공은 동물학이었다. 여기서 주목되는 점은 동물학과에서의 학부교육이 훗날 플래너리가 고고학에서 환경문제를 본격적으로 다룰 수 있는 학문적 토대

플래너리(K. Flannery)

가 되었다는 사실이다. 다시 말해 플래너리는 학부시절부터 체계이론과 생태 문제를 접하게 되고, 각종 동물 뼈를 과학적으로 분석할 수 있는 능력을 함양하게 된다. 플래너리는 시카고 대학에서 박사학위를 받을 때까지 당대의 석학들로부터 강의와 활발한 야외조사를 통해 학문적 시각과 철학을 정립하게 되는데, 직·간접적으로 영향을 받은 고고학자로는 로버트 브레이드우드(Robert J. Braidwood), 로버트 맥 애덤스(Robert Mac. Adams), 빈포드 등을 꼽을 수 있다.

시카고 대학의 교수였던 브레이드우드와 애덤스는 플래너리에게 고고학에 대한 개념과 방법론의 형성이란 측면에서 가장 많은 영향을 미친 학자들이다. 두 학자 모두 이론과 방법론에서 전통고고학자로 분류할 수도 있지만 이들은 왕성한 야외조사와 연구 활동을 통해 기존 고고학의 한계를 뛰어넘는 획기적인 업적을 남겼다. 먼저 애덤스는 멕시코와 근동 지방 국가 기원 연구의 전문가로서 야외조사와 항공사진 기술을 이용하여 고대 취락유적이 시·공간상으로 어떻게 변천하여 문명의 단계로 발전하게 되었는가를 설명했다. 플래너리는 당시로서는 획기적인 애덤스의 복합사회 형성과 발전에 대한 접근을 수업을 통해 획득하게 되고, 1961년에는 애덤스가 계획한 멕시코 치아파스(Chiapas)의 발굴에 직접 참여하게 된다.

브레이드우드는 농업의 기원과 환경고고학의 측면에서 플래너리에게 지대한 영향을 미친 고고학자이다. 플래너리는 1960년 브레이드우드가 조사단장을 맡은 북부 이라크 자르모(Jarmo) 유적의 발굴에 참여하면서 근동 고고학, 특히 농업의 기원에 대한 문제지향적 접근방식을

터득하게 된다. 브레이드우드는 이 프로젝트를 통해 보리와 밀의 야생
종이 풍부했던 소위 '비옥한 반월형 지대'에서 농업이 시작되었을 것이
라 주장하게 되었고, 당시로서는 획기적인 인접분야(예를 들어 지질학,
고식물학, 고동물학)의 공동연구를 통해 농업의 기원을 설명할 수 있었다.
플래너리는 1961년 이란의 알리 코쉬(Ali Kosh) 발굴을 통해 고동물학이
나 화분분석과 같은 과학적 접근을 통해 농업의 기원에 관한 자신의
생태학적 접근을 본격화한다(Flannery and Hole, 1962).

이와 같이 플래너리는 학부와 대학원 재학 시에 이미 전통고고학의
한계를 뛰어 넘는 다양한 고고학적 개념과 이론, 분석기술을 터득하게
된다. 또한 1963~64년에 걸친 빈포드와의 만남은 플래너리가 고고학
이론과 방법론을 더욱 탄탄하게 하는 계기가 된다. 두 사람이 서로 연
배가 비슷했고 짧은 만남이었기 때문에 스승과 제자라고 할 수는 없지
만, 빈포드는 당시 시카고 대학에서 신고고학의 사고와 개념들을 정립
했다는 점에서 볼 때 간접적으로나마 플래너리에게 영향을 미쳤으리라
사료된다. 빈포드의 문화진화이론과 알버트 스폴딩(Albert Spaulding)의
고고학 방법론은 시카고 대학이 플래너리를 위시한 수많은 신고고학자
를 배출하게 되는 계기가 된다. 당시 빈포드의 영향을 받은 신고고학자
중 로버트 왈론(Robert Whallon)과 헨리 라이트(Henry Wright)는 현재까
지 미시간 대학에서 플래너리와 함께 미시간학파의 중추역할을 하고
있다.

플래너리는 리차드 맥니쉬(Richard MacNeish)가 주도한 멕시코 테우아
칸 계곡(Tehuacán Valley)의 자료를 분석하여 1964년에 박사학위를 취득
하게 된다(Flannery, 1964). 플래너리는 졸업 후 1966년까지 스미소니안
박물관에서 학예사로 근무하게 되는데, 여기서 세계 고고학사에 길이
남을 오아하카 계곡(Valley of Oaxaca)의 지표조사와 발굴을 시작한다.
1967년 미시간 대학 교수로 자리를 잡은 이후에도 오아하카 계곡의

발굴은 계속되어 1980년대 초반까지 이어진다. 플래너리는 페루에서도 왕성한 발굴조사를 실시했는데, 1970~71년에는 아야쿠초(Ayacucho), 1971~72년에는 후닌(Junín), 1983~86년에는 카네테 계곡(Canete Valley)을 조사했다.

플래너리는 1967년 이후 미시간 대학의 교수로 재직하고 있는데, 미시간 대학에서 교육과 연구 활동을 하게 된 것은 그에게 커다란 행운이라 할 수 있다. 미시간 대학의 인류학과는 진화론, 특히 신진화론이라는 새로운 학문적 패러다임을 정립한 곳이다. 신고고학이 대두한 1960년대 전후 살린스(M. Sahlins), 서비스(E, Service), 화이트와 같은 대표적 문화진화론자들이 미시간대 인류학과에 재직하고 있었다. 1960년대 이후에도 생태학적 접근의 대가인 라파포트(R. Rappaport), 수렵채집사회와 부족사회를 주로 연구하는 켈리(R. Kelly)나 리(R. Lee), 경제인류학을 전공하는 울프(E. Wolf), 형질인류학자인 브레이스(L. Brace)와 월포프(M. Wolpoff)와 같은 학자가 미시간 대학에 재직하고 있다. 또한 오트너(S. Ortner)는 기존의 진화론적·생태학적 인류학의 기초 위에 문화의 이념적 요소와 역사적 측면을 결합한 실천이론(practice theory)의 대가이다. 플래너리는 미시간 대학에서 이러한 세계 석학과의 학문적 토론과 접촉을 통해 자신의 학문적 시각과 인식의 지평을 더욱 굳건히 할 수 있었을 것이다.

3. 학문적 업적과 영향

1) 이론과 방법론

1960년대에 제기된 신고고학의 이론적 사조는 문화진화이론(culturalevolutionary theory)과 체계이론(systems theory)이라 할 수 있다. 신고고학자들은 문화를 내부 요소(정치, 경제, 기술, 이념 등)와 외부요소(환경)를 포함한 많은 요소들로 구성된 하나의 체계로 정의하고, 문화변동이란 이러한 다양한 문화요소들이 상호작용한 적응의 결과로 발생한다고 보았다. 따라서 진화론의 소생과 체계이론의 도입은 불가분의 관계를 맺으며 신고고학의 이론적 사조로 자리 잡게 된다. 또한 두 이론적 사조는 기본적으로 고고학의 해석에서 문화와 환경과의 중요성을 강조하게 되는데, 왜냐하면 문화변동이란 환경변화에 대해 인간과 문화가 기능적으로 적응한 결과이기 때문이다. 이러한 의미에서 신고고학자들의 접근을 생태적 기능주의 접근이라고도 부르며, 문화적 사건의 발생이나 기원보다는 문화가 발생한 과정의 설명에 주력한다는 점에서 과정고고학(processual archaeology)이라 부르기도 한다.

플래너리 고고학은 이론과 방법론에서 신고고학의 이러한 논리적 실증주의적 접근방법과 크게 다르지 않다. 그러나 그는 모든 고고학적 현상을 연역적 가설검증법으로 검증하여 일반이론을 도출할 수 있다는 극단적 신고고학자들과는 현저한 차이를 보인다. 플래너리는 신고고학의 기본적인 시각과 방법론은 유지하되 문화과정과 변동의 설명에 주력하는 과정고고학자라 할 수 있다. 그에 의하면 문화분석의 첫 단계는 다양한 하부 요소를 지닌 문화체계를 각각의 요소로 분리하고, 이렇게 분리된 요소를 독립적인 변수로 취급하는 것이다(Flannery, 1967: 120). 또한 문화변동의 설명이란 이러한 제 변수 간의 인과적 상관관계를 체계적으로 규명하는 것이다. 플래너리는 문화변동의 동인(動因)으로서 문화체계와 환경변이와의 적응관계를 강조한다. 예를 들어 농업의 기원과 같은 새로운 사회구조의 발생은 생태불균형에 대한 '적응(adaptation)'의 결과물이다. 고고학사상 플래너리는 인간과 환경 간의 적응적 변동을 체계적으로 설명하여 생태 모델을 정립한 대표적인 고고학자로 평가된다(Willey and Sabloff, 1974: 192).

신고고학자들은 한 문화체계 내에서의 다양한 내부요소와 외부요소와의 상관관계에 의해 문화변동의 과정을 과학적으로 설명하려고 시도했지만 문화생태학과 기계적 유물론에서 벗어나지 못했다는 비판을 받는다. 실제로 많은 고고학자들은 가설을 세우고 이를 연역적으로 검증하여 일반이론을 창출한다는 신고고학의 접근(hypothetico-deductive approach)에 매료된 나머지 그 효용가치가 별로 없는 기계적 법칙을 양산하는 오류를 범해왔다. 다시 말해 신고고학자들은 전통고고학이 주관과 권위에 의해 자료를 임의적으로 발췌, 기술한다고 비판하고 자료의 과학적·객관적 분석을 통해 이론을 창출해야 한다고 주장한다. 그러나 신고고학자들도 자신들이 설정한 가설을 검증할 수 있는 자료만을 분석함으로써 오히려 전통고고학자들보다 더 심한 방법론적 오류를 범해왔다.

또 다른 신고고학의 맹점은 문화의 다양한 요소 중 주로 경제와 환경에 치중했다는 점이다. 따라서 이들의 접근방식은 사회변동의 동인을 사회 내부보다는 외부에서 찾는다는 점에서 비판을 받는다. 신고고학자들에게 문화체계의 한 부분인 이념은 너무 복잡하고 고고학적으로 검증하기 어려운 추상적 정신현상이다. 예를 들어 신고고학자들은 인구압, 전쟁, 환경, 경제 등을 문화진화의 주요 동인으로 설명함으로써 문화체계에서 가장 중요한 역할을 하는 이데올로기나 정신적 측면을 무시하는 오류를 초래하게 된다. 다시 말해 신고고학자들은 문화체계 내에서의 개인과 상징적 이념의 능동적 역할을 중요하게 다루지 못했다는 공격을 받게 된다(Hodder, 1986; Paynter, 1989). 더구나 최근에 등장한 세계 시스템이론(world-system theory)이나 정치경제학적 접근을 지지하는 학자들은 신고고학의 문화생태론이 연구영역을 주로 특정 사회나 지역으로 한정했다는 점을 비판하고 있다(Blanton and Feinman, 1984; Ekholm, 1980; Rowlands et al., 1987; Wallerstein, 1974, 1980, 1989).

신고고학의 이론과 방법론에 대한 이러한 비판에도 불구하고 플래너리를 비판하는 고고학자는 거의 없다는 점을 주목해야 한다. 플래너리는 학문의 초창기부터 고고학이 기계적 과학화로 가는 것을 누구보다도 경계하고 있었다. 그에 의하면 '문화법칙과 질서(law and order)'의 발견을 추구하는 '헴펠 식의 접근(Hempelian approach)'은 질적으로 우수한 고고학적 조사를 가능하게 하기도 하지만, 동시에 생명력이 없는 '미키마우스 법칙(Mickey Mouse laws)'을 양산하게 된다(Flannery, 1973). 예를 들어 한 유적에서 관찰되는 현상을 근거로 "인구가 증가함에 따라 저장시설의 수도 증가할 것이다"라는 문화법칙을 기계적으로 도출하는 것은 극히 위험한 고고학의 모델화이다(Flannery, 1973: 51). 플래너리가 지적한 바와 같이 일반이론은 자료의 철저한 분석을 통해 가설을 평가하고, 이를 다시 상이한 유적의 자료에 의해 재평가할 수 있을 때 도출될 수 있는 것이다. 이와 유사한 예로 멕시코 오아하카 계곡에 대한 1970년대의 지표조사를 들 수 있다. 이 거대한 프로젝트에서는 유적을 찾기 위해 과학적 방법인 무작위 표본추출방식을 통해 조사를 했지만 계곡 내의 거대한 도시유적인 테오티우아칸을 발견하지 못했다. 당시의 조사팀이 한 종류의 기계적 표본추출방식에 너무 의존하지 않고 체계적 표본추출방식(systematic sampling)과 같은 다른 방식을 결합하여 집중적인 조사를 했다면 테오티우아칸이라는 거대 유적을 놓치기란 사실상 불가능하다.

플래너리는 문화체계 내의 이념의 역할이나 교역의 중요성을 학문의 초창기부터 강조해 오고 있다. 다시 말해 플래너리는 정치, 경제, 기술, 이념 등 제반 문화요소 간의 역동적 상관관계를 통해—이들 중 어떤 요소도 부수현상(epiphenomena)으로 간주하지 않는—고고학적 변이를 설명하는, 소위 총체적 접근을 견지해 오고 있다. 이 점은 그의 1968년 논문(Flannery, 1968b)에 잘 반영되어 있는데, 예를 들어 멕시코 올멕(Olmec)문명의 형성과 발전은 외부로부터 유입되는 위신재(prestige goods)의 소유 및 통제와 불가분의 관계를 보여준다. 즉 장거리 교역을 통한 위신재의 통제는 엘리트의 경제적 부를 증가시켜 줄 뿐만이 아니라 초자연적 존재로서의 이념적 과시를 구성원들에게 보여주게 되고, 이는 곧 엘리트의 정치적 지위와 명성으로 연결된다. 또한 멕시코의 자포텍(Zapotec)과 미스텍(Mixtec)문명의 등장 원인에 대한 설명(Flannery and Marcus, 1983)에서도 플래너리는 문화의 상징적이고 인지적인 측면을 생계, 경제, 사회적인 측면과 결합시키고 있다. 한 마디로 플래너리 고고학의 목적은 "정신적인 측면이 결여된 극단적 생태-기능주의적 접근이나 환경과 분리하여 정신영역을 극대화시키는 관념론적·해석학적인 접근을 지양하고, 환경과 이념을 종합적으로 고려하는 분석의 틀을 개발하는 것이다"(Flannery and Marcus, 1976: 383).

고고학 이론과 방법론에 관한 플래너리의 또 다른 특징은 전반적으로 총체적 접근을 시도하면서 연구시대와 주제, 지역에 따라 접근방식을 약간씩 달리한다는 점이다. 예를 들어 구석기고고학이나 농업의 기원을 연구하는 학자에게는 생태학적 접근이 더 타당할 수 있고, 복합사회나 유물의 스타일을 분석하는 연구자에게는 문화의 이념을 포함한 제 문화요소가 중요변수로 분석되어야 한다. 엄격한 과학적 모델의 채용을 주창했던 1960년대의 과정고고학은 경제와 인구문제에 치중했지만 플래너리가 줄기차게 주장해 온 것처럼 오늘날의 고고학은 경제와 인구, 환경은 물론 정치와 이념, 상징행위까지 포함하는 쪽으로 시각의 폭을 넓혀가고 있다. 다시 말해 오늘날 세계 고고학계의 연구동향은 소모적 이론논쟁보다는 발굴된 고고자료상에 나타나는 모든 시·공간적 변이를 종합적으로 분석하여 이론과 방법론의 개발을 해오고 있다. 플래너리는 최근에도 이러한 학문적 인식과 궤를 같이하는 행위이론(action theory)이나 실천이론에 많은 관심을 기울이고 있는데(Marcus and

Flannery, 1996), 이러한 이론들은 문화행위자, 정치통제전략, 역사와의 상관관계를 강조하고 있다(김승옥, 1999).

2) 농업의 기원과 환경고고학

농업의 기원과 발생은 플래너리의 초창기 고고학의 대표적 연구주제라 할 수 있다. 1960년대에 발표된 두 논문(Flannery, 1965, 1968a)은 신고고학의 등장 이후 체계이론과 환경고고학의 관점에 근거하여 농업의 기원을 설명한 역작으로 평가받는다. 실제로 이 논문들이 발표되기 이전에는 인간과 환경의 상호작용을 총체적 관점에서 분석한 논문이 거의 없었다고 해도 과언이 아니다. 여기서는 1968년 논문과 멕시코 오아하카 계곡에서의 연구업적을 중심으로 플래너리가 체계이론과 생태모델을 적용하여 어떻게 농업의 기원을 설명하고 있는지 살펴본다.

1968년 논문에서 플래너리는 오아하카 계곡의 고고학 자료에 근거하여 선농업시대 최말기(ca. 5000~2000 BC)의 '식량획득체계(procurement systems, 전체 생계체계의 하부체계)'를 복원했다. 이 시기 오아하카 계곡의 식량획득체계는 용설란, 선인장 열매, 야생식물의 채집과 사슴을 비롯한 동물의 사냥을 포함하고 있었다. 또한 당시의 식량획득행위는 식량자원의 계절성과 인간의 계획적인 수확행위에 의해 조절된다. 즉 인간은 계절에 따라 상이한 식물과 동물자원을 수확하지만 어느 한 종류의 자원이 전멸되지 않도록 효율적인 식량획득전략을 수립한다. 따라서 이러한 자연적 계절성과 인위적 계획은 전체 체계의 항상성을 유지하는 부정적 피드백(negative feedback)의 역할을 한다.

자연적 계절성과 인위적 계획은 식량획득체계의 변화를 상쇄시키는 역할을 하지만, 어느 시점에 이르면 주요 식량자원인 콩과 옥수수에서 유전적 변화가 발생하게 된다. 콩과 옥수수의 유전적 변화는 생산성이

<그림 1> 멕시코 오아하카 계곡과 본문에 인용된 주요 유적의 위치

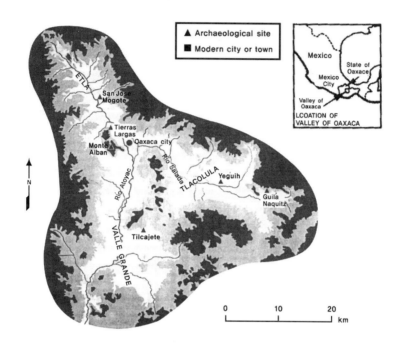

높고 수확하기가 쉬운 방향으로 발생하기 때문에 인간은 점점 이 두
종류의 자원에 의존하게 되고 결국에는 농업의 길로 들어서게 된다.
따라서 콩과 옥수수에서 발생한 조그만 유전적 변이가 농업의 발생이
라는 획기적인 변화를 야기하는데, 이러한 과정이 체계이론에서의 긍
정적 피드백(positive feedback)이라 할 수 있다. 플래너리의 체계이론에
근거한 농업의 기원은 다음과 같은 그의 주장에 잘 반영되어 있다.

　고고학자들은 최초의 재배 옥수수, 최초의 토기, 최초의 문자, 또는
　이러한 주요 사건들이 발생한 최초의 유적을 찾을 수 있다는 환상에서
　하루 빨리 벗어나야 한다. 기존 체계로부터의 그러한 일탈은 거의 대부

분 흔적을 찾을 수 없을 정도로 장기간에 걸쳐 매우 서서히, 그리고 우연히 발생한다. 이러한 것보다 더욱 의미 있는 작업은 선사문화에서의 조그만 일탈이 주요 변동으로 증폭되는 연쇄과정을 조사하는 것이다 (Flannery, 1968a: 85).

잘 알려진 바와 같이 멕시코의 오아하카 계곡은 플래너리가 1960년 대 후반부터 현재까지 평생을 바쳐 연구해 오고 있는 지역이다. 농업의 기원부터 국가의 형성 및 발전까지의 문화과정을 설명한 오아하카 계곡의 프로젝트는 플래너리 고고학의 핵심이자 세계에서 가장 성공적인 고고학 조사 중의 하나이다. 오아하카 계곡은 멕시코 남부 고지대에서 유일하게 대하천을 끼고 있는 지역이다<그림 1> 참조). 오아하카 계곡을 따라 흐르는 두 개의 강(Río Atoyac와 Río Salada)은 해발 1420～ 1740m 사이에 놓여 있으며, 이 지역 일대는 강수량이 매우 불규칙한 반건조, 반열대의 기후를 지닌 곳이다.

오아하카 계곡에 대한 집중적인 지표조사와 항공사진을 이용하여 플래너리의 조사팀은 많은 유적을 확인할 수 있었다. 발견된 유적 중에서 수렵·채집에서 식량생산으로의 전환과정을 규명하기 위해 플래너리가 조사한 유적이 유명한 귈라 나퀴즈(Guilá Naquitz)이다(Flannery, 1986). 귈라 나퀴즈는 소규모의 바위그늘주거(rockshelter) 유적이다. 플래너리의 조사팀은 먼저 유적에 대한 시굴을 통해 선토기시대의 식물유존체가 존재한다는 사실을 확인했고, 이후 64평방미터에 걸친 지점을 발굴하게 된다.

목탄시료를 사용한 방사성탄소연대측정법의 측정결과 귈라 나퀴즈는 서기전 8750년부터 6670년 사이에 점유되었음을 알 수 있었고, 동물과 식물의 유체 및 토양시료의 분석을 통해 당시의 기후 및 환경이 오늘날과 별 차이가 없음이 밝혀졌다. 유적에서는 최소한 360여 마리

정도의 동물들이 사냥되었고, 2만 1,000여 개 이상의 식물유존체 중에서 도토리, 용설란, 콩 등이 주종을 이루고 있는데, 이는 당시 점유자들이 많은 야생 식물 중에서 몇 종만을 주요 식량자원으로 선택했음을 보여주는 증거이다. 또한 식물자원은 유적지로부터 5~15ha 떨어진 곳에서 획득됐으며, 사슴은 최소 17ha 떨어진 곳, 석기 원자재는 최대 50km 떨어진 곳에서 획득되었음이 밝혀졌다. 생활 면의 유물 분포에 대한 공간분석은 유적의 점유자들이 주거공간을 일정한 영역으로 분할하여 사용했음을 보여주는데, 예를 들어 도살, 석기제작, 취사, 쓰레기 폐기장 등이 확인되었다.

  귈라 나퀴즈의 구성원은 4~5명 정도의 가족으로 구성된 소규모의 이동집단으로서 주로 가을철에 유적을 점유했었다는 사실이 밝혀졌다. 또한 이들은 선토기시대 최말기에 이르러 새로운 생계전략인 농업을 채택하게 되는데, 플래너리는 로버트 레이놀즈(Robert Reynolds)와 함께 컴퓨터 시뮬레이션 모델을 적용해 왜 이들이 새로운 식량생산 체계를 채택하게 되었는가를 설명한다. 시뮬레이션 모델은 가설적으로 설정한 5명의 수렵채집집단이 장기간에 걸쳐 11개의 주요 식량자원의 채집을 어떻게 획득하는가를 평가하기 위한 것이다. 시뮬레이션의 각 단계는 이들 집단이 식량자원의 생산성에 영향을 미치는 불규칙한 기후의 순환과정에 직면했을 때 칼로리와 프로테인 획득전략의 효율성을 향상시키도록 프로그램화되었다. 시뮬레이션 결과 어느 단계에 이르면 야생 식물자원을 획득하는 전략의 효율성이 최고조에 달해 더 이상의 향상이 없게 된다. 이 단계에 이르러 농작물을 시뮬레이션에 입력하면 집단의 최우선 선택작물은 새로 입력된 농작물로 바뀌게 된다. 결과적으로 모델에서 나타나는 식량자원 채집계획은 귈라 나퀴즈에서 보이는 것처럼 식량자원의 연중 변이를 극복하기 위한 전략의 일환이라고 할 수 있다. 다시 말해 선사시대인들이 농업을 채택하게 되는 주요 이유는 선농업시대에 이미 발달되었던 자원의 연중 변이를 상쇄하기 위한 전략의 연장이라고 할 수 있다. 또한 이 연구는 급격한 기후변동이나 인구증가는 농업기원의 주요 동인이 될 수 없다는 점도 보여주는데, 왜냐하면 이들 변수가 시뮬레이션에 입력되었을 때 당시 사람들이 농작물을 채택하는 시점이 오히려 지체되었기 때문이다.

3) 취락고고학

플래너리의 또 다른 학문적 업적은 정착 취락민의 생활상과 사회조직을 복원하는 취락고고학(settlement archaeology)의 정립이라 할 수 있다. 취락고고학에 대한 그의 초창기 논문(Flannery, 1972b)은 근동 지방과 메조아메리카 지역에서 나타나는 취락유형의 변천을 문화의 적응적 입장에서 설명하고 있다. 플래너리에 의하면 양 지역에서 초기 농경민들의 주거형태가 원형에서 방형으로 형태적 변화가 발생하는 이유는 환경적·사회적 문제를 극복하기 위한 일련의 문화적 대응전략이다. 즉 농업의 본격적 실시와 함께 인구는 점진적으로 증가하는데, 인구의 증가는 새로운 형태의 방형주거지를 필연적으로 요구하게 된다. 왜냐하면 방형주거지는 건축과 증축이 용이해 증가하는 인구를 한 마을 내에 수용할 수 있고, 이는 곧 성원 간의 사회적 결속력의 강화, 적으로부터의 방어, 노동 생산성의 극대화를 통해 사회체제의 유지와 경쟁성을 강화해 줄 수 있기 때문이다.

취락고고학에 대한 플래너리의 연구는 오아하카 계곡의 조사에서 절정을 이루게 된다(Flannery, 1976, 1983). 그는 이 지역 초기 형성기(Early Formative)의 영구취락인 초벽집의 분석을 통해 초기 취락사회가 어떻게 형성되고 발전하게 되는가를 설명하고 있다. 플래너리는 먼저 개별주거→주거군→마을 공동체→지역 공동체라는 사회정치적 분석의 차

원을 설정한다. 30여 개에 이르는 주거지의 발굴과 유물을 분석한 결과
각 주거지의 사회적 단위는 핵가족이고, 각 주거지는 저장시설, 취사영
역, 다양한 외부 작업공간을 가진 '주거단위(household units)'를 이룬다
(Flannery, 1976, 1983: 45~46). 또한 주거지에서 남녀의 생활공간을 확인
할 수 있었고 일상생활공간과 특정 종류의 석기와 골각기만을 생산하
는 생산공간을 구별할 수 있었다. 마지막으로 패각 장식품, 소금, 가죽
제품 생산을 담당하는 산업적으로 전문화된 마을을 발견할 수 있었다.

플래너리는 오아하카 계곡의 특정 공동체에 의해 이용되는 자원의
개척영역과 활동영역의 분석을 시도했다. 그는 산 호세 모고떼(San José
Mogote) 취락의 주민들이 그들의 생계를 위해 활동했던 영역을 추정하
기 위해 문화활동영역(site catchment area)과 상용자원개척가능영역(site
exploitation territory)이라는 개념적 틀을 제시하게 된다. 이러한 분석을
위해 플래너리는 먼저 지역 내 자원의 잠재적 생산성보다는 유적에서
실제로 발견되는 식량자원을 조사했다. 다음 단계로 지역 내 자원분포
를 이용하여 마을에서 발견된 식량자원들이 어디에서 획득되어 마을로
반입되었는가를 유추했다. 분석결과 산 호세 모고떼 구성원들의 농업
행위는 대략 반경 2.5km 이내에서 행해졌으며, 광물자원과 중요 야생
작물은 반경 5km, 사슴이나 건축자재 등은 반경 15km 정도에서 획득
되었다는 점을 알 수 있었다.

4) 복합사회의 기원과 발달

인류는 왜 오랫동안 유지해 온 평등사회를 포기하고 개인과 집단 간
의 불평등관계를 채택했고, 고고학자는 이러한 체계의 대전환을 어떻게
확인할 수 있을 것인가? 복합사회의 형성과 발전에 대한 문제는 농업의
기원 및 취락고고학과 함께 플래너리가 1960년대 초반부터 줄기차게

연구해 온 주제이다. 플래너리가 지적한 바와 같이 복합사회의 기원과 형성 문제는 고고학에서 해결하기 어려운 가장 껄끄러운 주제임에 틀림없다. 1972년에 발표된 그의 논문(Flannery, 1972a)은 복합사회가 어떻게, 왜 출현하게 되었는가를 체계이론의 적용을 통해 설명하고 있다. 플래너리에 의하면 생태계의 일부인 문화의 생성과 발전이란 사회적·환경적 스트레스에 대한 인간 적응의 소산이다. 따라서 새로운 문화체계인 족장사회와 국가의 기원문제도 인구압, 전쟁, 무역, 협조와 경쟁, 이념, 종교, 환경 등 한 사회를 구성하고 있는 다양한 하부체계와의 역동적 상관관계를 고려해야만 설명할 수 있다. 플래너리의 이러한 다원적 접근은 관개이론을 주장한 뷔트포겔(Karl Wittfogel)이나 사회한정설(Social Circumscription)을 제기한 카네이로(Robert Carneiro)와 같이 복합사회의 기원을 일원적 변수로 설명한 학자들의 시각과 차이를 보인다.

플래너리는 앞에서 살펴본 바와 같이 오아하카 계곡의 고고학적 조사를 통해 초기 농업사회의 제 문제뿐만이 아니라 불평등사회의 기원과 형성과정을 체계적으로 설명하고 있다(Flannery and Marcus, 1983; Marcus and Flannery, 1996). 플래너리의 복합사회 모델은 "각 사회의 내부구조가 어떠하든 모든 사회체계는 불평등의 씨앗을 잉태하고 있다"(Josephides, 1985: 1)는 가정에서 출발하고 있다. 다시 말해 소위 '평등사회'의 개인과 집단들도 명성과 정치적 권력을 쟁취하기 위해 끊임없이 경쟁한다(Marcus and Flannery, 1996: 76). 실제로 오아하카 계곡에서 평등사회라 할 수 있는 띠에라스 라가스(Tierras Largas: 1400~1150 BC) 단계에도 개인 간의 부와 권력의 차이는 분명히 존재하며, 산 호세 모고떼(1150~850 BC) 유적은 인근지역의 유적보다 훨씬 더 풍부한 유물을 보여준다. 그러나 이러한 부와 권위의 차이는 정도의 차이이지 질적인 차이, 즉 제도화된 세습적 지위의 차이는 아니다. 오아하카 계곡에서 위계화된 계층사회는 다음 시기의 산 호세 모고떼 단계에 출현한다.

그렇다면 오아하카 계곡의 마을 사람들은 왜 성원 간의 평등관계와 마을 간의 수평적 관계를 포기했을까? 이에 대한 설명적 모델로서 플래너리는 종교적 의례행위를 둘러싼 친족집단 간의 경쟁과 이로 인한 강력한 친족집단의 등장을 제시하고 있다. 친족집단간의 정치적 경쟁과정에서 노동집중화로 경제적 부를 축적한 특정 친족집단이 마을 내 축제와 의례행위를 후원하고 장거리 교역으로 획득한 위신재의 통제 등을 통해 초자연적 존재로서의 사회적 인정을 얻게 된다. 이러한 사회정치적 행위의 지속적인 실천을 통해 우월한 친족집단은 점차 종교적 의례권을 독점하고 정치권력을 쟁취하게 된다. 또한 친족집단은 다른 지역 엘리트 친족집단과의 혼인과 유대관계의 확립을 통해 정치세력의 확장을 도모한다.

플래너리는 복합사회의 변천을 증명하기 위해 오아하카 사회의 주거지와 분묘유적의 분포, 각종 출토유물을 분석했다. 예를 들어 산 호세 모고떼기의 주거지 중에서 일부 주거지들은 질이 우수한 벽돌과 돌로 축조된 계단을 가지고 있으며, 압도적으로 많은 동물 뼈, 외부에서 유입된 토기와 흑요석, 패각, 옥 등을 다량 함유하고 있어 당시 신분의 위계화가 존재했음을 보여주고 있다. 분묘 형태와 출토유물의 분석도 위계적 사회질서를 반영하는데, 예를 들어 상위 계층의 무덤에서는 운모, 패각, 옥, 자철광과 같이 신분을 상징하는 유물이 다수 발견된다. 이러한 사회적 분화과정은 마을과 마을 간의 관계에서도 확인되는데, 초기 형성기의 대부분의 마을들은 소규모의 촌락들(최고 12ha)이었으나 서기전 850년경에 이르면 마을 간의 내부구조와 크기에서 차이가 벌어져 산 호세 모고떼와 같은 유적은 무려 70ha에 이르는 지역을 점유하게 된다. 또한 산 호세 모고떼 유적 주위에는 동심원상으로 12~14개에 이르는 소규모 촌락집단이 배치된다.

플래너리는 또한 토기문양의 분석을 통해 오아하카 사회의 이념과 종교행위의 복원을 시도했다. 당시의 오아하카인들에게 하늘과 땅은 가장 중요한 초자연적 실체로 인식되었는데, 이러한 하늘과 땅의 관념은 토기의 문양에 형상화된다. 이러한 토기들은 성인 남성과 어린 남자아이의 무덤에서만 출토되는데, 이는 조상숭배와 부계사회의 존재, 신분이 세습된다는 점을 보여주는 증거이다. 이러한 종교적 의례행위는 공공건물을 소유한 소수의 마을에서 실시되었는데, 이들은 멀리 떨어진 해안가에서 수입한 소라껍질로 만든 트럼펫과 거북이 껍질로 만든 북을 사용하여 의례를 행했으리라 유추된다. 또한 각 가정에서 발견되는 채색된 원형의 공간이나, 조상이나 무회를 형상화한 토제의 인물상들도 종교적 의례행위의 일면을 보여주는 예이다.

　오아하카 계곡에서 로사리오기(Rosario phase: 700~500 BC)에 이르면 초기 복합사회는 경쟁과 협력의 관계를 통해 흥망성쇠를 거듭한다. 예를 들어 세 개의 소계곡에 산 호세 모고떼, 산 마띤 띨까예떼(San Martin Tilcajete), 예귀이(Yegüih)를 중심취락으로 하는 정치체가 경쟁적으로 세력을 확장하게 된다(<그림 1> 참조). 그러나 로사리오기의 말기에 갑자기 이 세 정치체는 멸망의 길을 걷게 되고 세 계곡이 교차하는 해발 400m의 고지에 몬떼 알반(Monte Albán)이라는 도시가 건설된다. 인구, 취락의 유형 및 위계질서, 공공건물, 엘리트 거주지, 종교와 문자체계 등 다양한 고고학적 자료를 검토한 후에 플래너리는 몬떼 알반이 사회발전단계상 국가의 단계에 도달했음을 확인한다. 플래너리는 행위이론에 근거하여 몬떼 알반의 기원과 성장을 설명하고 있다. 즉 전 단계의 야심적인 족장 중의 한 명이 정치적 경쟁자를 제거하고 더욱 많은 추종자를 쟁취함으로써 자신의 절대권력과 명성을 증대시키기 위해 관료주의적 국가를 건설했다는 것이다. 이런 점에서 국가의 기원과 발전이란 족장사회로부터의 질적인 성장이라기보다는 정치, 경제, 사회, 기술 등 문화의 제 측면에서의 양적인 성장으로 볼 수 있다.

4. 맺음말

이상에서 플래너리의 생애와 학문적 업적을 검토해 보았다. 고고학
에서 농업의 기원문제와 복합사회의 발전과정에 관한 한 플래너리만큼
지대한 영향을 미친 학자는 없을 것이다. 이론과 방법론이 정착되지
못한 한국고고학계에서도 그의 고고학적 이론과 방법론을 적용하여 고
고학 자료를 설명하려는 시도(최몽룡, 1986)는 플래너리의 학문적 영향
력을 짐작케 한다. 플래너리는 문화진화론과 체계이론에 근거하여 근
동 지방과 멕시코에서 농업의 기원을 설명해 왔다. 또한 멕시코 오아하
카 계곡에서의 고고학 조사는 과거 문명발달사에 관한 세계에서 가장
성공적인 프로젝트 중의 하나였다고 할 수 있다. 40여 년에 걸친 이
지역에서의 발굴조사와 분석을 통해 플래너리는 농업의 기원에서부터
영구정착사회의 발달, 족장사회와 국가의 발생까지의 문화발달과정을
체계적으로 설명하고 있다. 문화과정을 설명하기 위해 플래너리는 최
근에 출간된 책(Marcus and Flannery, 1996)의 한 장을 '단계 없는 진화
(Evolution Without Stages)'로 명명한 바와 같이 사회발전단계설에 얽매
이지 않고 고고학 자료에 나타나는 모든 시·공간적 변이를 치밀하게
분석한다.

플래너리 고고학은 생태적 기능주의의 접근에 치중하는 신고고학이
나 문화의 상징적 측면을 강조하는 신마르크시스트고고학(neo-Marxist
Archaeology) 또는 탈과정고고학(Post-Processual Archaeology)처럼 하나의
연구사조로 규정할 수는 없다. 물론 그가 추구하는 이론과 방법론의
기본 틀은 가설형성과 이를 과학적으로 평가하는 문제중심 지향의 연
구를 한다는 점에서 과정고고학이라 할 수 있을 것이다. 그러나 그는
초창기부터 고고자료상에 나타나는 정치, 경제, 기술, 환경, 이념 등 제
문화요소 간의 상관관계에 의해서 문화변천과정을 체계적으로 설명하

고 있다. 다시 말해 플래너리는 고고자료의 객관성과 주관성, 실증성과
관념성에 대한 과정고고학파와 후기과정고고학파 간의 이분법적 논쟁
보다는 발굴된 고고학 자료상에 나타나는 모든 시·공간적 변이를 종합
적으로 분석하여 이론과 방법론의 개발을 도모해 오고 있다. 플래너리
는 다원적 변수에 의해 문화현상을 분석하기 위해 학문의 초창기부터
고동물학, 고식물학, 지질학, 컴퓨터와 통계 등 인접학문의 기술과 지식
을 고고학 자료에 적용해 왔다. 오아하카 계곡의 예와 같이 새로운 고
고학적 자료는 새로운 질문과 이론을 창출하고, 이것들은 다시 새로운
자료의 발견을 가능하게 해준다. 이러한 플래너리의 학문적 시각과 접
근은 신고고학자들이 양산했던 기계적 설명이나 방법론과 질적인 차이
를 보인다.

오아하카의 고고학 프로젝트가 세계에서 가장 성공적인 조사로 평가
받는 가장 큰 이유는 고고학의 기초라 할 수 있는 유적·유물의 편년과
형식분류를 철저하게 했다는 점일 것이다. 출토된 토기를 정밀하게 분
석하여 상대편년을 확립하고 방사성탄소연대측정법의 적용을 통해 절
대 연대를 정립(Flannery and Marcus, 1994)했기 때문에 오아하카 계곡의
문화변천과정을 체계적으로 설명할 수 있었다. 플래너리는 1970년대
초반에 발굴된 자료를 아직도 스스로 정리하고 있는데, 발굴자료는 조
사자가 스스로 실측하고 분석해야만 올바른 이론이 도출된다는 그의
학문적 신념 때문이다. 예를 들어 1970년 초반에 발굴된 궐라 나퀴즈
유적은 15년 이상의 분석을 거쳐 1986년에 출간되었다. 이와 같이 발
굴자료를 분석하고 해석하는 데 많은 시간이 소요되는 이유는 조그만
파편까지 포함한 모든 유물을 실측·기술해야 하는 기초작업의 방대함
뿐만이 아니라 해석과정에도 각종 과학적 분석, 예를 들어 지질 분석,
식물유존체 분석, 동물유골 분석, 계량 분석 등이 필요하기 때문이다.
플래너리의 철저한 분석을 통한 이론과 방법론의 창출은 고고학을 마

라톤에 비유한 다음의 글에 잘 나타나 있다.

고고학이란 마라톤이고, 마라톤은 스피드로 승리할 수 있는 것이 아니다. 마라톤의 승부는 선수의 끈기와 인내에 의해 결정된다.

Flannery, 1982: 277.

김승옥. 1999. 「고고학의 최근 연구동향」. ≪한국상고사학보≫, 31. 31~56쪽.

최몽룡. 1986. 「한국고대국가형성에 대한 일고찰: 위만조선(衛滿朝鮮)의 예」. 『한국고대사의 제 문제』. 관악사.

Blanton, R. E. and G. Feinman. 1984. "The Mesoamerican World Systems." *American Anthropologist*, 86. pp.673~682.

Ekholm, K. 1980. "On The Limitations of Civilizations: The Structure and Dynamics of Global Systems." *Dialect, Anthropology*, 5. pp.155~166.

Flannery, K. 1964. *The Middle Formative of the Tehuacán Valley: Its Patterns and Place in Mesoamerican Prehistory*. University of Chicago Library: Ph.D. Dissertation, microfilm.

_____. 1965. "The Ecology of Early Food Production in Mesopotamia." *Science*, 147-3663. pp.1247~1256.

_____. 1967. "Culture History vs. Cultural Process: A Debate in American Archaeology." *Scientific American*, 217. pp.119~122.

_____. 1968a. "Archaeological Systems Theory and Early Mesoamerica." in B. J. Meggers(ed.). *Anthropological Archaeological in the Americas*. Washington: Anthropological Society of Washington. pp.67~87.

_____. 1968b. "The Olmec and The Valley of Oaxaca: A Model for Inter-regional Interaction in Formative Times." in E. P. Benson(ed.). *Dumbarton Oaks Conference on The Olmec*. Washington, D.C. pp.79~110.

_____. 1972a. "The Cultural Evolution of Civilizations." *Annual Review of Ecology and Systematics*, 3. pp.399~426.

_____. 1972b. "The Origins of The Village as a Settlement Type in Mesoamerica and The Near East: A Comparative Study." in P. J. Ucko, R. Tringham, and G. W. Dimbley(eds.). *Man, Settlement, and Urbanism*. London: Gerald Duckworth. pp.23~53.

_____. 1973. "Archaeology with a Capital 'S'." in C. L. Redman(ed.). *Research and Theory in Current Archaeology*. New York: Wiley. pp.47~53.

_____. 1976. *The Early Mesoamerican Village*. New York(editor): Academic Press.

_____. 1982. "The Golden Marshalltown: A Parable for the Archaeology of the 1980s." *American Anthropologist*, 84. pp.265~278.

_____. 1986. *Guilá Naquitz: Archic Foraging and Early Agriculture in Oaxaca, Mexico*. New York(editor): Academic Press.

Flannery, K. and J. Marcus. 1976. "Formative Oaxaca and the Zapotec Cosmos." *American Scientist*, 4-4. pp.374~383.

_____. 1983. *The Cloud People: Divergent Evolution of the Zapotec and Mixtec Civilizations*. New York(editors): Academic Press.

_____. 1994. "Early Formative Pottery of the Valley of Oaxaca, Mexico." *Memoirs of the Museum of Anthropology University of Michigan*, 27. Michgan: Ann Arbor.

Hodder, I. 1986. *Reading the Past*. Cambridge: Cambridge University Press.

Hole, F. and K. Flannery. 1962. "Excavations at Ali Kosh, Iran, 1961." *Iranica Antiqua*, II. pp.97~148.

Josephides, L. 1985. *The Production of Inequality: Gender and Exchange among the Kewa*. London: Tavistock.

Marcus, J. and K. Flannery. 1996. *Zapotec Civilization: How Urban Society Evolved in Mexico's Oaxaca Valley*. London: Thames and Hudson.

Paynter, R. 1989. "The Archaeology of Equality and Inequality." *Annual Review of Anthropology*, 18. pp.369~399.

Rowlands, M., M. Larsen and K. Kristiansen. 1987. "Centre and Periphery: A Review of a Concept." in M. Rowlands, M. Larsen, and K. Kristiansen(eds.). *Centre and Periphery in the Ancient World*. Cambridge: Cambridge University Press. pp.1~11.

Wallerstein, I. 1974. *The Modern World System I: Capitalist Agriculture and the Origins of the European World-Economy in the 16th Century*. New York: Academic Press.

_____. 1980. *The Modern World System II: Mercantilism and the Consolidation of the European World-Economy, 1600-1750*. New York: Academic Press.

_____. 1974. *The Modern World System I: The Second Era of Great Expansion of the Capitalist World-Economy, 1730-1840s*. Orlando: Academic Press.

Willey, G. and J. Sabloff. 1974. *A History of Archaeology*. London: Thames and Hudson.

추천문헌

Flannery, K. 1968a. "Archaeological Systems Theory and Early Mesoamerica." in B. J. Meggers(ed.). *Anthropological Archaeological in the Americas*. Washington: Anthropological Society of Washington. pp.67~87.

_____. 1969. "Origins and Ecological Effects of Early Domestication in Iran and the Near East." in P. J. Ucko and G. W. Dimbleby(eds.). *The Domestication and exploitation of plants and animals*. London: Gerald Duckworth. pp.73~100.

_____. 1972. "The Cultural Evolution of Civilizations." *Annual Review of Ecology and Systematics*, 3. pp.399~426.

_____. 1973. "The Origins of Agriculture." *Annual Review of Anthropology*, 2. pp.271~310.

_____. 1976. *The Early Mesoamerican Village*. New York(editor): Academic Press.

_____. 1986. *Guilá Naquitz: Archic Foraging and Early Agriculture in Oaxaca, Mexico*. New York(editor): Academic Press.

_____. 1995. "Prehistoric Social Evolution." in C. R. Ember and M. Ember(eds.). *Research Frontiers in Anthropology*. Englewood Cliffs, New Jersey: Prentice-Hall. pp.1~26.

Flannery, K. and J. Marcus. 1983. *The Cloud People: Divergent Evolution of the Zapotec and Mixtec Civilizations*. New York(editors): Academic Press.

Marcus, J. and K. Flannery. 1996. *Zapotec Civilization: How Urban Society Evolved in Mexico's Oaxaca Valley*. London: Thames and Hudson.

ARCHAEOLOGY

제4부

후기과정고고학의 등장과
최근의 연구동향

제13장_ 호더와 후기과정고고학

| 추연식 |

1. 머리말

고고학사적인 측면에서 볼 때, 현재까지 두 번에 걸쳐 전 세계적으로 거의 모든 고고학 연구영역을 아우르는 대토론과 격렬한 논쟁의 장이 벌어졌다. 첫째는 1960년대 신고고학의 등장과 함께 일어난 전통고고학 대 신고고학의 논쟁이고, 두 번째 것은 1980년대 후기과정고고학의 등장으로 말미암아 벌어진 과정고고학(processual archaeology) 대 후기과정고고학(post-processual archaeology)의 논쟁이다. 첫 번째 논쟁은 신고고학의 압도적 승리에 입각해 세계 고고학이 과정고고학(1960년대 등장 이후 1970년대까지는 신고고학이란 용어로 통용되었지만, 이 이후에는 과정고고학이란 용어로 대체해서 부르는 것이 일반적이다. Renfrew, 1987: 5) 연구사조로 통합되는 결과를 낳았지만, 두 번째 논쟁은 아직까지도 진행되고 있어 향후 어떠한 고고학 연구사조로 귀결될는지는 세계 고고학자들의 초미의 관심사이다. 후기과정고고학 연구사조는 1980년대 초부터 현재

▶ 이 글의 작성에 필요했던 호더의 학문경력에 대한 정보인 이력서 복사본을 필자에게 제공해 주시고, 또한 자신의 연구실에서 사진촬영을 허락해 주신 이안 호더 선생님의 호의에 감사드린다.

영국 케임브리지 대학 고고학과 석좌교수인 호더에 의해 기본적인 틀
이 만들어지기 시작했으며, 당시 케임브리지 대학 고고학과 대학원생
들 중 일부가 이러한 호더의 새로운 연구시각을 추종하면서 발전시켜,
현재는 전 세계 동조자들의 지지에 힘입어 확장일로의 길을 걷고 있다.
이 장에서는 후기과정고고학의 형성과정을 대표적 주창자인 호더의 학
문인생을 통해 파악해 보고, 이러한 고고학 연구사조가 표방하는 현재
의 시각과 현재까지 진행된 후기과정고고학의 학문적 기여와 그 한계
성을 검토해 보고자 한다.

2. 호더의 연구관점 변화과정

이안 호더(Ian Richard Hodder, 1948~)는 아버지 브렘웰 호더와 어머니
노린 호더와의 사이에서 1948년 11월 23일 영국에서 출생했다(Who's
Who, 1995: 909). 그는 1968년 런던 대학 고고학연구소 선사학과에 입
학하여 유럽 선사고고학을 전공했다. 당시 호더는 학업성적이 뛰어나
1971년 학부 졸업 당시 학과 수석으로 고고학연구소 졸업생의 영광인
고든 차일드 상(Gordon Childe Prize)을 받았다(Institute of Archaeology,
1972: 182). 학부 졸업 후 그는, 1960년대 후반부터 케임브리지 대학에
서 확고한 독립과학으로서의 고고학을 천명하며 새로운 연구방향을 추
구하는 클라크(David Clarke)를 추종하여, 대학원 과정을 케임브리지 대
학 고고학과로 옮겨 진학했다. 1971년부터 1974년까지의 대학원 과정
기간 동안 그는 그의 지도교수인 클라크의 공간고고학(spatial archaeo-
logy)에서 거론되는 이론적 시각을 계승하여, 신고고학적 입장 속에서
고고학적으로 존재하는 모든 공간정보를 분석할 수 있는 체계적인 방
법 및 모델과 이론에 입각하여 구체적인 사례연구의 적용가능성을 타

진했다. 1974년 대학원 과정이 끝남과
동시에 호더는 26세의 나이로, 리즈 대
학(University of Leeds) 고고학과 부교수
로 임용되었다. 리즈 대학에 재직하는
동안 호더는 고고학과에서 유럽 초기철
기시대를 중심으로 한 선사고고학과 계
량고고학에 대한 강의를 하는 동시에,
케임브리지 대학 박사학위 논문 주제인

호더(I. R. Hodder)

'고고학에 있어 공간분석'에 관한 학위논문을 완성시켰다. 그 연구 결
과물이 1976년 케임브리지 대학 고고학과 박사학위 논문으로 통과되
고, 그해 그의 학위논문은 케임브리지 대학출판부 발간 "고고학의 새로
운 연구들(New Studies in Archaeology)" 시리즈 첫 권으로 출간되었다
(Hodder and Orton, 1976).

　『고고학에 있어 공간분석』이라는 호더의 저서는 당시 그가 고수하고
있었던 신고고학적 연구방법을 표명한 결정판이었다. 이 저서에서 호
더가 제기한 주된 연구목적은 고고학이란 학문이 태동하고부터 현재에
이르기까지 여전히 고고학자들의 주된 관심사인 고고학 자료의 공간적
분포양상에 대한 좀더 세부적이고 체계적인 연구가 필요하다는 점이었
다. 이러한 연구가 필요한 이유로 그는 세 가지 이유를 들고 있는데,
첫째는 단순한 분포도의 작성에 입각한 종래의 방법에는 분석의 목적
이나 연구절차 과정에 있어 한계성이 드러날 수밖에 없으며, 둘째는
자료의 분포양상을 해석하면서 야기되는 주관적·직관적 판단이야말로
고고학 연구에서 심히 위험하며, 셋째로 엄청나게 증가한 막대한 고고
학 자료의 양을 종래의 방식으로 분석하기에는 적절하지 않으며 따라
서 새로운 분석방법의 고안이 필요하다는 것이었다(Hodder and Orton,
1976: 1~2).

당시 영국을 포함한 유럽고고학의 통상적 연구경향에 대한 호더의 이와 같은 비판적 견해는 클라크와 렌프루(Colin Renfrew) 등 신고고학자들의 인식과 동일한 것으로서, 유물 및 유구와 같은 고고학 자료의 지리적 분포를 지도 위에 표시하여 분포도를 만든 다음 그 분포영역을 특정집단의 고고학적 문화영역으로 파악하고, 시기적인 분포영역의 변화양상을 이들 집단의 이주와 문화전파의 결과로 바라보는 전통적인 문화·역사적 접근(culture-historical approach)의 한계성을 지적하고 있다. 아울러 이러한 외적인 요인(이주 혹은 전파)에 의한 단절적인 문화변동의 설명은 다분히 그 문화변동과정을 보여줄 수 있는 고고학 자료의 공간적 유형에 대한 객관적 분석방법 개발의 필요성을 도외시한, 주관적이고 직관적인 판단만이 난무할 수밖에 없음을 경고하고 있는 것이다. 당시의 다른 신고고학자들과 마찬가지로 호더가 이러한 이전의 고고학 연구경향을 반박하면서 대안적 연구 필요성을 제기했던 배경에는 영국고고학에서 1970년대부터 본격화된 전후 재개발사업과 대규모 국토개발사업에 따라 벌어진 구제고고학(rescue archaeology)의 활성화에 따른 막대한 고고학 정보의 축적이 있었다(추연식, 1996b). 종래에는 기대하기 힘들었던 고고학 자료의 급작스런 양적 증대와 발굴유적 면적의 확대는 고고학 자료에 대한 종래 방식의 질적 접근으로는 분석이 불가능함을 연구자들로 하여금 느끼게 했고, 자연히 모든 공간정보를 분석할 수 있는 계량적인 공간분석방법과 모델 설정의 필요성이 자연히 제기되었던 것이다.

호더의 『고고학에 있어 공간분석』이란 저서는 고고학 이론서라기보다는 고고학 방법에 관한 저서로서 유물과 유적의 공간적 분포유형을 체계적으로 분석할 수 있는 각종 공간분석방법에 대한 설명과 고고학 상황에 이러한 분석방법들을 적용했을 때 야기될 수 있는 장점과 단점이 설명되고 있다. 따라서 이 책은 일본어와 스페인어로 번역되는 등 그 효용가치는 현재까지도 여전하여 공간분석의 주요 참고서로 많이 활용되고 있다. 이 책의 결론 부분에 당시 그가 견지하고 있는 신고고학적인 연구경향이 표명되고 있는데, 고고학 자료의 분포에 대한 계량적 공간분석 결과는 그 해석에 있어 객관성을 보장해 줄 수 있으며, 이러한 객관적 분석과정 속에서 도출된 결과는 가설들로서 성립되어 새로운 사실들을 예측할 수 있는 모델을 구축할 수 있고, 차후 문제의식하의 연구에 입각해 획득된 자료에 의해서 그 가설들은 검증 혹은 검토되어질 수 있음을 천명하고 있다(Hodder and Orton, 1976: 237~248). 이처럼 호더가 고고학 자료의 공간적 분포패턴의 양상을 통해 선사시대의 교역체계, 교역권의 성립, 사회조직의 계층화 과정에 대해 내린 설명은 근본적으로 신고고학의 방법론을 충실히 따르고 있으며, 아울러 해석의 신뢰도에 대한 평가에 있어서는 컴퓨터를 이용한 통계방식 및 시뮬레이션(Hodder, 1978)을 활용한 가설의 검증으로 해석의 객관성을 확보할 수 있다고 믿었다.

호더가 케임브리지 대학에서 박사학위를 받은 1976년 당시 케임브리지 대학 고고학과 조교수로 재직하고 있던 클라크가 39살의 나이에 폐혈증으로 요절했다. 클라크의 제자들 중 호더가 그의 후임자로 지목되면서, 호더는 1977년 리즈 대학 부교수에서 케임브리지 대학 고고학과 조교수로 자리를 옮겼다. 클라크의 후임으로서 호더는 자신의 스승이었던 클라크의 공간고고학을 발전시키기 위한 노력을 계속함(Hodder, 1977a, 1977b)과 동시에, 아프리카 케냐와 수단 지역에서의 민족지 조사를 본격적으로 실시했다. 이러한 자신의 민족지 조사 경험을 토대로 호더는 고고학 분석방법에 치중하는 신고고학자에서 고고학 이론을 양산하는 후기과정고고학자로 변모하기 시작한다.

처음으로 후기과정고고학이라는 새로운 연구시각에 대한 호더의 관점이 구체적으로 제시되는 것은 아프리카 지역에 대한 민족지고고학

연구의 총결산편인『행동하는 상징들』(Hodder, 1982a)이란 저술에서이
다. 이 민족지고고학 연구를 통해 내린 호더의 결론은 크게 두 가지인
데, 첫 번째는 한 집단 내의 종족, 연령, 성별, 계층, 친족집단 사이의
사회적 그리고 경제적 관계 속에서 물질문화가 얼마만큼 능동적인 측
면에서 상징적인 역할을 수행하고 있는가에 대한 자각이다. 이러한 민
족지적 경험을 토대로, 물질문화는 사회조직을 수동적으로 반영하고
있는 것이 아니라, 한 집단의 신념, 가치, 이데올로기 등에 따라 그 사회
조직을 변화시킬 수 있는 능동적이고도 상징적인 의미체라는 주장을
펼쳤다. 이러한 호더의 주장은 당시 대부분의 고고학자들이 공감하고
있던 물질문화에 대한 생각, 즉 과거 인간행위의 수동적 잔재물로서의
물질문화의 성격과는 판이하게 다른 것이었다. 두 번째는 이러한 성격
을 지닌 물질문화가 사회와 어떻게 연관이 되어 있는가는 전적으로 그
사회의 이데올로기적 구조와 상징적 부호에 좌우된다는 자각이다. 여
기에서 호더는 물질문화가 갖는 상징적 의미를 파악하기 위한 구조주
의적 접근과 맥락적 접근을 개척하기 시작했다.

  이와 같은 호더의 새로운 시각들과 연구방법의 제시는, 당시 케임브
리지 대학 고고학과 대학원생들 중 실증주의적 연구방법에 회의를 느
끼고 있던 학생들과 동대학 사회학 교수인 기든스(Anthony Giddens)의
사회학 이론 및 구조주의 인류학에 심취하고 있던 학생들에게 큰 호응
을 얻게 되었다(Hodder, 1992b: 83~84). 따라서 호더는 이들 대학원생들
과 일련의 새로운 주제를 가지고 세미나를 하게 되는데, 그 결과물이
1982년에『상징 및 구조고고학』이란 제목의 편저(Hodder, 1982b)로 출
간되었다. 이 책에는 현재 후기과정고고학파에 속하는 대표주자들로
간주되는 호더의 제자들인 밀러(Daniel Miller), 틸리(Christopher Tilley), 파
커-피어슨(Michael Parker-Pearson), 섕스(Michael Shanks)와 호더의 동조자
들인 콘키(Margaret Conkey), 와일리(Alison Wylie) 등 거의 모두가 논문을

기고하고 있다. 특히 이 책의 서문 격 논문인 호더의 「이론고고학: 반동적 견해」란 논문(Hodder, 1982c)은 신고고학의 이론적·방법론적 뼈대에 대한 비판과 새로운 대안을 제시한 것으로, 세계 고고학의 주목을 받게 된다. 급기야 호더의 비판대상이었던 렌프루가 편집한 책에서 신고고학의 주창자인 빈포드(Lewis R. Binford)와 호더 간의 논쟁이 벌어지게 되고(Binford, 1982; Hodder, 1982d), 이때부터 호더는 이전의 공간분석 연구자에서 고고학 이론가로 부각되고, 새로운 시각을 시도하고자 하는 학생과 연구자들의 맹주로 급부상되었다.

이처럼 세계적인 학자로서 호더의 학문적 전성기는 그의 나이 34세 때인 1982년부터 시작되는데, 이때부터 호더는 유럽 전역과 북미 지역의 대학과 연구소들 주최 특별강연 및 세미나에 빈번하게 초청되었다. 특히 1985년 6개월간 프랑스 파리 제1대학인 소르본느 대학 방문 교수로 체류할 때, 호더는 자신이 관심을 가지고 있던 구조주의, 신마르크스주의, 해석학, 후기구조주의 등을 주창하고 계승하고 있던 프랑스 학자들과 심도 있는 학문교류를 하게 되었다. 이와 같은 전 세계 고고학자와 주변 학문분야 학자들과의 학문적 교분관계는 호더가 케임브리지 대학에서 강의와 세미나를 통해 후기과정고고학의 뼈대를 형성하는 데 크게 기여했다. 그가 자신의 새로운 시각들을 후기과정고고학이라고 처음 명명하는 것은 1985년에 발표한 논문(Hodder, 1985)에서였으며, 보다 구체적인 언급이 이루어지는 것은 『과거를 읽기』(Hodder, 1986a)란 저서에서였다. 이 책에서 호더는 후기과정고고학이 하나의 연구사조로서 어떠한 특징과 내용을 담고 있는지, 그리고 세부적인 연구시각과 접근방식들은 어떤 것인지를, 자신의 민족지고고학 연구 성과와 유럽 선사시대 연구 성과 및 자신을 추종하는 제자들과 동조자들의 연구 성과를 토대로 구체적으로 제시했다.

호더의 연구시각이 실제적 고고학 연구에서 '고고학의 사회학'으로 불릴 수 있는 과격한 방향으로 흐르게 되는 계기가 1986년에 영국에서 벌어지게 되었다. 당시 제1회 세계고고학대회가 영국 사우샘프턴 대학에서 열릴 예정으로 있었는데, 대회 참가 고고학자들 중 아프리카 고고학자들이 인종차별정책을 고수하고 있는 남아프리카공화국과 나미비아 고고학자들의 대회 참가를 거부하는 보이콧을 벌이게 되고, 이러한 아프리카 고고학자들의 반발에 인종차별정책을 반대하는 영국정부와 대중의 여론이 복합되어, 대회준비위원회 측에서 이들 남아프리카공화국 및 나미비아 고고학자들의 대회참가신청서를 반송하는 사건이 벌어지게 되었다(Ucko, 1987). 이 사건은 당시 영국 고고학자들 및 세계 고고학자들에게 큰 충격을 주게 되는데, 과연 고고학이란 학문이 현재의 정치 이데올로기 속에서 자유로울 수 있는가 그리고 고고학이란 객관적인 학문인가에 대해 열띤 논쟁이 벌어지게 되었다.

당시 호더는 비판이론의 주장에 동조하여, 고고학의 역할과 현재사회 내에서의 과거는 과거에 대한 논쟁을 통해 현재의 논쟁을 북돋우어야 한다는 주장과 아울러, 고고학과 과거는 현재 속에서 변화를 야기할 수 있는 능동적인 역할을 할 수 있다는 주장을 펼쳤다(Hodder, 1986b). 객관적인 과거란 존재할 수 없으며, 고고학 지식이란 그때그때마다 사회적·개인적 편견에 따라 만들어진다는 상대주의적 견해는 호더의 제자인 생스와 틸리에 의해 극단적으로 발전되었다(Shanks and Tilley, 1987a, 1987b). 생스와 틸리의 두 저서는 세계 고고학계에서 '흑과 적(black and red: 책의 표지 색깔이 검은색과 붉은색이기 때문에 붙여진 말)'으로 불리면서, 후기과정고고학은 고고학이라는 학문의 존재근거를 전면으로 거부하는 부정적인 그리고 아주 위험한 연구시각이라는 인상을 고고학자들에게 심어주게 되었다.

호더는 비판이론을 수용하고는 있지만 그의 제자들이 주장하는 극단적인 파괴주의에는 비판적인 태도를 견지하면서(Hodder, 1989b), 자신이 관심을 쏟고 있는 과거 물질문화가 지닌 상징적 의미를 해석하기 위한 돌파구를 찾는 작업에 몰두했다(Hodder, 1987a, 1987b, 1989a). 1980년대 후반은 그야말로 세계 고고학에서 신고고학(이 당시부터는 과정고고학이라고 바꾸어 부르는 것이 통례였다)과 후기과정고고학의 논쟁이 격심하게 벌어지게 되는데, 이 와중에서 후기과정고고학을 겨냥한 과정고고학자들의 비판에 대한 호더의 입장은 『과거를 읽기』(2판, Hodder, 1991a)와 호더 자신의 논문모음집인 『고고학의 이론과 실제』(Hodder, 1992a)에 새로 기고한 논문들에서 나타난다. 그리고 과거 물질문화의 상징적 의미는 당시의 사회적·역사적 맥락 속에서 해석되어야 한다는 자신의 주장을 보다 발전시키는 저술과 논문(Hodder, 1991c, 1996a; Hodder et al., 1994)을 계속 출간하고 있다. 이러한 이론적 천착과 더불어 호더는 자신의 이론적 시각이 실제 고고학 상황, 특히 선사시대 상황에 어떻게 응용·적용될 수 있는지에 대한 사례연구 결과(Hodder, 1990, 1996b)를 발표함으로써 후기과정고고학 연구시각이 부정적인 것이 아니라 실제 고고학 연구에 생산적인 것임을 강조한다. 이와 같은 호더의 왕성한 학문활동과 고고학 이론에 대한 세계적인 기여는 그가 1990년에 케임브리지 대학 고고학과 정교수로 승진하는 데 그리고 1996년 48세의 나이로 이곳 학자의 최고 영예인 석좌교수(University Professor of European Archaeology)로 임명되는 데 지대한 역할을 하게 되었다(케임브리지 대학에서 호더가 'University Professor'라는 직위를 갖게 된 것은 상당히 예외적인 경우이다. 왜냐하면 이곳의 보수성으로 말미암아 케임브리지 대학 학부 출신이 아닌 경우에 석좌교수로 되는 것은 극히 이례적인 일일뿐만 아니라, 이 'University Professor'라는 직위는 고고학과에서 계속 임명되어질 수 있는 디즈니 석좌교수나 조지 피트-리버스 석좌교수와는 달리, 그 학자의 당대에 끝나는 직위, 즉 대학에서 그 학자의 학문적 공로를 치하해 그 사람을 위해 일시적으로 설치하는 종신직이기 때문이다. 이런 정황으로 미루어 볼 때, 호더가 얼마나

고고학 분야에서 학문적으로 크게 기여해 왔는가를 이러한 석좌교수 임명 배경
에서 읽어볼 수가 있다).

3. 호더의 후기과정고고학

1) 후기과정고고학의 정의

  '후기과정고고학 사조(思潮)란 무엇인가'라는 질문에 대해 간결하게
설명하는 것은 그리 쉬운 일이 아니다. 이 사조를 처음으로 주창한 호
더가 말한 바와 같이 이 고고학은 다양성과 여러 목소리의 공존을 그
특징(Hodder, 1991a: 18; 1992b: 86)으로 삼기 때문이다. 이러한 다양성은
과거 인간행위를 형성시키는 무수히 많은 다양한 요인들이 있다는 자
각과 더불어 고고학 자료로 잔존하기 힘든 인간행위의 측면들(예를 들어
사회관계, 이념, 상징체계 등)에 대한 해석상의 다양성을 아울러 포괄하고
있다. 따라서 후기과정고고학의 형성에는 주변 학문분야에서 제기된
서로 다른 다양한 연구시각들이 큰 몫을 차지하고 있다. 기본적으로
이들 후기과정고고학자들은 경험주의(데이터는 자명한 것이어서, 연구자
는 수동적인 입장에서 그 데이터를 경험할 수 있다는 견해)와 실증주의(독립
적인 측정수단을 사용하면 이론들은 객관적인 데이터에 의해 검사될 수 있다는
견해)를 거부했기 때문에(추연식, 1997: 69~118), 이들이 기초한 인식론
적·이론적·방법론적 근거는 이전 고고학의 것과는 다른 학문사조 전통
들에 기초되고 있다.
  대표적인 이러한 주변 학문분야의 경향을 살펴보면, 과학철학에서
페에라벤드(Feyerabend)에 의해 제창된 과학적 방법에 대한 후기실증주
의(post-positivism)적 시각, 레비-스트로스(Lévi-Strauss)의 구조주의(structu-

ralism), 알튀세(Althusser), 발리바르(Balibar), 뤼카(Lukacs) 등의 신마르크
스주의(neo-marxism=structuralist marxism=french marxism), 기든스(Giddens)
가 주창한 사회학에서의 구조화이론(structuration theory), 딜타이(Dilthey),
크로체(Croce), 콜링우드(Collingwood) 등의 역사철학 전통에 입각해 최근
리쾨르(Ricoeur)에 의해 발전된 해석학적 접근(hermeneutic approach), 호르
크하이머(Horkheimer), 아도르노(Adorno), 마르쿠제(Marcuse) 등 독일 프
랑크푸르트학파에 의해 제기되고 하버마스(Habermas)에 의해 발전된 비
판이론(critical theory), 바르트(Barthes), 푸코(Foucault), 데리다(Derrida) 등
의 후기구조주의(post-structuralism=deconstructionism), 그리고 이 외에 특
히 1970년대부터 학문적, 사회적 현상으로 대두된 페미니즘(feminism)
과 포스트모더니즘(post-modernism)적 사고 등이다.

이처럼 다양한 연구시각 속에서 나름대로의 후기과정고고학적 사고
를 형성시키고 있기 때문에, 후기과정고고학자들 사이에서도 어떠한
연구경향에 비중을 두어 연구하느냐에 따라 그 입장에 차이가 많다.
호더의 경우는 이 고고학 사조의 주창자답게 상당히 포괄적인 입장을
견지하고 있지만, 호더의 제자인 밀러, 틸리, 파커-피어슨 등은 신마르
크스주의에 입각해 상당히 온건한 후기과정고고학적 입장(Miller and
Tilley, 1984a)을 표명하고 있다. 하지만 같은 호더의 제자로서 생스와
틸리는 비판이론에 입각해 상당히 급진적인 후기과정고고학적 입장
(Shanks and Tilley, 1987a, 1987b)을 견지하고 있다. 이러한 급진적 입장은
뱁티(I. Bapty), 예이츠(T. Yates), 바크(F. Baker), 토마스(J. Thomas), 틸리
등 후기구조주의적 입장을 강조하는 학자들(Bapty and Yates, 1990; Baker
and Thomas, 1990; Tilley, 1990)에게도 보이고 있다. 이상의 영국 고고학
자들과 후기과정고고학적 사고를 공유하고 있는 북미 고고학자들이 있
는데, 미국에서 후기과정고고학의 대표주자로 일컬어지는 레오니(Mark
Leone)는 비판이론에 입각해서(Leone et al., 1987), 콩키와 캐나다의 와일

리는 페미니즘에서 발전된 사회적 성(gender)에 초점(Gero and Conkey, 1991)을 맞추고 있다.

이러한 다양한 연구시각에 기초해 후기과정고고학자들은 상당히 새롭고 생경한 고고학의 연구분과를 제창하고 있는데, 이것들은 크게 연구대상에 따른 것과 연구시각(방법)에 따른 것들로 나누어볼 수 있다. 연구대상에 초점이 맞추어진 것으로는 상징고고학(symbolic archaeology: Hodder, 1982a, 1982b)과 사회적 성(性)고고학(gender archaeology: Gero and Conkey, 1991)이 대표적이다. 새로운 연구를 위한 시각에 초점이 맞추어진 것들로는 구조고고학(structural archaeology: Hodder, 1982b), 맥락고고학(contextual archaeology: Hodder, 1996a), 해석고고학(interpretive 혹은 inter-pretative archaeology: Hodder et al., 1994; Tilley, 1993), 일관고고학(coherent archaeology: Hodder, 1992d), 비판고고학(critical archaeology: Leone et al., 1987; Pinsky and Wylie, 1990) 등이 있다. 따라서 후기과정고고학이라는 것은 이 모든 고고학들을 포괄하고 있는 하나의 통칭적 의미의 연구사조를 말한다.

2) 후기과정고고학 사조의 여러 시각들

(1) 신마르크스주의적 시각(neo-marxist thought)

신마르크스주의적 시각은 고전적 마르크스주의와는 달리, 한 사회의 생산수단과 생산양식으로 대표되는 경제(하부구조)가 사회적·정치적·종교적 측면(상부구조)을 결정한다고는 보지 않는다. 즉 선(先)자본주의사회, 특히 인류 초기사회에서의 하부구조와 상부구조는 서로 영향을 주로 받는 것으로 파악하는데, 신마르크스주의자들은 인류 초기사회에서의 사회변동에 끼치는 이데올로기라는 상부구조의 중요성을 강조한다. 이렇게 프랑스를 중심으로 제기된 신마르크스주의적 시각은 1970년대 중반부터 특히 영국을 중심으로 한 서구 고고학자들에게 큰 영향을 주었다. 이들 고고학자들은 문화변동을 야기하는 사회 내적 모순과 경쟁에 관심을 두면서 경제적 관계보다는 사회적 관계에 연구의 초점을 맞추었다(Meillassoux, 1972; Friedman, 1979). 하지만 이들 대부분은 여전히 과정고고학적 시각 속에서 문화의 제 측면 간의 상호연관성을 파악하려고 했으며, 수동적인 물질적 잔재물을 기초로 어느 정도 객관적으로 과거를 설명할 수 있다고 보았다.

하지만 1980년대에 들어와 마르크스주의자들의 이데올로기에 대한 언급을 재평가하는 작업이 이루어지면서, 후기과정고고학적 입장에서 신마르크스주의적 시각을 활용하는 연구가 진행되었다(Miller and Tilley, 1984; Shanks and Tilley, 1987a, 1987). 이들은 한 사회 내의 서로 다른 집단들은 경쟁적인 이데올로기들을 발전시킬 수 있다고 보고, 이러한 이데올로기는 우월성과 연관되어 구축되고 권력(power)과 밀접하게 연결되어 있다고 간주되었다. 물질적 자원의 통제를 통해 다른 집단들에게 펼쳐지는 권력은 이러한 자원들을 배분할 수 있는 가치판단, 위세(威勢) 그리고 지식과 밀접하게 연관되어지지 않으면 그 행사가 어렵다고 보고 있다. 그리고 복종집단들조차도 지배집단의 억압에 저항하고 대항하기 위해서 물질문화의 의미들을 조작할 수 있다고 간주한다. 따라서 이데올로기란 개개인들이 자신들의 삶과 행동을 조직화할 수 있는 힘이며, 이러한 이데올로기 개념하에서, 이론적으로 물질문화의 상징적 의미에 대한 해석을 사회조직과 장기간에 걸쳐 벌어지는 사회변동에 대한 설명과 결합시킬 수 있는 것이 가능하다고 주장한다.

(2) 구조주의적 접근(structuralist approach)

프랑스 인류학자인 레비-스트로스의 구조주의는 고고학자들에게 체계의 기저에 깔려 있는 구조라는 개념을 제공했고, 또한 상징적인 코드에 접근할 수 있는 방법을 제시했다(Hodder, 1982b). 후기과정고고학자들은 이러한 구조주의적 접근에 입각하여 물질문화에서 파악할 수 있는 패턴들은 구조화된 일련의 이원적 대립구도(예를 들면 왼쪽과 오른쪽, 남자와 여자, 삶과 죽음, 자연과 인공 등)로 나타난다고 본다. 그리고 이러한 원칙은 서로 다른 방식으로 물질문화의 다른 영역(즉 무덤, 주거지, 토기장식 무늬 등)에서도 나타날 수 있다고 간주한다. 따라서 어떠한 사회적 갈등구조 혹은 주변 환경대의 구분에 대한 인간지각들을 토기문양구획대(상징적인 코드)와 같은 물질문화의 영역 내에서 탐지할 수 있다고 주장한다.

(3) 맥락적 접근(contextual approach)

호더가 일련의 저서(Hodder, 1982a, 1986a, 1987a, 1987b, 1991a, 1996a)를 통해 강조하고 있는 이 맥락적 접근은 '맥락고고학'이라고도 불린다. 모든 고고학자들이 문화의 개별 측면의 중요성을 이해하기 위해서 가능한 한 모든 세부사항에 대해 검토하는 것을 이 맥락적 접근의 철칙으로 간주한다. 또한 고고학 증거들은 반드시 문화적 맥락 속에서 해석되어야지, 그러한 맥락과 분리되어 다루어질 때는 그 정확한 의미를 파악할 수 없다고 강조한다. 이러한 내부적·문화적 맥락과 더불어 호더는 지역적 넓은 범위 속에서 역사적으로 장기간 벌어졌던 그 문화의 역사적 맥락 역시 동시에 염두에 두어야 함을 강조함으로써 '장기간 역사로서의 고고학(archaeology as long-term history)'을 주장한다. 그리고 이러한 장기간에 걸쳐 형성된 문화전통은 문화변동을 야기하는 데 능동적인 역할을 수행하는 중요한 요소로서 간주되는데, 왜냐하면 이러한 문화전통은 그 집단들에게 지식과 신념체계와 가치기준을 제공하기 때문에 그 사회의 경제적·사회적 변동에 영향을 주고, 변동 후 그 사회를 재구축하는 데도 능동적인 역할을 하게 된다는 것이다. 따라서 그는 물질문화의 기능과 상징적 의미와 마찬가지로 맥락적 의미를 강조하게 되고, 이러한 물질문화의 맥락적 의미는 현상적으로 파악되는 것이 아니기 때문에 물질문화를 하나의 읽혀져야만 하는 텍스트(text)로 간주하여 고고학자가 이러한 물질문화의 맥락적 의미를 읽어나가야 한다는 것이다. 이 방법은 빈포드에 의해서 과정고고학의 연구방법에 필적할 만한 경쟁적 방법으로 언급(Binford, 1986, 1987)될 만큼 후기과정고고학에서 중요한 역할을 하고 있다.

(4) 비판이론(critical theory)

독일 프랑크푸르트학파에 의해 제기되고 이후 하버마스에 의해 발전되고 있는 비판이론은 1970년대 서구에서 일어난 포스트모더니즘(post-modernism)적 시류하에서 모든 학문분야, 특히 고고학 분야에 크나큰 충격을 주고 있다. 이 비판이론하에서는 모든 지식이란 역사적으로 각 시점마다 있어 왔던 사회적 그리고 개인적 편견에 따라 만들어진 것이며, 따라서 객관적인 지식이 존재한다고 주장하는 것은 자가당착이라고 간주된다. 실제 고고학을 학사적인 측면에서 살펴보면, 그때그때마다의 사회적(계몽주의적 사회전통, 진화론이 팽배하던 시기, 모더니즘시대, 포스트모더니즘시대 등)·경제적(자본주의 시장경제하에 구제발굴의 수주, 공산주의 국가경제체제하의 국가사업적 발굴 등)·정치적(제국주의, 유럽민족주의, 독재국가체제, 공산주의체제, 제3세계 민족주의 등) 상황에 따라, 그리고 개개인 학자의 흥미와 학문집단의 이익에 따라, 동일한 고고학적 물적 증거가 얼마나 다르게 해석되어 왔는지 바로 느낄 수 있다(Trigger, 1989). 따라서 고고학자들은 자신들이 설명해야만 하는 것들의 복잡성에 대해 자각하기 시작했고, 아울러 현재에서 얻은 자신들의 경험이 과거에 대한 자신들의 해석에 어떻게 그리고 어느 정도 영향을 미치는지에 대해 생각해 보는 데 관심을 가지게 된다.

하지만 세계 고고학에서 이러한 문제가 학술대회 공개석상에서 아주 심도 있게 다루어지게 된 계기는 1986년 영국 사우샘프턴 대학에서 열렸던 제1회 세계고고학대회의 개최문제를 두고 일어났던 인종차별 사건이었다. 이 때 세계고고학대회 주최 측 집행부는 자국 내에서 인종차별정책을 고수하고 있다는 이유로 남아프리카공화국과 나미비아의 고고학자들의 대회참가신청서를 반송했다. 이 사건을 두고 세계 고고학자들은 과연 고고학이란 학문이 지니고 있던 객관적이고 정치중립적인 전통적 의미가 여전히 유효한지에 대해 열띤 논쟁을 벌였다(Hodder, 1986b; Ucko, 1987). 이 와중에서 다수의 고고학자들은 고고학의 실행에 얼마나 정치적 그리고 사회적 맥락이 작용되는지에 대해, 나아가 고고학이 객관적이고 비정치적이며 가치해방적인 학문분야가 아님에 대해 인정하기에 이른다. 이와 같은 자각에서 나아가 생스와 틸리 같은 극단적인 후기과정고고학자들은, 고고학적인 지식이란 당시 사회의 권력을 가진 집단의 도구이며, 당시의 이데올로기의 표현이라고 비판하면서 진정한 고고학 지식을 고고학자뿐만 아니라 일반대중에게 알리기 위해서는 비판적인 시각에서 고고학 지식에 게재된 파워와 이데올로기를 밝혀내는 작업이 필요함을 강조한다(Shanks and Tilley, 1987a, 1987b, 1989a, 1989b). 결국 이들은 고고학을 비판이 없는 한 아무런 쓸모없는 분야로까지 치부하면서, 극단적인 상대주의적 시각을 표명한다.

(5) 페미니스트적 시각(feminist archaeologies)

서구 고고학에서 여성해방론자적인 페미니스트적 시각은 1980년대부터 제기되어 사회적 성(性)고고학(gender archaeology)으로 발전되고 있다(Conkey and Spector, 1984; Gero, 1985; Gero and Conkey, 1991). 이들은 기존 고고학의 연구 태도는 남성중심적 사고에서 출발되고 있는데, 대표적인 예가 "Origins of man", "Man the hunter"에 관한 논쟁에서 보여주는, 인간은 곧 남성이라고 간주하는 데서 나타난다고 한다(Conkey and Spector, 1984). 이러한 남성우월주의의 선입관에 따라, 대부분의 고고학자들은 과거 선사시대 노동의 성별 분담을 현재의 시각에서 보아, 사냥과 교역은 남성, 그리고 채집과 베짜기는 여성의 역할로 보고 있다는 것이다. 그리고 남성은 능동적·도전적·진취적이고, 여성은 수동적·의존적·수구적으로 간주하면서 모든 사회현상의 주도권은 남성에게 있어왔다는 주장을 해왔다는 것이다. 이들 페미니스트적 시각을 가진 후기과정고고학자들은 이와 같은 성별에 대한 선입관은 과거와 현재에 이르기까지 보편적일 수 없다는 점을 지적하면서 과거 특정시기에서 보이는 고고학 증거를 기반으로 개별 생물학적 성(sex)을 가진 개체가 어떤 특수한 상황 속에서 어떠한 사회적 역할을 수행했는가, 즉 사회적 성(gender)을 밝히는 작업과 이러한 사회적 성의 다양한 조합방식의 양상을 밝히는 작업이 필요함을 강조한다. 그들은 이러한 연구를 통해서만이 과거에 있어서의, 남성과 여성간의 관계에 대한 심층적 연구인 사회적 성고고학을 발전시킬 수 있다고 주장한다. 그리고 이러한 사회적 성의 관계를 파악하기 위해서는 그 관계가 어떤 사회적·문화적 맥락 속에서 경험되어지고, 개인적 개성이 규정되는지 그리고 어떻게 그 사회 내에 존재하는 권력집단들의 다차원적 관계 속에서 운용되고 있는지에 대해 맥락적 분석이 절실히 요구됨을 강조하고 있다.

(6) 비서구적 시각(indigenous archaeologies)

제2차 세계대전 이후 새로운 신생국가들이 생겨나면서, 이들 신생국가에서는 자신들의 주체성과 독립성을 과거의 흔적에서 찾고자 하는 노력을 경주한다. 특히 서구 유럽 국가의 식민지로 존속했던 지역의 국가에서는 이전 서구 고고학자들이 만들어놓은 자신들의 과거란 '서구적' 사고방식하에 만들어진 정치적·이데올로기적 부산물로서 파악하고, 비서구적 시각, 즉 자신들의 시각에서 자신들의 과거를 보고자 하는 움직임(Layton, 1989a, 1989b)이 대두된다. 다시 말해서 동일한 과거 물질문화가 새로운 연구주체 세력에 의해 아주 다른 모습으로 해석되게 된다. 이들 신생국가의 자국 고고학자들의 노력과 별개로 여전히 소수민족으로 존재하고 있는 토착민들 역시, 서구인들이 구축해 놓은 자신들의 과거에 대해 강한 불만을 표시하는 경향이 증폭되어 가고 있다. 예를 들어, 미국의 경우 과정고고학자들에게 아메리카 인디언의 물질문화는 자신들이 만든 가설들을 검증하기 위한 하나의 실험무대로서의 역할밖에 되지 못했으며, 어떠한 미국의 과정고고학자들도 인디언 자신들의 역사나 관심에는 아랑곳하지 않았다(Trigger, 1980). 하지만 최근에 와서는 미국인들의 환경자원에 대한 관심, 인디언 문화유산과 관광산업과의 밀접성, 그리고 인디언들의 토지소유권 주장 등과 맞물리면서, 미국 고고학자들이 인디언의 입장에서 그들의 물질문화를 해석하게 되었다. 이 와중에서 미국 고고학자들은 자신들의 이러한 해석이 과연 새로운 객관적인 데이터에 입각해서, 검증절차를 통해 그 신뢰성을 판단해 볼 수 있는지 없는지에 대해 고민하게 되었다. 이러한 서구 고고학자들의 딜레마 역시 비판이론에서 제기되었던 것과 마찬가지로 과거에 대한 해석이 객관적일 수만은 없고 어떤 주체가 동일한 물질적 증거를 해석하느냐에 따라 상당히 주관적인 또는 상대적인 해석으로 귀결될 수밖에 없음을 후기과정고고학자들은 주장하고 있다.

4. 후기과정고고학의 기여와 한계성

1) 후기과정고고학의 기여

(1) 물질문화의 성격과 역할에 대한 새로운 인식 제공

후기과정고고학의 제창자인 호더가 고고학 연구에 끼친 가장 큰 기여는 역시 물질문화의 성격과 역할에 대해 고고학자들로 하여금 천착하게 만들었다는 점이다. 종래 고고학자들처럼 과거의 물질문화를 단순히 기능적 필요성에 의해서 수동적으로 폐기된 것으로만 파악할 것이 아니라 과거의 사회관계를 형성시킬 수 있는 능동적이고도 상징적인 의미체로서도 간주해야 한다는 지적이 바로 이것이다. 예를 들어 의복의 경우, 혹독한 자연환경에 대처해 몸을 보호해 줄 수 있는 기능적인 필요성에 의해 만들어진 것뿐만 아니라, 의복에 채색된 색깔과 문양은 이 의복이 과거 집단의 사회관계를 구별해 줄 수 있는 상징적 역할도 동시에 했음을 알 수 있다는 것이다. 이처럼 과거 사회신분을 상징하는 의미체로서의 의복(물질문화)이 특정 문화적·사회적 맥락 속에서 볼 때 얼마나 개개인의 이데올로기와 집단 이데올로기를 능동적으로 창출하는 데 기여하느냐, 즉 집단 이데올로기와 이를 저지하고 거부하고자 하는 개개인의 이데올로기 간에 벌어지는 사회적 갈등구조에 대해 새로운 해석을 할 수 있게 해준다는 것이다. 이처럼 능동적이고도 상징적인 의미체로서의 물질문화 성격에 대한 파악은 물질문화를 통해 과거 개개인의 사회적 역할과 집단 이데올로기, 나아가 과거 인간의 상징체계·가치기준 등 이념에 대한 설명도 가능하게 해주는 길을 열어주었다. 이러한 후기과정고고학자들의 물질문화에 대한 새로운 인식과 과거 인간의 사고체계까지 이해하려는 시도는 렌프루가 인지과정고고학(cognitive-processual archaeology)을 제창하는 데 긍정적인 역할

(Renfrew, 1989, 1994)을 하게 된다.

(2) 고고학 이론에 대한 관심 증대에 기여

고고학에서 이론이라 함은 고고학적 상황 속에서 관찰되어진 수없이 많은 물적 증거들을 모두 포괄하여 과거 인간행위에 대해 설명 혹은 해석할 수 있는 준거틀이라 말할 수 있다. 초창기 고고학에서 이러한 이론적 논의는 고고학 자료를 분류하여 시간축 위에 질서정연하게 놓기 위한 형식학적 방법(typological method)에 내재된 근거에 집중되었다. 후에 신고고학이 등장하면서 이러한 이론적 논의는 인식론적 관점(고고학자들이 안다고 말하는 것을 고고학자 자신들이 어떻게 알 수 있는가)으로 확대되어 고고학적 설명의 본질에 대한 의문과 사회변동과정에 대한 설명에 관한 의문에 대해 열띤 이론적 공방이 전개되었다. 하지만 신고고학의 시대에서 고고학 연구는 대부분 환경자료와 과거 인간의 생업행위와 연관된 각종 자료를 분석하기 위한 갖가지 새로운 연구방법과 이러한 연구방법에 내재되어 있는 문제점들에 대한 논의가 주류였을 뿐 이론 그 자체에 대한 논의는 그렇게 큰 비중을 차지하지 못했다.

그러나 후기과정고고학이 등장하는 1980년대부터 종래 고고학의 연구목표, 연구방법, 이론에 있어서 단일화된 실체가 있다는 믿음이 깨어지기 시작하면서부터 이론적·방법론적 논의가 격렬하게 전개되고 그 시각들이 다양화하기에 이른다. 고고학이란 학문은 과거 인간의 모든 행위가 수동적으로 투영된 객관적인 물적 증거를 기초로 객관적인 자연과학적 분석방법들을 기초로 한 유물론적(그리고 생태학적·진화론적 시각 등과 더불어) 시각 속에서 가치해방적이고 비정치적인 객관적 지식을 구축할 수 있다고 믿는 신고고학적 견해가 이들 후기과정고고학자들에 의해 도전받으면서 고고학은 다양화 시대로 접어들게 되었다. 이러한 양상을 트리거는 그의 고고학 연구사조의 마지막 시대인 '고고학 설명

의 다양성' 시대로서 파악하여 『고고학 연구사조사』(Trigger, 1989: 329
~369)를 집필하고 있다. 후기과정고고학자들이 종래와는 판이하게 다
른 구조주의, 신마르크스주의, 후기구조주의, 해석학, 비판이론, 페미니
즘, 포스트모더니즘의 이론적 시각들을 채택하여 전개시킨 이론들은
세계 고고학자들로 하여금 고고학 이론에 대한 관심을 증대시켜 주었
으며 그 결과 격렬한 이론적 논쟁이 벌어지게 된다. 이러한 격심한 이
론 논쟁은 영국을 중심으로 한 유럽고고학자들의 이론고고학 그룹(The
Theoretical Archaeology Group: TAG 혹은 Euro TAG라고 불리기도 함)에서
해마다 주최하는 학술대회(Fleming and Johnson, 1990)와 전미고고학회
(The Society for American Archaeology)가 주최하는 연례학술대회, 그리고
3년마다 열리는 세계고고학대회(World Archaeological Congress)에서 주로
이루어지고 있다. 이러한 이론 논쟁의 결과는 1980년대부터 케임브리
지대학출판부에서 발행되는, "고고학의 새로운 시각들"이라는 시리즈
명칭하에 전 세계 학자들의 논문을 모은 책에서 주로 표출되고 있다(추
연식, 1996a: 114~116). 최근에 이러한 고고학 이론에 대해서는 유럽 일
부와 북미 지역을 벗어나 거의 전 세계 모든 지역의 고고학자들이 관심
을 갖게 되고(Hodder, 1991b; Ucko, 1994), 1994년에는 이러한 이론에 대
한 관심에 편집 방향을 맞춘 ≪고고학 방법과 이론(Journal of Archaeological
Method and Theory)≫이라는 학술지가 창간되었다. 빈포드가 그의 최근 논
문모음집의 제목을 『논쟁고고학』으로 붙인 이유(Binford, 1989: xiii~xv)
도 이러한 이론 논쟁이 활성화된 맥락에서 이해될 수 있다.

(3) 고고학사에 대한 새로운 관심 증대에 기여

고고학이란 학문이 태동되던 초기에 많은 일반 대중들은 발굴을 통
해 발견된 진귀하고 희귀한 유물과 유적에 지대한 관심을 쏟았다. 자연
히 초창기 고고학자들이 자신들의 연구 분야의 발전과정을 서술하는

학사의 내용은 일반 대중들을 겨냥하여 고고학 유적과 유물들이 발견
되고 발굴되는 과정에서 일어났던 에피소드와 낭만적인 이야기에 초점
이 맞추어진 연대기(Ceram, 1951; 쎄람, 1984) 그 자체였다. 이후 특히
1950년대 이후부터 새로운 고고학 연구방법을 통해 축적된 새로운 고
고학 증거와 이에 기초해 만들어진 많은 해석들을 기초로 고고학 내에
서 어떠한 지적인 사고가 진전되어 나왔는가에 대해 많은 고고학자들
이 학사적 관점에서 다루기 시작했다(Daniel, 1967; Willey and Sabloff,
1974). 따라서 개별 연구방법들이 어떤 특정한 연구자들의 지적 상관관
계 속에서 발전해 왔으며, 이렇게 고고학 연구를 발전시킨 특정 연구자
의 지식 축적은 그의 생애를 통해 어떻게 형성되어 왔는지 등의 발전과
정을 진화론적 시각 속에서 시대별 구분하에 서술했다. 이처럼 특정시
기 고고학의 발전은 변화하는 지적 환경 속에서 새로운 고고학 연구시
각들이 제기되었기 때문에 가능했다는 식의 해석으로 고고학사는 서술
되어 왔다.

하지만 모든 지식이란 역사적으로 그때그때마다 있어 왔던 사회적
그리고 개인적 편견에 따라 만들어진 것이라고 주장하는 비판이론을
수용하는 후기과정고고학자들은 고고학사를 종래의 시각대로 순수 학
문 내적의 발전 결과로만 서술할 것이 아니라, 당시의 사회적 맥락과
연관시켜 학문 외적인 영향도 반드시 고려해서 파악해 보아야 함을 주
장한다. 다시 말해서 우리가 현재까지 구축한 고고학 지식이 당시 민족
주의라는 국민감정에 편승되어 물질문화가 자국민의 이익에 따라 해석
된 것은 아닌가, 당시 공산주의 이데올로기하에서 모든 물질문화가 인
류문화의 보편적 진화과정상에서 그리고 계급 논리에 따라 해석된 것
은 아닌가, 당시에 고고학 활동을 주도하던 중상층 부유계층의 계급
논리가 개재되어 고고학 지식이 만들어진 것은 아닌가, 남성본위주의
의 편견이 과거 물질문화를 해석하는 데 여성의 역할을 도외시한 원인

을 제공한 것은 아닌가, 그때그때마다 변화하는 주변 학문분야들의 시
각에 따라 더불어 고고학적 설명의 내용이 바뀐 것은 아닌가, 당대의
대표적인 고고학자의 권위에 지배되어 고고학 지식이 생산된 것은 아
닌가 등 고고학 지식과 그 지식이 형성될 당시의 정치적·사회적 상황
그리고 전 학문분야의 연구 분위기 및 학자 개인적 편견과 기호와의
연관성 파악을 강조하고 있다.

　기본적으로 후기과정고고학자들의 이러한 비판적 시각은 고고학 지
식을 가치중립적이고 비정치적인 객관적 연구과정의 산물로 파악하는
기존 과정고고학자들의 편견을 공격하여 자신들이 주장하는 고고학 지
식의 주관성을 부각시키기 위한 것이다. 하지만 이와 같은 후기과정고
고학자들의 주장은 고고학자들로 하여금 자신들이 알고 있는 고고학
지식이 만들어진 맥락에 대한 자기성찰의 기회를 주게 되고, 자연히
많은 고고학자들은 과연 고고학 지식이 객관적 절차에 의해 구축되었
는지 아니면 여러 요인들이 개재된 가운데 주관적으로 만들어졌는지에
대해 학사적인 측면에서 검토하게 된다. 이처럼 고고학사를 검토하면
서 학문 외적 상황도 동시에 고려하는 고고학사의 새로운 연구시각은
트리거가 집필한 『고고학 연구사조사』의 마지막 장 「고고학과 사회적
맥락」(Trigger, 1989: 370~411)에 구체적으로 표현되어 있다.

　최근에는 공산주의 블록이 붕괴되면서 재등장한 전 세계적인 민족주
의적 성향으로 말미암아, 19세기 민족주의가 어떻게 당시의 고고학 연
구에 영향을 미쳤는지, 그리고 앞으로의 고고학 연구에서 이러한 민족
주의의 영향력을 어떻게 배제시킬 수 있을 것인지에 대한 학사적 논의
가 후기과정고고학자로 자처하지 않는 학자들에 의해 유럽 상황(Diaz-
Andren and Champion, 1996) 그리고 전 세계적 상황(Kohl and Fawcett,
1995) 속에서 다루어지고 있다. 요사이 한국고고학사를 일본제국주의
이데올로기와 공산주의 이데올로기에 결부시켜 파악하려는 한국고고

학계의 경향(이성주, 1990; 신숙정, 1993; 이선복, 1992)도 이러한 맥락에서
살펴볼 수 있다. 아울러 최근에 와서 이와 같은 새로운 시각에서의 고
고학사 서술이 방대한 학자들의 참여로 이루어지고 있으며(Murray, in
press), 고고학사만을 전문적으로 다루는 학술지인 ≪고고학사 회보
(*Bulletin of the History of Archaeology*)≫가 1991년에 미국에서 창간되었고,
일본에서도 1992년에 ≪고고학사연구(考古學史研究)≫라는 학술지가
창간되는 등 고고학사가 고고학 연구에서 하나의 새로운 연구분과로
부각(Trigger, 1994)되는 현상은 역시 후기과정고고학의 기여로 파악해
야 할 것이다.

(4) 고고학 연구영역과 연구대상 확장

후기과정고고학이 제창되던 1980년대 초만 하더라도 세계 고고학의
주 연구영역은 과거 인간집단의 생업경제, 교역체계, 계층적 사회조직
등을 파악하는 경제고고학과 사회고고학이었다. 당시의 시각으로는 사
회집단 내부에 흐르는 이데올로기나 개개인의 사회적 역할에 대한 설
명, 그리고 상징유물을 기초로 과거 인간의 정신세계를 설명하는 것은
거의 불가능한 것으로 간주되었다. 이러한 측면에서 당시 후기과정고
고학자들이 물질문화로 파악되는 상징적 의미체가 과거 사회관계를 형
성시키는 데 어떠한 역할을 했으며, 특수한 역사적 맥락 내에서 사회변
동을 야기하는 개개인의 이데올로기와 집단 이데올로기 간의 연관성을
찾고자 했던 것은 고고학자들이 과거 인간행위의 상층구조에까지도 그
연구영역을 넓힐 수 있다는 가능성을 열어준 것이었다. 이러한 후기과
정고고학자들의 가능성 제시는 이후 많은 과정고고학자들이 과거 인간
의 지각, 상징체계, 이데올로기 등 인지적 측면까지 설명하고자 하는
인지고고학(cognitive archaeology)의 연구영역을 개척(Renfrew and Zubrow,
1994)하게 하는 동인을 제공하여 준 것이다.

과거 사회의 상징체계를 특수한 역사적 맥락 속에서 파악하기 위해 후기과정고고학자들에게는 풍부한 맥락성 확보가 절실했다. 따라서 대부분의 후기과정고고학자들이 관심을 가졌던 연구대상은 선사시대의 상황에서보다는 많은 역사적 맥락을 문헌기록으로 파악할 수 있는 역사시대 상황 속에 있는 물질문화였다. 따라서 이들은 종래 고고학자들이 주로 관심을 가져왔던 선사시대 연구와 더불어 고고학의 연구대상을 역사시대 그것도 현재와 아주 가까운 역사시대 심지어는 오늘날의 맥주캔과 같은 물질문화에 대한 연구(Shanks and Tilley, 1987a: 172~240)에까지 넓혀 놓았다. 물론 과정고고학자들도 현재 쓰레기터에서 보이는 물질문화(Rathje, 1974) 등 현대의 물질문화에 대한 연구(Gould and Schiffer, 1981)를 이전부터 해온 것은 사실이나, '어제의 물질문화도 고고학 연구의 대상'이라는 측면이 더욱 강조된 것은 역시 후기과정고고학자들의 기여로 보는 것이 타당하다.

2) 후기과정고고학의 문제점과 한계

(1) 고고학 연구방법상의 문제

후기과정고고학자들이 가장 강조하는 연구방법은 구조주의적 접근과 맥락적 접근이다. 통상 고고학자들이 관심을 가져온 역사적 과정과 적응 과정에 대한 설명에서 더 나아가, 후기과정고고학자들은 이들 과정의 기저에 깔려 있는 구조에 대한 파악을 통해 과거 인간집단들의 이데올로기 구조와 개개인의 사고구조를 이해하고자 한다. 하지만 이들이 이해했다고 하는 심층적이고 내재적인 과거 사회의 구조를 물적 증거만 가지고 과연 그 해석의 유효성을 평가할 수 있느냐 하는 점이 제기될 수 있다. 만약에 그 해석의 유효성을 평가할 수단이 없다면 이들의 구조주의적 접근방식이라는 것이 물적 증거를 토대로 연구되는 고고학에서 하나의 연구방법으로 가치가 있을 수 있을까 하는 점이 문제가 된다. 물론 연구대상시기가 역사시대인 경우 역사문헌이나 다른 정보를 통해 내재적인 구조를 파악할 수 있는 가능성은 있겠지만, 이와 같은 보충적인 정보를 확보하기 힘든 초기 역사시대와 전혀 확보 불가능한 선사시대의 상황 속에서는 이들의 접근방식은 무용지물이 될 가능성이 크다. 아울러 이들의 또 다른 연구방법인 맥락적 접근 역시, 물질문화의 맥락적 의미가 파악될 수 있기 위해서는 풍부한 맥락성 확보가 필수적인데, 이러한 맥락성이 대부분의 고고학자들이 연구대상시기로 삼는 선사시대와 초기 역사시대에서 얼마만큼 충분하게 확보될 수 있느냐가 문제가 된다. 따라서 대부분 후기과정고고학자들의 연구대상시기는 이러한 맥락적 정보를 충분하게 확보할 수 있는 현대의 물질문화 또는 문헌기록이 풍부한 역사시대에 집중(Hodder, 1987a, 1987b)되어 있는 것이다.

(2) 상대주의적 해석에 대한 문제

후기과정고고학자들은 물질문화의 맥락적 의미란 현상적으로 파악되는 것이 아니기 때문에 물질문화를 하나의 읽혀져야만 하는 텍스트(text)로 간주하여, 고고학자가 이러한 물질문화의 의미(상징적 의미 혹은 맥락적 의미)를 읽어나가야 한다고 주장하고 있다. 다시 말해서 이들은 어떠한 해석도 해석이 이루어지기 전에는 가능할 수 없다는 해석학적 시각을 지니고 있다. 이 말을 풀어보면, 교역의 문제에 대한 어떠한 해석도 교역대상품목(돌로 만들어진 물체)이 자연현상으로 빚어진 돌멩이로 해석되지 않고 인공품인 돌도끼로 해석되기 전에는 불가능하다는 말이다(Hodder, 1992c: 149). 애당초 고고학적 물질증거가 고고학자의 주관적 판단에 따라 해석되기 때문에 나중의 어떠한 해석들도 이러한 해석학적 차원에 따라 이루어지는 것을 당연하게 생각한다. 왜냐하면 주관적인 시각에서 만들어진 어떠한 교역에 관한 이론도 애초에 주관적 판단에 따라 구축되는 새로운 데이터에 의해서 검사(testing)될 수 있다고 주장하는 것은 어불성설이라고 보기 때문이다. 물론 고고학자들이 구축하는 데이터가 연구자의 주관적 판단(어떤 측면이 중요해서 채택한다든지 아니면 채택하지 않는다든지 등)의 소산인 것을 인정한다 하더라도, 만약에 모든 과거 인간의 행위들에 대한 설명이 연구자 각자가 해석하고 싶은 대로 읽어나가는 과정에서 만들어진다면, 그 설명(혹은 해석)이라는 것은 고고학자가 구축하고자 하는 객관적인 지식이라기보다는 개개인 연구자의 해석학적 판단에 따라 만들어지는 각양각색의 해석들이 되는 것이고, 최종적으로 하나의 동의된 지식으로 형성되기보다는 상대주의의 오류에 봉착되는 혼돈으로 치달을 위험성이 농후하게 된다. 아울러 비판이론에 입각해서 "고고학자들은 참(truth)과 거짓(false)의 양 갈래에서 참을 구하는 데 몰두해야 할 것이 아니라, 고고학자들이 한 사회에서 처해진 사회적·경제적·정치적 역할들과 연관지어 '참'들 중에 하나의 참을 선택해야 한다"(Shanks and Tilley, 1987b: 199)고 극단적인 상대주의적 견해를 표명한다면, 객관적 지식을 구축하고자 하는 고고학자에게 남는 것은 허탈감뿐일 것이다. 이러한 상대주의적 해석의 문제점은 후기과정고고학자들이 가장 시급하게 해결해야 할 과제이다.

(3) 고고학 연구대상시기의 한계성

후기과정고고학자들의 주된 연구영역은 역시 과거 사회관계를 형성시키는 데 관여된 상징적 의미체의 능동적 역할에 초점을 맞춘 사회고고학과 물질문화의 상징적 의미와 연관된 상징고고학이 주이다. 따라서 이들에게 있어서 과거 인간의 경제적 삶과 자연환경과의 상호관계를 주로 다루는 경제고고학에 대한 관심은 애초부터 별로 없었다(Hodder, 1986a: x). 다시 말해서 자연환경이 주는 혜택과 구속력에 쉽게 영향을 받는 수렵·채집단계의 사회, 즉 고고학적 시기로 구석기시대와 중석기 시대 그리고 계층화되지 않은 신석기시대의 고고학 상황은 자신들이 갖고 있는 연구시각으로는 해결할 수 없는 차원으로 인정하고 있는 것 이다. 기본적으로 후기과정고고학자들이 견지하는 연구시각은 생태학 적 시각과는 입장 차이가 극명한 사회학적 시각에 기초하고 있기 때문 에 이들은 대단위 취락이 형성되고 계층화된 사회로 나아가는 신석기시 대 후기 이후의 고고학 양상을 주로 다루면서 상징적 의사소통을 가능 케 해주는 인간능력에 초점을 맞추고 인간집단 간에 벌어지는 사회관계 와 이념적 혹은 인지적 측면에 대한 연구에 몰두하고 있는 것이다. 하지 만 앞서 말한 바와 같이, 이러한 신석기시대 후기의 고고학 상황에 대한 것도 호더의 농경기원에 대한 연구(Hodder, 1990, 1996b)와 틸리의 거석 문화에 대한 연구(Tilley, 1993, 1994)같이 선사시대의 물질문화를 다루고 있는 연구는 극히 이례적이고, 대부분 후기과정고고학자들의 연구대상 시기는 현재와 아주 가까운 역사시대에 집중되어 있다.

5. 맺음말

1973년 신고고학의 제창자 중 한 명인 클라크는 신고고학이 등장하 면서 종래 전통고고학자들의 순진무구함이 더 이상 통용되지 않을 정 도로 분석방법에 갖가지 자연과학 분야에서 응용되는 분석기술을 채용 하고, 이론적 시각으로 생태학, 생물학, 인류학 등의 시각과 개념을 차 용하며, 인식론적 차원에서 과학철학의 논리적 실증주의를 채택하는 등 고고학이 복잡다난해져 감을 설파했다. 그는 이러한 현상을 '순진무 구함의 상실(loss of innocence)'이라고 표현했다(Clarke, 1973). 그런데 그 이후 10년이 지나 1980년대 초에 후기과정고고학이 등장하면서, 종래의 자연과학 제 분야의 지식과 과학철학에 대한 이해와 더불어, 고고학자들은 사회학, 언어학, 해석학, 역사학 그리고 역사철학에 대한 엄청난 지식이 있어야 고고학 논문을 소화시킬 수 있는 지경에 다다른다. 이러한 현상을 미국의 여류고고학자 왓슨(Patty J. Watson)은 '현대고고학은 최신의 지식을 배울 수 있는 15개의 서로 다른 대학에서, 서로 다른 분야에서 취득한 17개의 박사학위를 가진 아주 전형적인 고고학자를 원한다'는 요지의 다소 냉소적인 시를 쓰면서, 1980년대 후반 이후의 고고학 상황을 '말기적인 회의적 위기(terminal skeptical crisis)' 국면으로 파악하고 있다(Watson, 1986). 이러한 회의적인 시각은 고고학에서 객관적 지식이란 존재할 수 있는 것일까라는 측면에서 '용기의 상실(loss of nerve)'이라는 말(Bradley, 1993)을 낳게 했다. 아무튼 1980년대 후반부터 고고학은 '또 한 번의 순진무구함의 상실(a new loss of innocence)'(Kohl, 1985) 그리고 후기과정고고학자인 레오니의 표현으로 '순진무구함의 종말(the end of innocence)'이 의미하는 바와 같이, 과거 인간행위를 이해하고 설명하기 위해서는 엄청난 지식이 요구되는 상황으로 치닫고 있다. 하지만 현재의 시점에서 보면, 가장 바람직한 고고학자의 연구태도는 후기과정고고학의 새로운 연구시각들은 수용하되, 방법적인 면에서는 과정고고학의 것들을 융합하는 자세가 가장 생산적인 것으로 파악된다.

참고문헌

쎄람, C. W. 『낭만적인 고고학 산책』. 안경숙 옮김. 평단문화사.

신숙정. 1993. 「우리나라 신석기문화 연구 경향: 1945년까지」. ≪한국상고사학보≫, 12. 149~182쪽.

이선복. 1992. 「북한고고학사 시론」. ≪동방학지≫, 74. 1~74쪽.

이성주. 1990. 「신석기시대」. ≪국사관논총≫, 16. 1~65쪽.

추연식. 1996a. 「케임브리지와 세계고고학」. ≪한국상고사학보≫, 22. 97~116쪽.

_____. 1996b. 「영국의 문화재 관리와 구제고고학 연구현황」. 한국고고학회 엮음. 『매장문화재 발굴비용 표준화사업 용역연구 결과보고서』, 161~216쪽.

_____. 1997. 『고고학 이론과 방법론: 최근 연구방법과 이론사조』. 학연문화사.

Barker, F. and J. Thomas(eds.). 1990. *Writing the Past in the Present*. Lampeter: St. David's University College.

Bapty, I. and T. Yates(eds.). 1990. *Archaeology after Structuralism*. London: Routledge.

Binford, L. R. 1982. "Meaning, Inference and the Material World." in C. Renfrew and S. Shennan(eds.). *Ranking, Resource and Exchange: Aspects of the Archaeology of Early European Society*. Cambridge: Cambridge University Press. pp.160~163.

_____. 1986. "In Pursuit of the Future." in D. J. Meltzer et al(eds.). *American Archaeology Past and Future*. Washington: Smithsonian Institution Press. pp.459~479.

_____. 1987. "Data, Relativism and Archaeological Science." *Man*, 22, pp.391~404.

_____. 1989. *Debating Archaeology*. San Diego: Academic Press.

Bradley, R. 1993. "Archaeology: the Loss of Nerve." in N. Yoffee and A. Sherratt(eds.). *Archaeological Theory: Who Sets the Agenda?*. Cambridge: Cambridge University Press. pp.131~133.

Ceram, C. W. 1951. *Gods, Graves and Scholars*. Translated by E. B. Garside,

S. Wilkins and A. Alfred. New York: Knopt.

Clarke, D. L. 1973. "Archaeology: the Loss of Innocence." *Antiquity*, 47. pp.6~
18.

Conky, M. W. and J. Spector. 1984. "Archaeology and the Study of Gender."
in M. Schiffer(ed.). *Advances in Archaeological Method and Theory*, 7. New
York: Academic Press. pp.1~38.

Daniel, G. 1967. *The Origins and Growth of Archaeology*. New York: Crowell.

Diaz-Andren, M. and T. Champion(eds.). 1996. *Nationalism and Archaeology
in Europe*. London: UCL Press.

Fleming, A. K. and M. Johnson. 1990. "The Theoretical Archaeology Group
(TAG): Origins, Retrospect, Prospect." *Antiquity*. pp.303~306.

Friedman, J. 1979. *System, Structure and Contradiction: the Evolution of Asiatic
Social Formations*. Copenhagen: National Museum of Denmark.

Gero, J. 1985. "Socio-politics and the Woman-at-home Ideology." *American
Antiquity*, 50. pp.342~350.

Gero, J. and M. Conkey(eds.). 1991. *Engendering Archaeology: Women and
Prehistory*. Oxford: Blackwell.

Gould, R. and M. B. Schiffer(eds.). 1981. *Modern Material Culture: the Archaeology
of Us*. New York: Academic Press.

Hodder, I. 1977a. "Preface." in D. L. Clarke(ed.). *Spatial Archaeology*. London:
Academic Press. pp.vii~viii.

_____. 1977b. "Some New Directions in the Spatial Analysis of Archaeological
Data at the Regional Scale(Macro)." in D. L. Clarke(ed.). *Spatial
Archaeology*. London: Academic Press. pp.223~351.

_____. 1978. *Simulation Studies in Archaeology*. Cambridge(ed.): Cambridge
University Press.

_____. 1982a. *Symbols in Action: Ethnoarchaeological Studies of Material Culture*.
Cambridge: Cambridge University Press.

_____. 1982b. *Symbolic and Structural Archaeology*. Cambridge(ed.): Cambridge
University Press.

_____. 1982c. "Theoretical Archaeology: a Reactionary View." in I. Hodder (ed.). *Symbolic and Structural Archaeology*. Cambridge: Cambridge University Press. pp.1~16.

_____. 1982d. "The Identification and Interpretation of Ranking in Prehistory: a Contextual Perspective." in C. Renfrew and S. Shennan(eds.). *Ranking, Resource and Exchange: Aspects of the Archaeology of Early European Society*. Cambridge: Cambridge University Press. pp.150~154.

_____. 1985. "Post-processual Archaeology." in M. Schiffer(ed.). *Advances in Archaeological Method and Theory*, 8. New York: Academic Press. pp.1~26.

_____. 1986a. *Reading the Past: Current Approaches to Interpretation in Archaeology*. Cambridge: Cambridge University Press.

_____. 1986b. "Politics and Ideology in the World Archaeological Congress 1986." *Archaeological Review from Cambridge*, 5. pp.113~119.

_____. 1987a. *The Archaeology of Contextual Meanings*. Cambridge(ed.): Cambridge University Press.

_____. 1987b. *The Archaeology as Long-term History*. Cambridge(ed.): Cambridge University Press.

_____. 1989a. *The Meanings of Things: Material Culture and Symbolic Expression*. London(ed.): Unwin Hyman.

_____. 1989b, "Comments on Archaeology into the 1990's," *Norwegian Archaeological Review*, 22. pp.15~18.

_____. 1990. *The Domestication of Europe: Structure and Contingency in Neolithic Societies*. Oxford: Blackwell.

_____. 1991a. *Reading the Past: Current Approaches to Interpretation in Archaeology*. 2nd ed. Cambridge: Cambridge University Press.

_____. 1991b. *Archaeological Theory in Europe: the Last 3 Decades*. London(ed.): Routledge.

_____. 1991c. "Interpretative Archaeology and Its Role." *American Antiquity*, 56. pp.7~18.

_____. 1992a. *Theory and Practice in Archaeology*. London: Routledge.

_____. 1992b. "Post-processual Archaeology." in *Theory and Practice in Archaeology*. London: Routledge. pp.83~91.

_____. 1992c. "The Processual Reaction." in *Theory and Practice in Archaeology*. London: Routledge. pp.145~154.

_____. 1992d. "Towards a Coherent Archaeology." in *Theory and Practice in Archaeology*. London: Routledge. pp.169~180.

_____. 1996a. *Contextual Archaeology*. Oxford: Blackwell.

_____. 1996b. *Re-opening Çatalhüyük, Monograph of the McDonald Archaeological Institute and the British Institute of Archaeology at Ankark*. Cambridge: Cambridge University Press.

Hodder, I. and C. Orton. 1976. *Spatial Analysis in Archaeology*. Cambridge: Cambridge University Press.

Hodder, I. et al. 1994. *Interpreting Archaeology*. London: Routledge.

Institute of Archaeology. 1972. "University of London, Institute of Archaeology Twenty-eight Annual Report 1970-1971." *Bulletin of the Institute of Archaeology*, 10. pp.177~195.

Kohl, P. 1985. "Symbolic Cognitive Archaeology: a New Loss of Innocence." *Dialectical Anthropology*, 9. pp.105~118.

Kohl, P. and C. Fawcett(eds.). 1995. *Nationalism, Politics, and The Practice of Archaeology*. Cambridge: Cambridge University Press.

Layton, R(ed.). 1989a. *Conflict in the Archaeology of Living Traditions*. London: Unwin Hyman.

_____. 1989b. *Who Needs the Past?: Indigenous Values and Archaeology*. London: Unwin Hyman.

Leone, M. et al. 1987. "Toward a Critical Archaeology." *Current Anthropology*, 28. pp.251~282.

Meillassoux, C. 1972. "From Reproduction to Production." *Economy and Society*, 1. pp.93~105.

Miller D. and C. Tilley. 1984. *Ideology, Power and Prehistory*. Cambridge(eds.): Cambridge University Press.

Murray, T(ed.). in press *Archaeologists: a Biographical Encyclopedia*. New York: Garland Press.

Pinsky, A. and A. Wylie(eds.). 1990. *Critical Traditions in Contemporary*

Archaeology. Cambridge: Cambridge University Press.

Rathje, W. L. 1974. "The Garbage Project: a New Way of Looking at the Problems of Archaeology." *Current Anthropology*, 20. pp.249~270.

Renfrew, A. C. 1987. *Archaeology and Language: the Puzzle of Indo-European Origins*. London: Jonathan Cape.

_____. 1989. "Comments on Archaeology into the 1990s." *Norwegian Archaeological Review*, 22. pp.33~41.

_____. 1994. "Towards a Cognitive Archaeology." in C. Renfrew and E. B. W. Zubrow(eds.). *The Ancient Mind: Elements of Cognitive Archaeology*. Cambridge: Cambridge University Press. pp.264~290.

Renfrew, A. C. and E. B. W. Zubrow(eds.). 1994. *The Ancient Mind: Elements of Cognitive Archaeology*. Cambridge: Cambridge University Press.

Shanks, M. and C. Tilley. 1987a. *Re-constructing Archaeology*. Cambridge: Cambridge University Press.

_____. 1987b. *Social Theory and Archaeology*. Cambridge: Polity Press.

_____. 1989a. "Archaeology into the 1990s." *Norwegian Archaeological Review*, 22. pp.1~12.

_____. 1989b. "Questions Rather Than Answers: Reply to Comments on Archaeology into the 1990s." *Norwegian Archaeological Review*, 22. pp.42~54.

Trigger, B. G. 1980. "Archaeology and the Image of the American Indian." *American Antiquity*, 45. pp.662~676.

_____. 1989. *A History of Archaeological Thought*. Cambridge: Cambridge University Press.

_____. 1994. "The Coming of Age of the History of Archaeology." *Journal of Archaeological Research*, 2. pp.113~136.

Tilley, C. 1994. *A Phenomenology of Landscape: Places, Paths and Monuments*. Oxford: BERG.

Tilley, C(ed.). 1990. *Reading Material Culture*. Oxford: Blackwell.

_____. 1993. *Interpretative Archaeology*. Oxford: BERG.

Ucko, P. J. 1987. *Academic Freedom and Apartheid: the Story of the World*

Archaeological Congress. London: Duckworth.

_____(ed.). 1994. *Theory in Archaeology: a World Perspective.* London: Routledge.

Watson, P. J. 1986. "Archaeological Interpretation." in D. J. Meltzer et al(eds.). *American Archaeology Past and Future.* Washington: Smithsonian Institution Press. pp.439~457.

Who's Who. 1995. *Who's Who 1995:. an Annual Biographical Dictionary.* London: Adam and Charles Black.

Willey, G. R. and J. A. Sabloff. 1974. *A History of American Archaeology.* London: Thames and Hudson.

추천문헌

1. 호더의 공간분석 연구

Hodder, I. and C. Orton. 1976. *Spatial Analysis in Archaeology.* Cambridge: Cambridge University Press.

2. 후기과정고고학 사조의 내용

Hodder, I. 1991. *Reading the Past: Current Approaches to Interpretation in Archaeology.* 2nd ed. Cambridge: Cambridge University Press.

Shanks, M. and C. Tilley. 1987. *Social Theory and Archaeology.* Cambridge: Polity Press.

3. 과정고고학자들의 후기과정고고학 비판

Binford, L. R. 1989. *Debating Archaeology.* San Diego: Academic Press.

Earle, T. and R. Preucel. 1987. "Archaeology and the Radical Critique." *Current Anthropology*, 28. pp.501~538.

4. 후기과정고고학자들의 반격

Hodder, I. 1992. "The Processual Reaction." in *Theory and Practice in Archaeology*. London: Routledge. pp.145~154.

Shanks, M. and C. Tilley. 1989. "Questions Rather Than Answers: Reply to Comments on Archaeology into the 1990s." *Norwegian Archaeological Review*, 22. pp.42~54.

5. 과정고고학과 후기과정고고학 연구사조 비교

Preucel, R(ed.). 1991. *Processual and Post-processual Archaeologies: Multiple Ways of Knowing the Past*. Carbondale: Southern Illinois University Press.

Yoffee, N. and A. Sherratt(eds.). 1993. *Archaeological Theory: Who Sets the Agenda?* Cambridge: Cambridge University Press.

제14장_ 렌프루와 인지과정고고학

| 추연식 |

1. 머리말

현재 영국 케임브리지 대학 고고학과 디즈니 석좌교수로 있는 렌프루의 인지과정고고학(cognitive-processual archaeology) 연구사조는 물질문화를 토대로 과거 사람들이 무엇을 그리고 어떠한 방식으로 생각했는가라는 인간의 인지(cognition)를 밝히기 위해 제창된 것이다. 주창자인 렌프루에 의하면, 고고학사적으로 1960년대와 1970년대의 신고고학(그는 이를 기능과정고고학으로 대체해서 부르고 있다)이 과거 인간이 운용했던 경제체계와 사회조직에 대한 설명에 혁명적인 성과를 거두었다면, 1990년대와 2000년대 초반에 고고학의 새로운 도약을 기약할 수 있게 해주는 고고학 연구사조는 인지과정고고학일 것으로 전망하고 있다 (Renfrew and Zubrow, 1994: xiii). 과거에 인간이 남긴 물질문화에 기초해 과거인들이 표현하는 지식의 메커니즘이 언제 어디에서 최초로 나타나

▶ 렌프루의 인생과 학문세계에 대한 내용은 필자가 케임브리지 대학 유학 당시 사석에서 이루어진 콜린 렌프루 선생님과의 대화 내용에 많은 부분 근거하고 있다. 또한 렌프루의 사진은 필자와 함께 스톤헨지 유적을 답사할 때 촬영한 것인데, 당시 촬영을 허락해 주신 렌프루 선생님의 호의에 감사드린다.

서, 왜 이러한 메커니즘이 전 세계적으로 확산되며, 어떻게 인간사회의 발전정도가 이런 지적 메커니즘 형성에 영향을 주는지, 이러한 의미체의 메커니즘이 사회적·이념적 측면과 어떻게 연관이 되는지 등의 질문들을 과학적 방법에 입각하여 설명하고자 한다.

이와 같은 현재 고고학자들의 연구시도는 혹스가 이야기한 '고고학 추론의 사닥다리'(Hawkes, 1954) 제일 위 계단에 해당되는 과거 인간의 이념, 상징, 종교 등에 대해서도 물질문화에 토대해 확실한 지식을 구축할 수 있다는 야망을 표현하고 있는 것이다. 따라서 1950년대 당시 고고학 연구를 통해 밝힐 수 있는 것은 과거 인간이 운용했던 기술적 측면과 생업경제에 대한 것일 뿐이라는 당시 고고학자들의 주장과 비교해서 본다면, 과거인의 이념에 대한 확실하고 체계적인 추론을 내릴 수 있다고 주장하는 1990년대 인지과정고고학자들의 사고는 과히 혁명 그 이상의 것일 것이다. 1960년대와 1970년대 신고고학의 대표적 이론가였던 빈포드(Lewis Binford)와 클라크(David Clarke)의 신고고학적 인식론과 연구방법을 유럽고고학 상황 속에 가장 충실하게 적용시켜 선사시대 사회조직과 정치형태에 대한 새로운 지식을 구축한 렌프루가 이러한 인지과정고고학이라는 새로운 연구사조를 제창한 이유는 지난 30년간 그의 학문세계 변화과정에서 살펴볼 수 있으며, 아울러 1980년대에 형성된 후기과정고고학(post-processual archaeology)의 신고고학을 향한 도전에 대한 렌프루의 반격과정이라는 각도에서 파악해 볼 수 있다.

이 장에서는 렌프루의 연구시각이 왜 이렇게 발전되어 왔는지를 그의 인생과 학문세계를 살펴보면서 파악해 보고, 렌프루의 인지과정고고학 사조가 견지하는 연구시각의 내용이 무엇인지, 그리고 이 고고학 사조의 잠재력과 한계성에 대해 검토한다.

2. 인지과정고고학을 향한 렌프루의 학문세계 변화과정

콜린 렌프루(Andrew Colin Renfrew, 1937~)는 아버지 아치발드 렌프루와 어머니 헬레나 렌프루와의 사이에서 1937년 7월 25일 영국에서 출생했다. 그는 성 알반즈 중학교를 다니던 13세 때부터 영국 남부 켄터베리에 위치한 로마시대 유적발굴에 자원봉사 학생으로 참가할 만큼 고고학에 관심이 많았다. 비록 렌프루가 이처럼 어린 시절부터 옛날 유물에 대해 관심이 많았지만, 대학 진학을 위한 2년제 고등학교(sixth form college: 우리나라의 고등학교 2학년과 3학년에 해당)에서는 이과(science sixth form)를 선택하여 자연과학을 공부했다. 이후 그는 1956년부터 1958년까지 공군장교로 국방의 의무를 마친 후 1958년에 케임브리지 대학으로 진학하게 되는데, 이때 그의 전공은 고고학이 아니라 자연과학이었다(Who's Who, 1995: 1605; Bradley, 1993: 71).

렌프루가 청소년 시절 자연과학을 공부하고자 했던 배경은 당시 영국에 만연했던 전후 사회적 분위기와 연결된다. 제2차 세계대전이 끝난 후 전쟁수행에 필요한 각종 병기를 발명하는 가운데에서 축적된 자연과학적 지식이 현실생활에 많은 편익을 주는 방향으로 응용됨에 따라, 미래를 더욱 풍요롭게 할 수 있는 과학과 기술의 발전에 대해 낙관적인 사회분위기가 팽배해 있었다. 이러한 모더니즘적 사회분위기 속에서 많은 젊은 층들은 인문학보다는 자연과학 분야에서 자신의 전공을 찾고자 노력했다(Champion, 1991: 152). 영국에서 과학적 고고학으로서의 신고고학을 주창한 클라크도 마찬가지로 대학 진학을 위한 대입예비학교인 덜위치 고등학교에서 이과에 소속되어 있었던 사실(Hammond, 1979: 1) 역시 이러한 당시 영국의 사회적 분위기 속에서 이해될 수 있다. 비록 클라크는 고등학교 졸업 후 케임브리지 대학으로 진학하여 곧바로 고고학을 전공하지만, 렌프루는 케임브리지 대학 자연과학 학

렌프루(A. C. Renfrew)

부로 진학한다. 비록 그 역시 자신의 취미에 맞게 고고학을 선택하고 싶었지만 당시 졸업 후 진로문제 때문에 사회적으로 취직의 문이 넓은 자연과학 쪽을 택했던 것이다(Current Archaeology, 1986: 150). 렌프루는 대학 1학년과 2학년 동안 자연과학 학부생으로 재학하면서 물리학, 화학, 생화학, 과학사 그리고 과학철학에 대한 자신의 기본 소양을 구축하기 시작했다. 당시 렌프루의 이러한 지적 배경은 그가 나중에 고고학 연구에 각종 자연과학적 분석 방법을 적용시키는 데, 그리고 클라크와 더불어 칼 포퍼(Karl Popper)의 실증주의 과학철학 사조에 입각하여 신고고학의 인식론 체계를 형성시키는 데 지대한 역할을 하게 된다.

대학 2학년 때인 1960년에 렌프루는 자연과학에서 고고학으로 전과를 했다. 그가 전과를 하게 된 결정적인 계기는 같은 세인트 존스 칼리지〔St. John's College: 케임브리지 대학과 옥스퍼드 대학은 현재에는 세계에서 찾기 힘든 칼리지 제도를 여전히 운용하고 있는데, 이 칼리지는 우리나라의 단과대학 개념과는 다르다. 우리의 단과대학 개념은 이곳의 학부(faculty)에 속한다. 케임브리지 대학에 속해 있는 칼리지는 모두 31곳이 있는데, 각 칼리지들은 독자적인 전통을 가진 독립적 학문공동체이다. 따라서 모든 교수와 학생들은 학부 및 학과의 적을 가짐과 동시에 31곳의 칼리지들 중 한 곳에 적을 두어야 한다. 이 칼리지에서는 주로 학문 외적 사교생활 및 취미생활 등 전인적 교육이 이루어지는데, 교수와 학생들 모두가 기본적으로 칼리지에서 기숙사 생활을 하기 때문에 아주 가깝게 인생 다반사에 대해서 이야기할 수 있는 기회가 많다〕 소속 교수로 있던 다니엘(Glyn Daniel)의 권유였다. 당시 영국에서 고고학의 대중화에 크게 공헌하고 있던 다니엘(추연식, 1996: 106~

107)은 대학생인 렌프루에게 고고학의 재미와 가능성을 심어주게 되고, 이러한 다니엘의 설득으로 렌프루는 고고학과 2학년으로 편입하여 다 니엘의 지도학생이 되었다. 렌프루는 고고학과의 학부 과정기간(1960~ 1962) 동안 다니엘의 영향으로 영국 내 거석문화 유적들에 대한 야외조 사 능력을 배양하며, 아울러 당시에 정설로 알려져 있었던 에게 해 미 케네 문명의 유럽대륙으로의 거석문화전파설에 관심을 가지면서, 유럽 발칸반도 및 에게 해 지역에 대한 야외조사에 참가하게 되었다. 그는 이러한 자신의 전공분야에 대한 충실한 공부와 아울러 학부시절 케임 브리지 대학 총학생회 회장을 역임함으로써(Current Archaeology, 1986: 150) 후일 그가 정치 일선에서 활동할 수 있는 기반도 마련했다.

렌프루는 학부를 수석으로 졸업한 후 바로 대학원 과정(1962~1966) 에 진학하여, 계속해서 그의 관심분야인 거석문화 유적과 그리스 에게 해 연안지역의 문화에 대한 야외조사 능력배양과 더불어 출토유물에 대한 분석 능력배양에 힘쓴다. 그는 에게 해 연안의 시클라데스(Cycla- des) 지방의 신석기시대와 청동기시대의 문화가 당시 크레타 문명과 미 케네 문명과 어떠한 상호관계 속에서 성장했는가에 대한 주제로서 1965년에 박사학위 논문을 완성하여 제출하고, 1966년에 케임브리지 대학에서 박사학위를 취득했다(Renfrew, 1966). 이 박사학위 논문은 이후 6년간의 계속적인 보완작업을 거쳐 단행본으로 발간(Renfrew, 1972)되는 데, 이러한 렌프루의 시클라데스 지방문화에 대한 연구로 말미암아 기 존의 크레타 그리고 미케네와 더불어 시클라데스는 에게 해 3대 문명 지로 부각된다.

1965년 렌프루는 28세의 나이에 자신의 박사학위 논문을 완성함과 동시에 당시 셰필드 대학 고대사학과의 부교수(영국의 대학교수 직급명으 로는 Lecturer)로 임용되어 고고학에 관한 강의를 담당했다. 셰필드 대학 재직 동안(1965~1972) 렌프루는 왕성한 학문 연구활동을 전개함과 동시에 케임브리지 대학 학생회 시절의 정치적 야망을 실현하기 위해 영국 보수당에 소속되어 정치활동을 했다. 그는 보수당 후보로 셰필드 지역 영국 하원 국회의원 선거에 참가했지만, 노동자들이 집중적으로 거주하는 공업지역인 영국 중서부 지역에서의 전통적인 노동당 지지표에 밀려 낙선했다(Current Archaeology, 1986: 150). 이때부터 렌프루는 현실정치에의 참여 꿈을 버리고 고고학 연구에 매진했다(하지만 렌프루는 차후 이룩한 자신의 학문적 업적과 학생회 시절 같이 활동을 한 동료들이 영국 내각과 국회에 진출함으로써 자신에게 준 정치적 도움 그리고 케임브리지 대학 재직 당시인 1984년 고고학과로 입학한 영국 왕실의 3남인 에드워드 왕자의 스승으로서의 역할에 대한 영국 왕실의 호감 등이 복합되어, 1991년에 영국 왕실로부터 종신직 — 세습직이 아닌 그 자신 당대에 끝나는 작위 — 남작 작위를 받았다. 현재 그의 공식칭호는 'Lord' 혹은 'Baron Renfrew of Kaimsthorn'인데, 이러한 귀족 작위 취득으로 말미암아 자동적으로 영국 상원의원이 됨으로써 그는 젊었을 때 포기했던 정치 참여의 꿈을 노년기에 다시 키운다).

1960년대 후반은 고고학의 새로운 연구사조로서 신고고학의 기념비적인 두 저작이 미국의 빈포드(Binford and Binford, 1968)와 영국의 클라크(Clarke, 1968)에 의해 발표되었던 시점이다. 렌프루 역시 당시 빈포드 그리고 클라크와 마찬가지로, 기존의 고고학 연구는 학문적 체계가 없이 직관만이 난무하는 상황으로 규정짓고, 고고학이 확고한 독립과학으로 정착하기 위해서는 연구과정과 해석의 객관성과 명확함이 확보되어야 할 필요성을 강조한다(Renfrew, 1968a).

1960년대 후반부터 렌프루는 신고고학자로서 유럽의 고고학 양상을 토대로 과학으로서의 고고학을 위한 실천적인 작업에 매진한다. 그 첫 번째 작업으로 그는 당시 유럽고고학에 풍미했던 전파론적인 해석체계를 반박했다. 그 결과 종래 몬텔리우스에서부터 차일드에 이르기까지 전파론적 시각 속에서 구축된 유럽 선사문화에 대한 해석이 얼마나 문

제가 많은가를 설파한 그의 초창기 기념비적인 책인『문명이전: 방사성
탄소연대의 혁명과 유럽 선사시대』가 출간되었다(Renfrew, 1973a). 이 책
에서 렌프루는 근동 지방으로부터 모든 문화요소가 유럽지역으로 전파
되었다고 본 차일드의 유럽 선사문화 해석을 집중 공격했다. 즉 방사성
탄소연대에 근거해 보면, 유럽의 신석기시대와 청동기시대에 속하는
많은 물질문화의 요소들은 종래 이것들의 원형식(原形式)으로 알려져
있던 근동 지방의 것들보다 훨씬 앞선다는 것을 렌프루는 주장했다.
이와 같은 렌프루의 주장은 많은 유럽고고학자들로 하여금 유럽 선사
문화 해석에 대한 전파론적 아집을 버리게 했고, 따라서 유럽 각지마다
경제적·사회적 기반이 성숙된 곳에서는 얼마든지 기술혁신을 통해 유
사한 형태의 문화가 자체적으로 발생될 수 있다는 시각을 갖게끔 했다
(Daniel and Renfrew, 1988: 178~181).

특정시기의 선사문화가 시간이 지남에 따라 성장하게 되는 원인과
그 문화가 어떻게 유지되고 변화하게 되는지를 기능적인 측면에서 동
태적으로 바라보려는 렌프루의 두 번째 작업은『문명의 탄생』(Renfrew,
1972)이란 저술에서 체계적으로 이루어졌다. 그는 이 책에서 기원전
3000년기 청동기시대에 유럽 에게 해 지역의 크레타, 시클라데스, 미케
네 지방에서 탄생한 에게 해 문명의 성장과정을 당시 신고고학의 이론
적 뼈대와 방법론적 절차 그리고 자연과학적 분석방법에 입각하여 충
실하게 설명한다. 즉 그는 문화를 하나의 체계(system)로 파악하고 이러
한 문화체계 내에는 기술적 아체계(subsystem), 생업경제적 아체계, 교역
과 정보교환 아체계, 사회적 아체계, 상징적 아체계 등이 서로 체계적
으로 상호작용하는 것으로 보았다. 이처럼 각각의 아체계들이 서로 영
향을 주고받아 기술혁신과 적응을 계속해 가는 과정을 렌프루는 증폭
효과모델(multiplier effect model)로서 설명하고 있다. 나아가 에게 해 지
역의 문화는 항상 평형상태를 유지하여 왔는데, 각각의 아체계들이 상

호작용하는 가운데에서 긍정적인 피드백(positive feedback)이 일어나, 이 지역의 문화가 성장하여 나타난 결과가 바로 에게 해 문명의 탄생이라고 보고 있다. 렌프루의 에게 해 문명에 대한 이러한 설명은 한 사회의 문화변동 원인을 기술혁신과 적응에 기인한 자기조절기능, 즉 내적 요인으로 파악한 것으로서 종래 근동 지방에서의 주민 이주와 문화요소의 전파, 즉 외적 요인으로 에게 해 문명의 등장을 설명한 문화·역사적 해석방식과는 판이하게 다른 것이었다.

이와 같은 사회 내적 요인에 입각하여 문화의 진화과정을 설명하려는 렌프루의 신고고학적 시각은 영국 선사시대의 상황 속에서 성공적으로 적용되었다(Renfrew, 1973). 이 논문에서 렌프루는 종래의 시각인 미케네인들의 영향으로 스톤헨지(Stonehenge)를 비롯한 영국 웨섹스(Wessex) 지방의 거석문화가 만들어졌다는 주장을 방사성탄소연대의 보정값에 기초해 반박(Renfrew, 1968b: 1970)하는 데에서 한 걸음 더 나아가, 웨섹스 지방의 신석기시대 문화가 신진화론에서 이야기되는 족장사회(Chiefdom) 단계에 비견되는 사회단계에 이르렀다는 주장을 펼쳤다. 그는 이 논문에서 민족지 자료로부터 나온 지식을 토대로 가설을 만들고 웨섹스 지방에서 보이는 고고학 자료를 이용하여 이 가설들을 검사하여, 가설의 유효성을 검증하려는 연역적 가설검증법을 채택한다. 즉 서비스(Service, 1962)와 살린스(Sahlins, 1968)의 저술에서 보이는 족장사회의 특징 20가지를 가설로서 제시하고, 웨섹스 지방 신석기문화에서 보이는 무덤, 취락지, 공공의례 건조물의 분포영역과 배열양상에 대한 공간분석을 통해 소공동체의 영역규모를 추정하고, 이러한 유적을 만들기 위해 필요한 자재를 운반해 건조하는 데 드는 노동력을 산출하여 인구수를 파악하는 등의 분석을 통해 나타난 결과를 가설의 내용과 검사한 결과, 20가지의 족장사회 특징 중 14가지가 부합된다고 보아, 렌프루는 신석기시대 웨섹스 지방은 족장사회 단계에 이르렀음을 주장했다. 이러한 선사시대 사회조직을 설명하려는 렌프루의 노력은 여러 가지 비판을 받은 것 또한 사실이지만(Haas, 1982: 10~12), 당시 고고학자들에게 선사시대 특정문화가 어떠한 사회단계에 속했는지, 사회계층화가 진전되었는지, 사회 내에 서로 다른 계층이 발생하게 되는 배경은 무엇인지, 이러한 계층들로는 어떠한 부류들이 있었으며 어떻게 통합되어 나가는지 등의 새로운 의문점들을 고고학 상황 속에서 해결해 줄 수 있다는 가능성을 심어주었다.

렌프루의 학문세계에서 세 번째 도약은 그가 1972년 사우샘프턴 대학 고고학과 석좌교수로 임명됨과 동시에 이루어졌다. 영국에서 한 학과의 석좌교수라는 직위에는 그 학과의 장래 진로를 결정할 수 있는 막강한 권한이 부여되므로, 취임 강연을 통해 자신의 향후 연구포부와 학과 운영방향을 밝히는 행사가 거행된다. 렌프루는 이러한 자신의 석좌교수 취임 강연에서 "사회고고학"이란 제하에서 새로운 고고학 연구방향을 제시했다(Renfrew, 1973). 당시 렌프루는 사회고고학을 향한 다섯 가지의 새로운 연구방향을 제시하는데, ① 인구변화를 야기하는 사회적 원인에 대한 연구의 필요성, ② 사회계층화에 대한 심층적 연구의 필요성, ③ 고고학적 물질문화에 대한 사회인류학(혹은 문화인류학)의 연구 성과에 천착하여 보다 신빙성 있는 민족지적 유추의 활용을 통해 과거 인간행위에 대한 구체적인 설명의 필요성, ④ 문화변동이라는 측면에서 경제행위와 연관되어 벌어지는 사회적 역할에 대한 심층적 분석의 필요성, ⑤ 취락의 분포유형과 사회경제구조와의 상호관계에 대한 연구와 유적과 그 유적을 둘러싸고 있는 사회환경과의 상관관계에 대한 연구의 필요성 등이다.

렌프루가 이 취임 강연에서 강조한 것은 과거 사회체계와 사회관계를 설명하고자 하는 사회고고학의 발전을 위해서는 명확한 이론적 틀을 구축해 나가는 것이 절실하다는 것이었다. 사회고고학 연구를 위한

렌프루의 노력은 그가 사우샘프턴 대학 재직기간(1972~1981) 동안에
발표한 일련의 논문을 통해서 구체적으로 표현되었다. 당시 그가 발표
한 논문들 중 13편이『사회고고학을 향한 접근들』이란 제하의 논문모
음집(Renfrew, 1984)에 수록되었다. 이 책에서 렌프루는 과거 사회들의
사회조직을 탐구함에 있어 제기될 수 있는 다섯 가지 연구쟁점들을 나
누어 자신의 논문들을 배열시키고 있다. 그 첫째 쟁점은 공간적·영역적
차원에서 초기사회의 정치체(polity)를 파악할 수 있는 방법론을 발전시
키는 것이다. 렌프루는 여기에서 다른 사람들을 통제하고 그들에게 명
령할 수 있는 권력(power)과 지배(domination)가 창출되는 방식에 대해
관심을 쏟았다. 두 번째 쟁점은 개개인들 간에 그리고 사회집단들 간에
벌어지는 교호관계(交互關係, interaction)의 범위와 본질에 대한 이해를
증진시키는 것이다. 렌프루는 이 쟁점에 대한 이해를 증진시키기 위해
서는 네트워크와 정보의 흐름, 그리고 정보전달망의 메커니즘에 관해
좀더 심도 있는 논의가 필요함을 주장했다. 그가 제기한 이 두 가지
쟁점에서 부각시킨 정치체의 개념과 교호관계에 대한 관심은 후일 그
가 동류정치체(同類政治體) 간 교호관계(peer polity interaction)가 어떻게
사회정치적 복잡화과정으로 발전되는가 하는 메커니즘 설명과 연관된
연구시각으로 발전되었다(Renfrew, 1982b; Renfrew and Shennan, 1982;
Renfrew and Cherry, 1986).『사회고고학을 향한 접근들』에서 제기된 세
번째 쟁점은 비도시화된 사회들에서 보이는 건축물 축조과정에서 상정
할 수 있는 권위(authority)의 행사방식에 대해 고찰하는 것이다. 그는
이 쟁점에서 대규모 건축물을 축조하는 데 소요되는 인력을 동원할 수
있고, 이러한 인력과 물자를 조직화할 수 있는 권위의 행사 정도는 곧
사회형성과정을 이해할 수 있는 중요한 요인으로 간주할 수 있음을 강
조했다. 네 번째 쟁점은 문화의 아체계들이 서로 영향을 주고받아 역동
적 평형상태를 유지한다는 체계이론적 시각을 발전시키는 것이다. 이

러한 체계이론적 시각이야말로 한 사회가 장구한 기간 동안 별 변화 없이 지속된다고 생각하는 종래의 시각을 극복해 줄 수 있는 대안이라고 렌프루는 주장한다. 다섯 번째 쟁점은 네 번째 쟁점과는 판이하게 전개되는 불연속적이고 급작스런 문화변동현상을 설명할 수 있는 이론적 시각을 발전시키는 것이다. 점진적이고 지속적인 문화변동과정을 상정하는 체계이론적 시각으로는 이러한 현상을 설명하기 힘들다고 보면서, 렌프루는 격변이론(catastrophe theory)의 활용을 주장하고 있다.

1981년에 렌프루의 스승인 다니엘이 퇴임하자, 그를 이어 렌프루는 44세의 나이에 케임브리지 대학 고고학과 디즈니 석좌교수(Disney Professor of Archaeology)로 임명되었다. 1965년 셰필드 대학 교수로 임용되어 케임브리지를 떠난 지 16년 만에 다시 돌아온 것이다. 유럽고고학 학계에서 케임브리지 대학 디즈니 석좌교수 직은 전통적으로 유럽고고학을 대표할 수 있는 학자가 임명되어 왔다(Clark, 1989). 따라서 렌프루가 이 디즈니 석좌교수직으로 임명되었다는 소식이 알려지자, 향후 케임브리지 고고학을 어떤 방향으로 이끌어 나갈지에 대한 렌프루의 포부에 대해 많은 고고학자들이 관심을 가졌다(Tilley, 1989). 이때 렌프루는 네 번째 학문적 야심을 천명하는데, 종래 그의 사회고고학에 대한 관심을 넘어, 인지고고학(cognitive archaeology)을 개척하려는 포부를 취임 강연 주제로 정하여 발표했다.

"정신의 고고학을 향하여"란 주제의 강연내용(Renfrew, 1982a)은 수학적 그리고 통계적 방법에 입각한 실증주의적 연구절차로 선사시대를 포함한 초기 인간집단의 정신세계까지도 설명하고자 하는 렌프루의 향후 포부를 천명한 것이었다. 하지만 당시 렌프루의 이러한 포부는 1980년대부터 케임브리지 대학에서 형성되기 시작한 후기과정고고학파에 속하는 호더(Ian Hodder), 섄스(Michael Shanks), 틸리(Christopher Tilley) 등 젊은 고고학 세대들의 격심한 비판 속에서 한풀 꺾이게 되었다. 이들 후기과정고고학자들은 과거 인간의 상징체계 및 인지적 측면을 해석하기 위해서는 신고고학적 시각으로는 불가능하고, 자신들이 견지하는 맥락적·해석학적 접근만이 유일한 길임을 강조했다. 하지만 신고고학에 뿌리를 두고 있는 기능과정고고학(functional-processual archaeology)의 방법론적 뼈대를 고수하면서 과거 인간집단의 정신세계를 설명하고자 하는 렌프루의 노력은 1989년에 발표된 "1990년대의 고고학"이란 주제에 대한 생스와 틸리의 논문을 평하는 글(Renfrew, 1989)에서 인지과정고고학이라는 새로운 고고학 연구사조를 제시하면서 보다 구체적으로 표현되었다. 그리고 자신의 이러한 새로운 고고학 사조를 구체화시킬 수 있는 실질적인 작업은 1990년에 맥도날드(D. M. McDonald)라는 영국의 유명한 실업가가 고고학과에 기증한 1,000만 파운드(당시 환율로 약 150억 원)로 설립한 맥도날드 고고학연구소(McDonald Institute for Archaeological Research)의 소장으로 취임하면서 본격화되었다(추연식, 1996: 112).

연구소 설립과 동시에 렌프루는 1990년 4월 케임브리지 대학 맥도날드 고고학연구소에서 선사시대인의 사고에 관심을 두는 전 세계 학자들을 초청하는 학술대회를 개최했다. 당시 렌프루는 1960년대와 1970년대에 신고고학(기능과정고고학)이 고고학 연구에서 혁명적인 성과를 거두었다면, 1990년대와 2000년대 초반에 고고학의 새로운 도약을 보장해 줄 수 있는 분야는 물질문화를 토대로 선사시대인들이 무엇을 그리고 어떤 방식으로 생각했는가를 밝히는 인지고고학(cognitive archaeology)일 것임을 천명했다. 이러한 고고학의 새로운 연구주제의 해결을 통한 또 다른 혁명적인 도약을 위해서는 선사시대인의 인지(cognition)를 이해할 수 있는 이론, 방법론, 분석기법을 발전시키는 것이 시급함을 강조했다. 하지만 렌프루는 해석학적 접근을 시도하는 후기과정고고학의 해결책을 거부하고, 과학적 전통과 경험적 방법론 속에서 인지과학

(cognitive science)과 수학에 기초한 컴퓨터과학의 연구 성과를 적극 활용하는 방안을 제시했다. 렌프루가 기획한 이 학술대회에서 참가자들이 밝히고자 했던 다섯 가지의 문제점들이 부각되었는데, 이 문제점들은 ① 인지고고학 연구에 적용가능한 인공지능학(artificial intelligence), 인지정신분석학(cognitive psychology), 인지인류학(cognitive anthropology)에서의 최근 연구추세는 무엇인가? ② 인지고고학의 현재 이론 수준은 어떠한가? ③ 인지고고학 연구를 위한 분석방법과 과학적 방법론에는 어떠한 것들이 있을까? ④ 인지고고학의 현재 연구수준에서 주어진 해결책들에 수반되어 있는 문제점들은 무엇일까? ⑤ 인지추론을 내리기 위해 서로 다른 인지과학 분야에 있는 학자들이 어떻게 고고학 자료를 검토할 수 있을까? 등으로 요약되었다(Renfrew and Zubrow, 1994: xiii). 이와 아울러 렌프루는 1991년부터 맥도날드 연구기금을 바탕으로 예술, 종교, 상징성 등에 대한 고고학 자료를 바탕으로 인류 초기사회에서 지적 능력의 역할과 발전과정 탐구에 편집방향을 맞춘 ≪케임브리지 고고학보(*Cambridge Archaeological Journal*)≫의 창간에 깊이 관여하게 되는데, 이 학술지는 맥도날드 고고학연구소 부소장인 크리스 스카(Chris Scarre)의 편집으로 인지고고학에 속하는 논문을 전 세계 학자들로부터 받아 일년에 두 차례씩 발간되고 있다(추연식, 1996: 114~115). 인지고고학의 연구분과를 개척하기 위한 고고학 사조로서의 인지과정고고학의 내용은 렌프루가 반(Paul Bahn)과 함께 집필한 고고학개설서 1판(Renfrew and Bahn, 1991: 431~433)과 2판(Renfrew and Bahn, 1996: 469~473)에서, 그리고 「인지고고학을 향하여」라는 논문(Renfrew, 1994)에서 보이고 있다.

3. 렌프루의 인지과정고고학

렌프루가 명명한 인지과정고고학 연구사조는 신고고학(과정고고학) 연구사조의 단점을 극복하고 후기과정고고학 연구사조의 장점을 수용하면서 고고학 연구사조의 통합을 기도하기 위해 제창된 것이다. 따라서 전통고고학과 신고고학의 모든 관점을 변증법적으로 통합하려 하는 후기과정고고학에 대한 또 하나의 변증법적 통합노력이 인지과정고고학 연구사조에서 보이고 있다. 이처럼 통합된 고고학을 이룩하려 한다는 측면에서 보면 후기과정고고학과 인지과정고고학은 그 목적이 동일하나, 이들 두 연구사조가 모두 관심을 가지는 과거 인간의 상징체계, 관념, 가치기준, 이데올로기 등 문화의 인지적 측면에 접근하는 인식론적·방법론적 측면에서 보면 이 두 연구사조는 차이가 많다(추연식, 1997: 119~154). 이 인지과정고고학의 이론적 시각은 렌프루가 발표한 일련의 글들(Renfrew, 1982a, 1989, 1994; Renfrew and Bahn, 1991, 1996)에서 나타나고 있다. 인지과정고고학의 내용은 기본적으로 물질문화에 대한 새로운 인식의 수용, 이데올로기와 개인의 사회 내 역할의 중요성 인정, 인간행위의 인지적 측면에 대한 관심표명, 그리고 기존의 실증주의에 입각하여 과학적 지식을 구축하고자 하는 지속적인 노력이란 네 가지 측면에서 살펴볼 수 있다.

1) 물질문화의 능동적 역할 인정

인지과정고고학에서는 물질문화를 과거 인간행위의 수동적 잔재물로서만 파악하지 않는다. 물질문화는 현재와 과거에서 모두 당시 인간세계를 구성하는 데 있어 능동적인 역할을 수행하는 것으로 본다. 다시 말해서 한 사회가 조직되는 과정에서 물질문화는 하나의 내적 논리를 가지고, 그 사회관계들을 창조할 수 있는 능동적인 매개체로서 간주된다. 비록 이렇게 물질문화의 능동적인 측면을 강조하는 후기과정고고학의 관점을 수용하고는 있지만, 물질문화를 텍스트(text: 무엇을 의미하기 위해 쓰인 것)로서 간주하여 해석학적 차원에서 읽혀져야 한다고 주장하는 후기과정고고학자들의 견해는 거부한다.

2) 과거 개개인 및 집단 이데올로기의 중요성 강조

인지과정고고학은 이데올로기의 중요성을 강조하는 신마르크스주의(neo-marxism)적 시각을 수용하면서, 이 시각이 고고학 연구에 제기한 많은 의문점을 해결하기 위해 노력한다. 즉 사회 내에서 벌어졌던 갈등, 사회 내의 개개인들에 의해 추구되었던 갈등을 해소하기 위한 서로 다른 전략들, 개개인의 행동과 사회구조와의 상호관계 등에 대한 의문뿐만 아니라, 사회적 실체를 구성하는 데 이데올로기의 효율성 여부와 이데올로기와 사회적 실체와의 관련성에 대한 의문에 답하고자 한다. 따라서 인지과정고고학자들은 위신재(威信財, prestige goods)에 대한 연구에 많은 관심을 쏟는데, 특히 이러한 위신재가 특정 경제체제에서 배분되고 소비되는 과정에 대해, 그리고 사회신분을 상징하는 매체로서 얼마나 능동적인 역할을 수행하는가에 대해 설명하고자 한다. 이때 이데올로기에 대한 논의는 특히 조상숭배와 연관되는 무덤과 종교적 건축물이 만들어지고 활용될 때, 이 작업과 의례를 주도하는 집단의 이데올로기와 이를 저지하고 거부하고자 하는 개개인의 이데올로기 간에 벌어지는 사회 내적 갈등구조에 초점이 맞추어진다. 이러한 관심은 후기과정고고학의 연구시각과도 일치하지만 이데올로기와 상징물로서의 물질문화를 설명하고자 하는 접근책에 있어서는 차이가 난다. 즉 과거 상징들의 의미를 해석학적 차원에서 읽어나가려는 후기과정고고학과 과거 상징들이 활용되어지는 방식을 실증주의적 방식으로 설명하려고 하는 인지과정고고학 간의 차이이다.

3) 인지고고학의 연구 필요성 강조

인지과정고고학의 주된 연구목표는 역시 이전의 기능과정고고학 연구사조에서는 거의 설명이 불가능했던 과거 인간의 지각, 상징체계, 이데올로기 등 인지적 측면을 물질문화를 통해 연구하는 인지고고학을 발전시키는 것이다. 이 인지고고학에서는 아주 복잡한 체계 속에서 움직였던 과거인의 정신능력의 진화과정과 그 과정을 증진시켰던 사회맥락과의 상호관계를 연구할 때 제기될 수 있는 많은 의문점들에 대한 해답을 구하고자 한다. 이러한 의문점들은 기억표현과 지식표현의 정체는 무엇이며, 이러한 것들은 언제 어디에서 최초로 나타나는가? 메커니즘을 기호화하는 그리고 인간의 억눌림을 표현하는 매개체는 무엇이고, 왜 인간들은 이러한 매개체를 활용하는가? 이러한 매개체가 어떻게 심상(心像)과 언어 발달에 연결되는가? 어떻게 아주 오랫동안 기억이 머릿속에 존재하는가? 이러한 기억력이 인류의 초기 원인 형태와 현대인과의 진화과정 속에 보이는 모든 인류종(人類種)에 따라 다양하게 나타나는가? 어떻게 사회의 발전 정도가 지식의 획득에 영향을 주는가? 인간이 의미하고자 하는 의미체의 정체는 무엇인가? 이러한 의미체가 인류진화에 있어 사회적·이념적 측면에 어떻게 연관되는가? 등을 들 수 있다.

이 모든 의문에 대한 해답을 구하고자 하는 연구시각이 인지과정고고학 사조라고 주장하는데, 현재의 시점에서 볼 때 가장 명료하게 이루어질 수 있는 것은 인간이 상징을 만들고 활용하는 능력에 초점을 맞추는 것이라고 보고 있다. 다시 말해서 인간은 기본적으로 상징행위를 하는 것이 보편적이기 때문에, 그리고 무엇을 표현하거나 나타내려고 하는 상징행위는 물질문화 속에서 파악되기 쉽다고 보기 때문이다.

이러한 상징행위가 일어나는 범주를 크게 여섯 가지로 나누고 있는데, ① 목적에 부합되게 무엇을 일관성 있게 조직하려는 디자인에서 보이는 상징행위, ② 어떤 작업을 하기 위해 준비하려는 계획성에서 보이는 상징행위, ③ 무엇을 측정하기 위해 측량단위를 만드는 과정에서 보이는 상징행위, ④ 개인들 간의 행위를 조정하기 위한 사회관계에서 보이는 상징행위, ⑤ 인간이 동물세계 혹은 식물세계 혹은 초자연적인 대상과 통교하기 위한 상징행위, ⑥ 인간이 대상물을 다른 형체로 추상화시키는 상징행위 등이다.

물론 상징을 그 기본 연구대상으로 삼는다는 측면에서 보면 후기과정고고학의 주된 연구대상의 분과인 상징고고학(Hodder, 1982a, 1982b)과 중복되는 측면도 있으나, 그 연구영역에서 보면 인지고고학이 더 포괄적인 연구대상을 지향하고 있다. 나아가 과거 상징에 대한 연구 초점 역시 후기과정고고학이 상징의 의미(meaning)를 구조 속에서 파악하고자 하는 데 반해, 인지과정고고학에서는 상징들이 활용되어지는 방식을 밝히고자 한다는 점에서 차이가 난다. 아울러 가장 큰 차이점은 이러한 상징을 연구하는 방법에서 나타나고 있다. 인지과정고고학에서는, 물론 이러한 상징행위 파악에 연구자가 가지고 있는 통찰력과 직관이 최초의 연구과정에 개입된다는 면은 인정하지만, 과거 물질자료에 엄정한 과학적 방법을 운용해야 함을 강조하고 있다. 다시 말해서 이들은 과학적 탐구과정 속에서 필요한 것은 주장을 유효화할 수 있는 통찰력에 입각한 주관적이고 관념론적인 해석학적 접근이 아니라, 연구자의 설명을 유지시킬 수 있는 명확한 추론과정이며, 향후 새로운 고고학 증거에 의해 이러한 설명의 유효성을 판단할 수 있는 검증성의 확보라고 하는 넓은 의미에서의 실증주의적 접근을 고수하고 있다. 아마도

인지과정고고학이 후기과정고고학과 가장 큰 차이점을 보이고 있는 점
은 이와 같은 인식론적 차이일 것이다.

4) 실증주의 연구시각의 고수

인지과정고고학에서의 철학적 기본입장은 실재론(realism)에 기초하
고 있다. 즉 '과거는 실제로 일어났다'는 관점을 고수하는데, 바꾸어
이야기 하면 현재와 마찬가지로 과거란 과거의 인간과 물리적 세계와
함께 실제로 존재했던 것으로 본다. 따라서 현재에 우리들이 경험하는
것과 마찬가지로, 과거의 시점에서도 인간 개개인과 물리적 세계와는
서로 상호작용했던 것으로 파악한다. 하지만 이러한 실재론적 과거에
입각하여 우리들이 만드는 지식은 객관적 실체(objective reality)에 대한
것이라기보다는 객관적으로(objectively) 보고자 하는 것에 지나지 않음
을 인정하고 있다. 실제 우리가 과거에 대해서 내리는 설명은 연구자
자신의 주관적 관점들(무엇이 중요한지에 대한, 무엇이 고려되어야 하는지
아니면 고려될 가치가 없는지에 대한 등)에 의해 만들어짐으로써 연구자들
에 따라 여러 가지 과거에 대한 설명들이 나올 수 있다고 인정한다.
따라서 이러한 인지과정고고학자의 관점은 고고학자가 만든 과거에 대
한 지식이 객관적 실체로 존재한다고 전제하는 극단적인 경험주의 혹
은 극단적인 실증주의 시각을 고수하는 기능과정고고학자와는 다르다.
이러한 입장에서 우리들은 왜 인지과정고고학에서 헴펠(Carl Hempel)의
극단적인 실증주의적 관점이 고고학에 더 이상 현실적으로 응용될 수
없다고 인정하고 있는가를 이해할 수 있는 것이다.

비록 인지과정고고학자들이 이처럼 '현재 속의 과거'라고 주장하는
후기과정고고학의 시각을 인정하고는 있지만, 실증주의를 완전히 포기
하는 것은 아니다. 다시 말해서 많은 과학철학자들이 여전히 견지하고

있는 연역적 가설검증법(hypothetico-deductive method), 즉 가설을 명확하
게 구축하고 그 가설의 논리적 절차를 연역추리하여 입수가능한 새로
운 자료로서 그 가설을 검사하는 절차를 고고학 연구에서 여전히 활용
가능하다고 인지과정고고학자들은 주장하고 있다. 물론 보편적인 문화
과정의 법칙들을 만들어 과거의 객관성을 밝힐 수 있는 것은 실행불가
능하지만, 이와 같은 과학적 방법을 통해 과거에 대한 설명의 일반화는
추구할 수 있다는 것이 이들의 주장이다. 따라서 인지과정고고학자들
은 비록 고고학적으로 판단하기 힘든 과거인의 인지적 측면도, 자아비
판적 과학적 분석방법의 활용을 통해 객관성에 접근하려는 노력을 끊
임없이 경주해야 한다고 주장한다. 이처럼 포괄적 의미에서의 실증주
의 연구시각을 고수하고 있는 인지과정고고학자들은 후기과정고고학
자들이 주장하는 관념론적인 해석학적 시각을 거부하고 있다. 이들의
주장에 따르면, 후기과정고고학자들이 해석학적 견지에서 이해했다고
보는 과거에 대한 심연(深淵)의 구조(deep structure) 속에서 나온 해석 역
시, 그 해석의 유효성을 검토하기 위해서 부단하게 기존의 자료 혹은
새로 획득된 자료에 입각해서 검사 혹은 평가할 수 있는 기회를 항상
가져야 한다는 것이다. 결국 인지과정고고학의 인식론에 기초한 연구
방법론은 초기 신고고학의 극단적인 측면은 버리지만, 여전히 과학적
전통 속에서 고고학 연구가 이루어져야 한다는 주장을 고수하고 있다
는 점에서 보면, 신고고학의 계승 연구시각으로 이 인지과정고고학 연
구사조를 파악할 수 있다.

4. 인지과정고고학의 잠재력과 한계

인지과정고고학은 주창자인 렌프루가 인정하고 있는 바와 같이(Renfrew, 1994: 4), 후기과정고고학에서 주장되고 있는 대부분의 관점들을 수용하고 있다. 다시 말해서 인지과정고고학자들은 물질문화란 물질적 현상으로 인간의 행위가 수동적 측면에서 투영되어 있는 것과 동시에 과거 인간행위를 바꿀 수 있는 능동적 측면 역시 가지고 있다고 인정한다. 아울러 이들은 문화변동을 설명함에 있어 사회 내적 갈등과 모순에 대한 실체 파악의 중요성을 인정하며, 이러한 메커니즘을 이해하기 위해서는 과거 개개인의 행동과 사회구조 속에 내재해 있었을 이데올로기의 능동적 측면을 물질문화(특히 위신재)를 통해 설명할 필요성을 인정하고 있다. 아울러 이들은 과거 인간행위의 상징적 측면에 대한 연구 필요성과 사회 내에서 이러한 상징들이 활용되어지는 방식을 물질증거에 기초해 설명해야 함을 주장하고 있다.

이처럼 물질문화를 토대로 무엇을 밝히고자 하는 연구목표에 있어서는 인지과정고고학과 후기과정고고학은 별반 차이가 없다. 비록 렌프루는 현재의 고고학을 통합할 수 있는 것은 인지과정고고학 연구시각이라고 주장하고 있지만(Renfrew and Bahn, 1991: 431; 1996: 469), 역으로 호더는 후기과정고고학이야말로 통합고고학을 위한 연구시각이라고 주장하고 있다(Hodder, 1992: 147). 따라서 어떠한 고고학 연구사조가 앞으로 고고학의 연구시각을 통합하느냐에 대한 관건은 역시 이 두 연구사조의 가장 큰 차이점, 즉 연구방법 및 검증(verification)과 관련된 문제에서 어느 주장이 실제 고고학 발전에 도움을 주는 방향으로 나아가느냐는 것일 것이다. 물론 이러한 판단은 향후 인지과정고고학 연구시각에 충실히 따르는 연구결과가 얼마나 많이 양산되는가를 보고 내릴 수 있는 것이기 때문에 현재로서는 판단하기 힘들다. 따라서 이 부분에서는 연구방법 및 검증절차와 관련시켜, 이 인지과정고고학 연구시각의 잠재력과 그 한계에 대해 살펴본다.

1) 인지과정고고학의 잠재력

인지과정고고학 연구사조의 가장 큰 잠재력은 이전의 신고고학자(기능과정고고학자)들이 거의 접근해 보지 못한 과거 인간 지각에 대한 확실하고 과학적인 지식을 구축하여, 총체적인 입장에서 과거 문화의 제 측면들을 체계적으로 설명하고자 함에 있다. 이러한 목적을 달성하고자 함에 있어 고고학자가 근본적으로 부딪치게 되는 문제가 있다. 즉 고고학자들이 현상적 세계(고고학 발굴상황)에서 파악할 수 있는 감지 가능한 과거인의 유물·유적들을 가지고, 어떻게 이들 물질문화를 운용한 과거인들의 마음속에 있었을 감지 불가능한 지적 능력, 의미, 아이디어, 의도 등에 관한 믿을 만한 추론을 내리느냐이다. 이러한 근본적 문제에 대해 고고학자들이 제각기 견해를 표출한 것은 어제 오늘의 일이 아닌데, 과거 인간행위에 대한 모든 것을 설명할 수 있다고 주장한 빈포드마저 이러한 과거 개개인들의 사고를 설명하는 것은 고고학 연구의 영역 밖인 고(古)정신분석학적 차원의 것(Binford, 1965: 207)이라 했을 만큼 고고학자 모두가 부정적인 시각을 지녀왔다. 하지만 렌프루를 위시한 인지과정고고학자들은 명확하게 구축된 추론의 틀 속에서 만들어진 선사시대인들의 사고에 대한 설명은 고고학적 증거들에 의해 지지받거나 혹은 고고학적 증거를 가지고 검사(testing)할 수 있다고 하는 검증원리를 고수하고 있다(Renfrew, 1994: 10; Bell, 1994). 다시 말해서 최근에 발달하고 있는 인공지능학, 인지정신분석학, 인지인류학 등 인지과학의 연구 성과에 힘입어, 명확한 과학적 절차상으로 선사시대부터 고대인의 사고에 이르기까지 객관성 있는 추론을 도출할 수 있다고 낙관하고 있는 것이다(Segal, 1994).

따라서 만약에 인지과정고고학자들이 구석기시대 타제석기 제작과정을 보여주는 고고학 증거를 기반으로 현생인류와 원인들이 석기를 만들 때 가졌던 계획성과 의도에 대한 객관적인 설명을 한다면, 그리고 주변에서 손쉽게 얻을 수 있는 석재의 질을 판단하고 선택하는 선사인들의 의도와 원동력에 대한 객관적인 추론을 제시한다면, 이러한 연구 결과들은 인류의 진화와 현생인류의 인지능력이 어떻게 발달해 왔는가를 밝힐 수 있는 획기적 성과일 것이다. 또한 만약에 이들이 과거인의 기술수준과 생업경제체계와의 관계 속에서 과거 인간집단들의 생을 위한 계획성과 조직력에 대한 인지능력을 설명할 수 있다면, 그리고 토기를 제작하는 데 개재된 상징적 의미를 객관적으로 설명해 줄 수 있다면, 또한 한 사회 내에 흐르는 이데올로기의 정체와 의례행위에 내재된 종교적 신념과 현실적 가치 등에 대한 객관적인 설명을 도출해 낼 수 있다면, 인지과정고고학 연구사조는 렌프루가 주장하는 바와 같이 2000년대를 풍미할 잠재력이 있는 연구시각으로 부각될 것이다.

2) 인지과정고고학의 한계

물론 이러한 인지과정고고학이 향후 인지과학의 발달에 따라 급속한 성장을 하면서 고고학 발전에 크게 기여할 수 있을 가능성은 있다. 하지만 현재까지의 연구 성과에 비추어본다면, 검증원리에 기초해 과거 인간사고에 대한 일반성을 도출한다는 이들의 주장에는 한계가 있다. 렌프루가 자신의 인지과정고고학에 대한 주창의 배경이 되는 글(Renfrew, 1982a)에서 그는 개별 문화는 그 자체의 역사적 궤적을 가지고 있다고 말하면서 이러한 역사적 궤적 속에서 아이디어의 발달은 개별 문화의 맥락 속에서 달리 이루어진다고 주장하고 있다. 다시 말해서 렌프루는 현상적 세계에 존재했던 물질(things)은 특수한 문화적 맥락에 따라 과거 사람들에게 달리 인지되었을 것이라는 생각을 가지고 있는데, 만약 이러한 생각을 지니고 있다면 그가 인지과정고고학을 주창한 논문에서 주장하는 관점, 즉 과거의 물질기록(실제적 잔존물)은 관찰자의 편견에 좌우되지 않는 가치해방적인 것으로 파악될 수 있다는 주장(Renfrew, 1989: 39)과 모순된다. 다시 말해서 렌프루는 과거 상황 속에서도 가치의존적인 물질기록을 인정하면서, 또 한편으로는 과거 상황 속에서 그리고 현재 상황 속에서 가치해방적인 물질기록을 동시에 인정하고 있는 모순적 이야기를 하고 있는 것이다. 아울러 렌프루는 과거의 물질기록에 대해 현재의 관찰자가 구축한 데이터는 연구자의 주관적 관점들(무엇이 중요해서 어떠한 것을 고려해야 하는지 아니면 무시해도 되는지 등)이 개재된 것임을 인정하면서도(Renfrew, 1989: 38; 1994: 10), 이러한 연구자의 주관이 개입되어 만들어진 고고학 데이터는 연구자의 주관적 시각 속에서 만들어진 가설들을 검증하거나 혹은 반증할 수 있는 수단이 될 수 있다고 주장하고 있다(Renfrew, 1989: 39). 이처럼 주관적인 데이터에 의해 검증되어져 주관적인 가설이 확정됨으로써 일반성 있는 추론으로 귀결된다면, 렌프루가 인지과정고고학의 강점으로 강조하는 선사인들의 사고에 대한 객관적 일반성을 도출할 수 있다는 믿음으로 말미암아, 그가 후기과정고고학자들의 해석학적 차원의 해석이란 연구자 자신이 '바라고 싶은 대로의 과거(the past-as-wished-for)'를 만들고자 한다고 비난한 자신의 화살(Renfrew, 1989: 36; 1994: 9)을 자신이 도리어 맞는 형국이 된다. 결국 렌프루의 논리대로라면 과거 선사인들의 사고에 대한 어떠한 설명도 연구자의 주관이 개입된, 다시 말해서 연구자가 만들고 싶어하는 해석으로 귀결될 수밖에 없는 것이며, 나아가 어떠한 일반성 확보에의 주장도 불가능하게 된다. 만약 렌프루가 주장하는 인지과정고고학의 연구방법과 검증절차가 이런 식이라면, 직관적(해석학적) 해석 없이 과거 인간의 인지과정을 추론한다는 것은 불가능하다고 주장하는 후기과정고고학자의 공격(Hodder, 1992: 151)에 속수무책이 될 수밖에 없을 것이다.

5. 맺음말

고고학사적인 측면에서 고고학의 연구경향을 일별해 보면, 과거인들의 기술적 측면의 연구에 집중한 1920년대부터의 문화·역사적 접근 (culture-historical approach), 과거인들의 생업경제에 대한 연구에 초점을 맞추어 과거인의 먹을거리 삶의 복원에 집중한 1940~1950년대의 생태학적·기능적 접근(ecological-functional approach), 그리고 과거 인간집단의 경제조직과 사회조직 그리고 일부 정치조직에까지의 설명을 구하고자 한 1960~1970년대의 신고고학(The New Archaeology), 이어 1980년 대에는 과거 개개인들이 벌여왔던 상징의 의미에 대한 해석학적·맥락적 접근을 강조하는 후기과정고고학(post-processual archaeology), 그리고 이러한 후기과정고고학의 연구시각에 자극받아 1990년대에는 과거인의 사고체계에 대한 객관적 설명을 내리려는 인지과정고고학(cognitive-processual archaeology)의 등장으로 요약된다. 이처럼 과거 인간이 경험한 모든 문화내용들(즉 기술, 경제, 사회조직, 정치조직, 이념)에 대한 보다 구체적인 설명(혹은 해석)을 과거 인간이 남긴 물질문화를 토대로 체계적인 분석과정을 통해 내리려는 고고학자들의 학문적 의지는 이와 같은 다양한 연구시각들 속에서 현실화되고 있다.

렌프루는 비록 신고고학적 시각에 많은 강조를 두어왔던 것은 사실이지만, 지난 30년간의 학문인생 동안 이러한 각종 연구시각들이 지니고 있는 긍정적인 측면에 대해서는 기꺼이 자신의 연구에 활용하려는 의지를 지속시켜 오고 있다. 자신의 학문연구 초창기에 그토록 극심하게 비판했던 전파주의적 시각에서의 전파개념과 주민이동개념은 그가 인도유럽어족의 기원을 설명함에 있어서는 일부 긍정적인 역할을 하고 있다(Renfrew, 1987). 그리고 자신의 신고고학적 연구시각을 극심하게 반박하면서 대두된 후기과정고고학의 시각 역시 대승적 차원에서 포용하여, 그가 인지과정고고학 연구시각을 제창하는 하나의 발판으로 삼고 있다. 이러한 렌프루의 학문 여정(旅程)을 절충주의자의 전형적 예로서 치부할 수도 있겠으나, 좀더 거시적인 안목에서 보면 렌프루의 연구시각 변화과정은 곧 어떠한 하나의 고고학 연구시각만으로는 복잡하고 다양한 과거 인간행위들을 모두 설명할 수는 없다는 점을 극명하게 보여주고 있는 것이다. 다시 말해서, 고고학자는 자신이 어떠한 과거 인간의 문화내용에 관심을 두느냐에 따라, 어떠한 지역의 양상을 연구하느냐에 따라, 그리고 자신이 확보할 수 있는 고고학 증거의 양과 질에 따라 초창기의 문화·역사적 접근에서부터 최근의 인지과정고고학 연구시각에 이르기까지 모든 접근방식들을 편견 없이 그 장단점을 비판적인 각도에서 검토하여 채택할 수 있으며, 또 반드시 그렇게 해야 하리라 생각한다.

참고문헌

추연식. 1996. 「케임브리지와 세계고고학」. ≪한국상고사학보≫, 22. 97~
116쪽.

_____. 1997. 『고고학 이론과 방법론: 최근 연구방법론과 이론사조』. 학연문
화사.

Bell, J. A. 1994. "Interpretation and Testability in Theories about Prehistoric
Thinking." in C. Renfrew and E. B. W. Zubrow(eds.). *The Ancient Mind:
Elements of Cognitive Archaeology*. Cambridge: Cambridge University Press.
pp.15~21.

Binford, L. R. 1965. "Archaeological Systematics and the Study of Culture
Process." *American Antiquity*, 31. pp.203~210.

Binford, S. R. and L. R. Binford(eds.). 1968. *New Perspectives in Archaeology*.
Chicago: Aldine.

Bradley, R. 1993. "An Interview with Colin Renfrew." *Current Anthropology*,
34. pp.71~82.

Champion, T. 1991. "Theoretical Archaeology in Britain." in I. Hodder(ed.).
Archaeological Theory in Europe: the Last 3 Decades. London: Routledge.
pp.129~160.

Clark, J. G. D. 1989. *Prehistory at Cambridge and Beyond*. Cambridge: Cambridge
University Press.

Clarke, D. L. 1968. *Analytical Archaeology*. London: Methuen.

Current Archaeology. 1986. "Colin Renfrew." *Current Archaeology*, 100. pp.150
~153.

Daniel, G. and A. C. Renfrew. 1988. *The Idea of Prehistory*, 2nd ed. Edinburgh:
Edinburgh University Press.

Haas, J. 1982. *The Evolution of the Prehistoric State*. New York: Columbia
University Press.

Hammond, N. 1979. "David Clarke: a Biographical Sketch." in David Clarke's
Colleagues(ed.). *Analytical Archaeologist: Collected Papers of David L. Clarke*,
London: Academic Press. pp.1~10.

Hawkes, C. 1954. "Archaeological Theory and Method: Some Suggestions from the Old World." *American Anthropologist*, 56. pp.155~168.

Hodder, I. 1982a. *Symbols in Action: Ethnoarchaeological Studies of Material Culture*. Cambridge: Cambridge University Press.

_____. 1982b. *Symbolic and Structural Archaeology*. Cambridge(ed.): Cambridge University Press.

_____. 1992. "The Processual Reaction." in *Theory and Practice in Archaeology*. London: Routledge. pp.145~154.

Renfrew, A. C. 1966. *The Neolithic and Early Bronze Age Cultures of the Cyclades and Their External Relations*. Unpublished Ph. D. dissertation. Cambridge: University of Cambridge.

_____. 1968a. "Models in Prehistory." *Antiquity*, 42. pp.132~134.

_____. 1968b. "Wessex without Mycenae." *Annual of the British School at Athens*, 63. pp.277~288.

_____. 1970. "The Tree-ring Calibration of Radiocarbon: an Archaeological Evaluation." *Proceedings of the Prehistoric Society*, 36. pp.280~311.

_____. 1972. *The Emergence of Civilization: the Cyclades and the Agean in the Third Millennium B.C.* London: Methuen.

_____. 1973a. *Before Civilization: the Radiocarbon Revolution and Prehistoric Europe*. London: Jonathan Cape.

_____. 1973b. "Monuments, Mobilization and Social Organization in Neolithic Wessex." in C. Renfrew(ed.). *The Explanation of Culture Change: Models in Prehistory*. London: Duckworth. pp.539~558.

_____. 1973c. *Social Archaeology: an Inaugural Lecture*. Southampton: University of Southampton.

_____. 1982a. *Towards an Archaeology of Mind*. Cambridge: University of Cambridge.

_____. 1982b. "Polity and Power: Interaction, Intensification and Exploration." in C. Renfrew and M. Wagstaff(eds.). *An Island Polity: the Archaeology of Exploitation in Melos*. Cambridge: Cambridge University Press. pp.264 ~290.

_____. 1984. *Approaches to Social Archaeology*. Cambridge: Harvard University

Press.

_____. 1987. *Archaeology and Language: the Puzzle of Indo-European Origins*. London: Jonathan Cape.

_____. 1989. "Comments on Archaeology into the 1990s." *Norwegian Archaeological Review*, 22. pp.33~41.

_____. 1994. "Towards a Cognitive Archaeology." in C. Renfrew and E. B. W. Zubrow(eds.). *The Ancient Mind: Elements of Cognitive Archaeology*. Cambridge: Cambridge University Press. pp.264~290.

Renfrew, A. C. and P. Bahn. 1991. *Archaeology: Theories, Methods and Practice*. London: Thames and Hudson.

_____. 1996. *Archaeology: Theories, Methods and Practice*. 2nd ed. London: Thames and Hudson.

Renfrew, A. C. and J. F. Cherry(eds.). 1986. *Peer Polity Interaction and Socio-political Change*. Cambridge: Cambridge University Press.

Renfrew, A. C. and S. Shennan(eds.). 1982. *Ranking, Resource and Exchange: Aspects of the Archaeology of Early European Society*. Cambridge: Cambridge University Press.

Renfrew, A. C. and E. B. W. Zubrow(eds). 1994. *The Ancient Mind: Elements of Cognitive Archaeology*. Cambridge: Cambridge University Press.

Sahlins, M. D. 1968. *Tribesmen*. Englewood Cliffs: Prenctice Hall.

Segal, E. M. 1994. "Archaeology and Cognitive Science." in C. Renfrew and E. B. W. Zubrow(eds.). *The Ancient Mind: Elements of Cognitive Archaeology*. Cambridge: Cambridge University Press. pp.22~28.

Service, E. R. 1962. *Primitive Social Organization*. New York: Random House.

Tilley, C. 1989. "Discourse and Power: the Genre of the Cambridge Inaugural Lecture." in D. Miller, M. Rowlands and C. Tilley(eds.). *Domination and Resistance*. London: Unwin Hyman. pp.41~62.

Who's Who. 1995. *Who's Who 1995: an Annual Biographical Dictionary*. London: Adam and Charles Black.

추천문헌

1. 렌프루의 인생과 학문세계

Bradley, R. 1993. "An Interview with Colin Renfrew." *Current Anthropology*, 34, pp.71~82.

2. 인지과정고고학 사조 제창 이전의 렌프루의 시각

Renfrew, A. C. 1972. *The Emergence of Civilization: the Cyclades and the Agean in the Third Millennium B.C.* London: Methuen.

_____. 1973. *Before Civilization: the Radiocarbon Revolution and Prehistoric Europe.* London: Jonathan Cape.

_____. 1984. *Approaches to Social Archaeology.* Cambridge: Harvard University Press.

Renfrew, A. C. and J. F. Cherry(eds.). 1986. *Peer Polity Interaction and Socio-political Change.* Cambridge: Cambridge University Press.

3. 인지과정고고학 사조의 내용

Renfrew, A. C. 1989. "Comments on Archaeology into the 1990s." *Norwegian Archaeological Review*, 22. pp.33~41.

Renfrew, A. C. and E. B. W. Zubrow(eds.). 1994. *The Ancient Mind: Elements of Cognitive Archaeology.* Cambridge: Cambridge University Press.

4. 후기과정고고학자들의 인지과정고고학 비판

Hodder, I. 1992. "The Processual Reaction." in *Theory and Practice in Archaeology*, London: Routledge. pp.145~154.

Shanks, M. and C. Tilley. 1989. "Questions Rather Than Answers: Reply to Comments on Archaeology into the 1990s." *Norwegian Archaeological Review*, 22. pp.42~54.

찾아보기

■ 지은이 소개

최몽룡(崔夢龍)

서울대학교 문리대 고고인류학과(학사, 석사)
미국 하버드 대학교 인류학과(철학박사)
서울대학교 인문대 부학장, 학과장 역임
한국상고사학회 회장, 서울대학교 박물관장, 문화재위원 역임
현재 서울대학교 고고미술사학과 교수
저서: 『도시의 기원』, 『백제사의 이해』, 『재미있는 고고학 여행』, 『원시국가의 진화』,
     『한강 유역사』, 『고고학과 자연과학』, 『도시, 문명, 국가』, 『동북아 청동기시대
     문화 연구』, 『한성시대 백제와 마한』 외 다수

최성락(崔盛洛)

서울대학교 고고학과 졸업
서울대학교 대학원 고고미술사학과(석사, 박사)
한국상고사학회 회장 역임
현재 목포대학교 역사문화학부 교수, 목포대학교 박물관장
저서: 『한국 원삼국문화 연구』, 『고고학입문』 외 다수
논문: 「고고학에 있어서 문화의 개념」, 「한국고고학에 있어서의 전파론적 해석의
     검토」 외 다수

추연식(秋淵植)

한양대학교 사학과 문학사
서울대학교 고고미술사학과 석사과정 수료
영국 케임브리지 대학교 고고학과 철학석사
영국 케임브리지 대학교 고고학과 철학박사과정 수료
서울대학교, 고려대학교 강사
현재 영국에 머물고 있음
저서: 『고고학 이론과 방법론』
논문: "Objects, Sinkers, Nets, Behaviour, and Subsistence" 외 다수

박양진(朴洋震)

서울대학교 고고학과 문학사
서울대학교 고고미술사학과 석사과정 수료
미국 하버드 대학교 인류학과 문학석사
미국 하버드 대학교 인류학과 철학박사
미국 하버드 대학교 한국학연구소 박사연구원
서울대학교 박물관 특별연구원
현재 충남대학교 고고학과 교수
논문: "A Study of the Bronze Age Culture in the Northern Zone of China"
　　　외 다수

김승옥(金承玉)

서울대학교 고고미술사학과 문학사
미국 미시간 대학교 인류학과 문학석사
미국 미시간 대학교 인류학과 철학박사
서울대학교 박물관 특별연구원
현재 전북대학교 고고문화인류학과 교수
논문: "Burials, Pigs, and Political Prestige in Neolithic China" 외 다수

한울아카데미 **914**

개정판
인물로 본 고고학사

ⓒ 최몽룡 · 최성락, 2007

엮은이 ㅣ 최몽룡 · 최성락
지은이 ㅣ 최몽룡 · 최성락 · 추연식 · 박양진 · 김승옥
펴낸이 ㅣ 김종수
펴낸곳 ㅣ 도서출판 한울

편집 ㅣ 김현대

초 판 1쇄 발행 ㅣ 1997년 8월 25일
개정판 1쇄 인쇄 ㅣ 2007년 2월 15일
개정판 1쇄 발행 ㅣ 2007년 2월 25일

주소 ㅣ 413-832 파주시 교하읍 문발리 507-2(본사)
         121-801 서울시 마포구 공덕동 105-90 서울빌딩 3층(서울 사무소)
전화 ㅣ 영업 02-326-0095, 편집 02-336-6183
팩스 ㅣ 02-333-7543
홈페이지 ㅣ www.hanulbooks.co.kr
등록 ㅣ 1980년 3월 13일, 제406-2003-051호

Printed in Korea.
ISBN 978-89-460-3654-3 93900(양장)
         978-89-460-3655-0 93900(학생판)

* 가격은 겉표지에 표시되어 있습니다.
* 이 도서는 강의를 위한 학생판 교재를 따로 준비하였습니다.
   강의 교재로 사용하실 때에는 본사로 연락해 주십시오.